# Cómo funcionan las redes

**Frank J. Derfler, Jr. y Les Freed**

Ilustraciones por Michael Troller

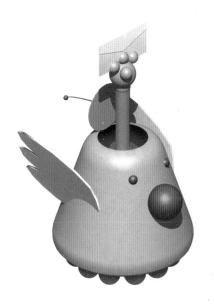

TÍTULOS ESPECIALES

TÍTULO DE LA OBRA ORIGINAL:
How Networks Work, Seventh Edition

RESPONSABLE EDITORIAL:
Eugenio Tuya Feijoó

TRADUCCIÓN:
Beatriz Tarancón Álvaro

Todos los nombres propios de programas, sistemas operativos, equipos hardware, etc., que aparecen en este libro son marcas registradas de sus respectivas compañías u organizaciones.

Edición española:

© EDICIONES ANAYA MULTIMEDIA (GRUPO ANAYA, S.A.), 2006
Juan Ignacio Luca de Tena, 15. 28027 Madrid
Depósito legal: M. 23.358-2006
ISBN: 84-415-2036-4
Printed in Spain
Imprime: Varoprinter, S.A.

# Acerca de los autores

**LES FREED** es un reconocido experto en redes inalámbricas, redes domésticas, productividad personal y fotografía. Les colabora como editor en la revista PC Magazine desde 1994 y ha sido colaborador habitual desde 1990. Antes de pasar a formar parte del equipo de PC Magazine, Les fue el fundador y presidente de Crosstalk Communications, desarrolladores del popular programa de comunicaciones de datos Crosstalk para PC, antes de que Internet hiciera que el software de comunicaciones fuera algo obsoleto. Antes de fundar Crosstalk, Les fue técnico senior y editor de vídeo en CBS News, desde 1976 a 1981 y cámara y editor de informativos en WTVJ-TV de Miami de 1972 a 1976. Se graduó en la Universidad de Miami en 1974 como licenciado en periodismo electrónico. Les es autor y coautor de catorce libros sobre redes, informática y fotografía digital. El último libro de Les, PC Magazine's Guide to Home Networking, ha sido publicado por Wiley Books. Puede ponerse en contacto con él en les_freed@ziffdavis.com.

**FRANK DERFLER** ha trabajado en múltiples tareas relacionadas con las telecomunicaciones y el funcionamiento y la gestión de sistemas informáticos, adquisiciones gubernamentales, educación y publicaciones. Frank fue uno de los primeros columnistas y revisores de publicaciones informáticas y en 1986 fundó los PC Magazine LAN Labs. Los LAN Labs desarrollaron las primeras pruebas de referencia de LAN ampliamente distribuidas, e incluían actividades tanto de prueba como editoriales. Hoy en día Frank sigue utilizando sus capacidades para explicar qué es importante en los productos y en la tecnología. Su conocimiento tanto de la tecnología como del factor humano de la ecuación informática le permite expresar importantes ideas relacionadas con la tecnología sin perderse en la utilización de términos ininteligibles. Colabora regularmente con empresas a las que ayuda a diseñar, desarrollar y comercializar productos, y tiene una enorme perspicacia a la hora de saber qué es lo que va a funcionar. Dirige varios tutoriales eSeminar online todos los meses, y da conferencias a muchos grupos industriales. Vive en Florida Keys, donde pasa mucho tiempo volando, navegando, nadando y buceando en el agua. Puede visitar sus sitios Web en www.defler.net o bien www.flyinflorida.com.

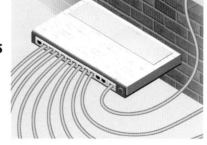

**Dedicamos este libro a nuestro amigo Steve Rigney. Juntos hemos aclarado un millón de pequeños misterios técnicos, hemos pasado años acurrucados en fríos bancos de laboratorio, hemos empaquetado y desempaquetado miles de cajas, hemos andado cientos de kilómetros por salas de exposición comerciales, y nos hemos ayudado entre nosotros en cada uno de los pasos del camino. Cuando las cosas iban bien, iba muy muy bien.**

# Introducción

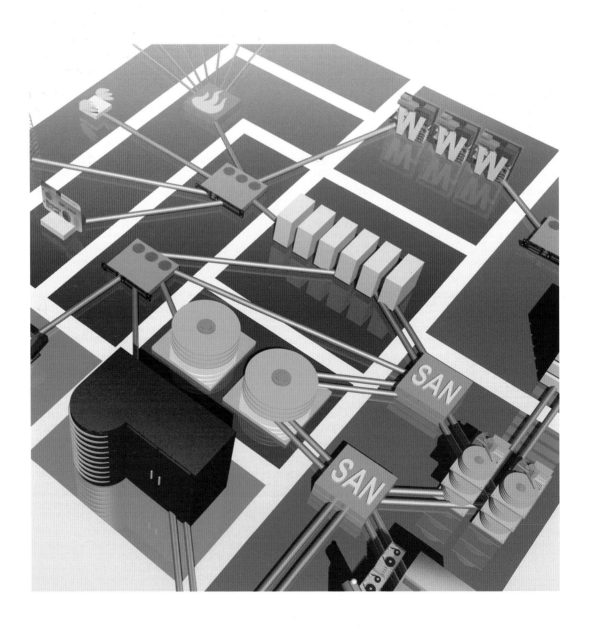

**EL** gigante editorial Bill Ziff creó prácticamente todos los modelos exitosos de publicación técnica. Le hemos oído decir en muchas ocasiones. "¡Tenéis que hacer que la información sea fácil y accesible para los lectores!" Bill, hemos tratado de conseguirlo en la medida de lo posible con el fin de proporcionar a los lectores de "Cómo funcionan las redes" explicaciones técnicas que sean fáciles y accesibles sin necesidad de llevar a cabo profundos estudios. Lector, si tiene este libro en sus manos, por favor, pase las páginas y observe los diagramas. Hemos utilizado ilustraciones, perspectivas históricas, trucos y una enorme cantidad de información comprensible para hacer que este libro resulte de utilidad a cualquiera que quiera saber algo de redes informáticas. Es nuestra séptima edición y hemos hecho que sea tanto actual como comprensible.

Este libro es principalmente un libro de referencia, no un tutorial. No tiene que empezar por la página 1 e ir construyendo todo un cuerpo de conocimientos antes de poder comprender la página 161. Hemos tratado de hacer que le resulte sencillo buscar algo determinado en el índice y hacerse una idea de la tecnología y de la funcionalidad práctica echando un vistazo a algunas ilustraciones y explicaciones de alta calidad. Se trata de un libro práctico, no de un libro de texto ni de un libro ilustrado de gran formato.

Creemos que la perspectiva histórica es importante porque cubre la información técnica. El tema técnico resulta más sencillo y más agradable y es más fácil de memorizar si está recubierto por sus propios antecedentes. Además, los dos hemos vivido realmente muchos de estos hechos históricos. (Bueno, de acuerdo, no el Pony Express, ¡pero sí a partir del teletipo!) No mostramos un falso orgullo cuando decimos que los dos ayudamos en muchos sentidos a hacer que gran parte de las evoluciones relacionadas con las redes se llevaran a cabo. Creamos ideas de productos, escribimos código, creamos la publicidad, diseñamos los paquetes, encontramos el dinero, nos dirigimos a numerosas personas y pasamos años de nuestras vidas comprobando y emitiendo informes. Esperamos que nuestras experiencias perfeccionen la perspectiva que ofrecemos.

Las comunicaciones por redes son ahora algo omnipresente, asequible y necesario para el comercio moderno. Nuestra meta es ayudarle a comprenderlo todo, desde los cables a los routers y desde los servidores al software de gestión de empresas. Creemos que encontrará la información ofrecida altamente accesible y que disfrutará bastante con la lectura de este libro.

# Comunicaciones por cable

**A** nosotros, como usuarios de ordenadores, personas modernas y siempre al día, nos gusta pensar en las redes como algo novedoso. Aunque el arte y la ciencia de conectar ordenadores utilizando cable de red es algo relativamente nuevo, los conceptos esenciales que se utilizan en las redes informáticas son relativamente antiguos, de hecho, se remontan hasta el siglo diecinueve. La industria informática moderna debe su existencia a tres inventos de la era Victoriana: el telégrafo, el teléfono y el telégrafo impresor.

Samuel F.B. Morse (padre del telégrafo y del código Morse) no reconocería un ordenador ni aunque dejáramos caer uno sobre su dedo gordo del pie, pero reconocería la lógica y la simplicidad de ASCII, el alfabeto fundamental del ordenador actual y descendente del código del telégrafo de Morse. El telégrafo original de Morse enviaba datos (en forma de letras y números) de un lugar a otro utilizando una serie de pulsaciones eléctricas calculadas para activarse y desactivarse. A diferencia de lo sistemas de comunicaciones electrónicos actuales, el telégrafo de Morse necesitaba operadores capacitados para enviar y recibir datos utilizando el código Morse. Los sistemas de comunicación de datos modernos siguen utilizando pulsaciones activadas y desactivadas de electricidad para transmitir información; simplemente lo hacen de forma más rápida y eficaz de lo que Morse imaginó que fuera posible. En muchos aspectos, el telégrafo fue el primer sistema digital de comunicaciones de datos.

Alexander Graham Bell tampoco sabría lo que es un módem, pero reconocería la interfaz de línea de teléfono de la era Victoriana que todavía conecta la mayoría de los teléfonos y módems a la centralita de la compañía telefónica. El sistema telefónico mundial ha cambiado de forma trepidante a lo largo de los años (en gran medida por la utilización de ordenadores) pero el sistema de conexión del abonado, el par de cables entre su casa y su oficina y las máquinas de la compañía telefónica, no ha cambiado mucho desde los tiempos de Bell. Este sistema de conexión es una línea de audio analógica pasada de moda. Como veremos, los inventores, a lo largo de los años, han avanzado mucho para conectar sistemas informáticos digitales a líneas de teléfono analógicas.

El invento de Emile Baudot no hizo que su nombre fuese tan famoso como los de Bell y Morse, pero su telégrafo impresor múltiple (llamado teletipo) fue el precursor de la impresora de ordenador y de la terminal informática. Otros inventores mejoraron y llevaron más allá las ideas de Baudot, y así nació el teletipo. Antes de la invención del ordenador, los teletipos eran la base de los servicios de noticias Associated Press (AP) y United Press International (UPI). Estos servicios (que siguen funcionando hoy en día) utilizaban una red de máquinas de teletipo para enviar artículos de noticias a periódicos de todo el mundo.

Quizá no haya visto nunca un teletipo, pero probablemente ha escuchado su familiar ritmo como ruido de fondo en informativos de la radio o de la televisión.

Los teletipos resultan asimismo ser la base de la red mundial TELEX, una red de máquinas unidas sin excesivo rigor que permitía a los usuarios enviarse mensajes impresos entre sí. (Aunque era una de las máquinas de Teletype Corporation más fiables, ASR-33 hacía de chico malo en la película Fail Safe, sin retorno. La versión corta del complicado argumento es que los Estados Unidos y la antigua Unión Soviética entablan una guerra nuclear debido al fallo de un ASR-33 en las oficinas centrales de órdenes americanas. Nueva York y Moscú son pulverizadas, todo gracias a un trocito de papel descarriado pegado dentro de la máquina.)

Aunque la mayor parte del equipamiento que describiremos en los próximos capítulos lleva varios años obsoleto, la tecnología subyacente detrás del telégrafo, el teléfono y el teletipo sigue con nosotros en la actualidad. En los siguientes capítulos le mostraremos cómo estas tres tecnologías esenciales convergen para desencadenar el nacimiento de la era informática.

Pero primero tenemos que explicar la tecnología básica subyacente en todos los sistemas de comunicación digitales. Si piensa que estamos a punto de lanzarnos a temas profundamente técnicos, relájese. Todo lo que necesita saber sobre electrónica digital (al menos en el contexto de este libro) puede ser descrito utilizando una herramienta insólita: la linterna común.

# 1

# Cómo funciona el telégrafo

EL 24 de mayo de 1844, el artista e inventor americano Samuel Morse se encontraba sentado en una mesa de la cámara de la Corte Suprema en el edificio del Capitolio en Washington D.C., desde donde envió su famoso mensaje de telégrafo "*What Hath God Wrought?*" (*What had God brought?*, ¿Qué nos ha traído Dios?) a un receptor que se encontraba a 27 millas de distancia, en Baltimore. Morse había empleado 12 años y todo su dinero en el desarrollo del telégrafo.

Para no quitar méritos a quién los merece, hemos de decir que varios inventores de Estados Unidos y de Europa contribuyeron también al desarrollo del telégrafo. Dos ingleses pioneros en electrónica, William Cooke y Charles Wheatstone, patentaron un telégrafo en 1845. El sistema Cooke-Wheatstone fue utilizado por el sistema de ferrocarriles británico para transmitir información sobre el tráfico entre estaciones de tren.

El telégrafo de Cooke-Wheatstone utilizaba seis cables y un delicado mecanismo receptor con cinco agujas magnéticas. Resultaba costoso de construir e incómodo de manejar. El telégrafo de Morse, más sencillo, utilizaba sólo un cable y un mecanismo menos complejo y relativamente sólido.

Afortunadamente para Morse, su telégrafo era justo lo que los jóvenes Estados Unidos necesitaban. América se estaba expandiendo hacia el Oeste, y el telégrafo de Morse seguía la pista de los trenes que viajaban hacia allí. Morse cedió sus patentes a la Magnetic Telegraph Company, y Magnetic firmó licencias para utilizar las patentes de Morse. En 1851, había 50 compañías de telégrafo operando cientos de oficinas de telégrafos, la mayoría de ellas situadas en las estaciones de ferrocarril. Todavía pueden verse viejas líneas de telégrafo a lo largo de rutas de tren en muchas partes de Estados Unidos. En 1851, la Western Union Company estaba constituida por la fusión de 12 compañías de telégrafos de menor tamaño. Para 1866, la Western Union contaba con más de 4.000 oficinas repartidas por todo el país, convirtiéndose así en el primer gigante de comunicaciones a nivel mundial. Para el cambio de siglo, la Western Union manejaba más de un millón de millas de líneas de telégrafo, incluyendo dos cables transatlánticos.

El telégrafo parece increíblemente sencillo si consideramos los estándares actuales, pero proporcionó un vínculo realmente necesario entre el mundo empresarial establecido en la parte este de Estados Unidos y la creciente frontera del oeste. Se trata de una de esas agradables coincidencias de la historia; era justo lo que se necesitaba en ese preciso momento.

Si lo medimos con los estándares actuales, el telégrafo parece decididamente tecnología de bajo nivel. Sin embargo, fue un logro tecnológico sensacional en su día, una era en la que la electricidad constituía una curiosidad técnica, no un componente básico del día a día.

Como muchos grandes inventos, la genialidad del telégrafo de Morse reside en su simplicidad. El telégrafo es básicamente un electroimán conectado a una batería a través de un interruptor. Cuando el interruptor (en este caso, la tecla Morse o la del telégrafo) se presiona, la corriente fluye desde la batería (ubicada en el extremo emisor de la línea) a través de la tecla, por el cable hasta llegar al receptor acústico que se encuentra al otro lado de la línea.

Por sí mismo, el telégrafo sólo puede expresar dos estados, encendido y apagado (conectado o desconectado). Pero variando el ritmo y los espaciados de las pulsaciones de conexión y desconexión, los operadores telegráficos pueden enviar todas las letras del alfabeto, además de números y signos de puntuación. El código Morse define el ritmo y el espaciado de cada carácter en términos de estados de encendido largos y cortos denominados rayas y puntos. Por ejemplo, la letra A es punto-raya; la letra B es raya-punto-punto-punto, y así sucesivamente.

# Mejorar el telégrafo

El telégrafo de Morse abrió las fronteras de las comunicaciones electrónicas, pero tenía varias deficiencias.

La primera y más importante, el diseño Morse original permitía que se llevara a cabo sólo una conversación en la línea cada vez. Por aquel entonces, el cable se hacía a mano y, en consecuencia, era quebradizo y muy caro. Instalar el cable a lo largo de las vías de ferrocarril llevaba mucho tiempo y con frecuencia era un trabajo peligroso. A causa de las señales relativamente débiles utilizadas, la señal en el cable se deterioraba a medida que viajaba por él, un problema que todavía acosa a los diseñadores de redes actuales. Varios inventores, incluyendo a Thomas Edison, se pusieron manos a la obra para inventar un telégrafo múltiple, uno que permitiera que varios operadores de telégrafos pudieran usar la misma línea al mismo tiempo. (En el mismo punto temporal, los inventores Alexander Bell y Elisha Gray trataban independientemente de inventar el telégrafo armónico, una forma de telégrafo múltiple. Accidentalmente, en lugar de esto inventaron el teléfono. Si hubieran tenido éxito en su misión original, es probable que el desarrollo del teléfono se hubiera retrasado muchos años.)

Estas transmisiones múltiples hicieron que el servicio de telégrafo fuera más eficaz y rentable, pero todavía había un obstáculo de mayores dimensiones: el propio código Morse. Enviar mensajes a través de código Morse requería un operador con formación específica en cada extremo del cable. La Western Union y sus competidores tenían mucho interés en desarrollar un sistema que no requiriera una constante intervención humana.

Ya en 1846 (sólo dos años después de la primera demostración exitosa de telégrafo de Morse) un hombre con el inverosímil nombre de Royal House inventó un telégrafo impresor. La máquina de House tenía su propio conjunto de problemas. Aunque House afirmaba que su máquina era "dos veces más rápida que la de Morse", necesitaba dos operadores en cada extremo. En 1873, Thomas Edison, todavía varios años antes de su decisivo invento de la bombilla incandescente, diseño un telégrafo impresor que se utilizó exhaustivamente para distribuir los precios de las acciones entre los inversores. Edison vendió los derechos de su telégrafo impresor para financiar su investigación en otras áreas. El telégrafo impresor de Edison revolucionó el mundo de la bolsa. La propia máquina, en su protector de cristal con forma de campana, se convirtió en un icono de la bolsa.

Otros inventores trabajaron en máquinas mejoradas de este telégrafo impresor, pero el inventor francés Emile Baudot llevó a cabo los mayores avances. El telégrafo impresor de Baudot fue el primer que utilizó un teclado similar al de la máquina de escribir, y permitió que ocho máquinas compartieran un solo cable. Lo que es más importante, las máquinas de Baudot no utilizaban el código Morse.

El código de cinco niveles de Baudot enviaba cinco pulsaciones por el cable para cada carácter transmitido. Las propias máquinas llevaban a cabo la codificación y la descodificación, eliminando así la necesidad de operadores que dominaran el código Morse. Por primera vez, cualquier persona que supiera manejar una máquina de escribir podía enviar mensajes.

El inventor inglés Donald Murray expandió y mejoró el trabajo de Baudot y vendió los derechos americanos de sus inventos a la Western Union y a la Western Electric. Las patentes de Murray sentaron las bases para el teletipo, también conocido por la marca Teletipo de AT&T y por su apodo genérico, TTY. En los albores de la era de los ordenadores, el teletipo se puso en servicio como una combinación de terminal informático e impresora.

La Western Union aplicó la nueva tecnología a su propia red. Con el transcurso del tiempo, el teletipo sustituyó a la tecla Morse y al receptor acústico en la mayoría de las oficinas de la Western Union. La Western Union utilizó también la tecnología del teletipo para proporcionar un servicio denominado télex. El servicio de télex permitía que los suscriptores intercambiaran mensajes mecanografiados entre sí.

Hasta la llegada del fax en la década de los ochentas, el servicio de télex se utilizaba de forma exhaustiva en el mundo empresarial internacional. AT&T operaba un servicio similar denominado TWX (*Teletypewriter Exchange*). Como el télex, el servicio TWX consistía en un teletipo conectado a una línea telefónica especializada. TWX contaba con la ventaja de su acceso a la amplia red telefónica de AT&T. Como el télex, la utilización de TWX alcanzó su máximo esplendor en los años sesenta y setenta. En 1972, AT&T vendió el servicio TWX a su antiguo e invencible competidor, la Western Union.

En las décadas de los treinta y los cuarenta se desarrollaron varios planes para permitir la transmisión de señales de teletipo a través de onda corta de radio. El teletipo por radio, o RTTY utiliza una técnica denominada transmisión por desplazamiento de frecuencia (FSK) para simular el voltaje conectado y desconectado utilizado por los teletipos convencionales. En FSK, una señal en una frecuencia indica conectado, y una señal en la otra indica desconectado.

Como las señales de radio pueden cambiar de estado (conectado a desconectado) muy rápidamente, las señales RTTY alcanzan velocidades similares a las de los teletipos por línea terrestre. La técnica de modulación de la señal FSK se utilizaría posteriormente como base para el módem.

Las señales RTTY, emitidas a través de onda corta de radio, permiten que muchas estaciones reciban la misma señal. Los servicios de cable de United Press International (UPI) y Associated Press (AP) utilizaron de forma exhaustiva RTTY antes de que se tuviera acceso a vínculos por satélite más baratos y fiables disponibles en la década de los ochenta.

RTTY se utiliza hoy en día de varias formas para el servicio de télex de comunicación entre el barco y la costa y para la información marina y aeronáutica del tiempo.

# Cómo funciona la electricidad básica

**1** Una batería es simplemente una fuente de electrones. El telégrafo de Morse funcionaba con batería porque la potencia eléctrica comercial no llegaría hasta 30 años después. Los electrones tienen una carga eléctrica negativa, por lo que la corriente de cualquier circuito eléctrico fluye de negativo (en este caso la conexión "-" de nuestra batería) a positivo (el extremo "+" de la batería).

**2** Cuando el interruptor está abierto, ningún electrón puede pasar, por lo que los electrones permanecen en la batería. Cuando el interruptor está cerrado, el circuito (o ruta circular) de electrones está completado.

**3** Los electrones fluyen a través de la bombilla, haciendo que el filamento se caliente y brille, produciendo luz. Cuando el interruptor está abierto, el circuito está roto, y no puede fluir la electricidad, por lo que la bombilla se apaga de nuevo.

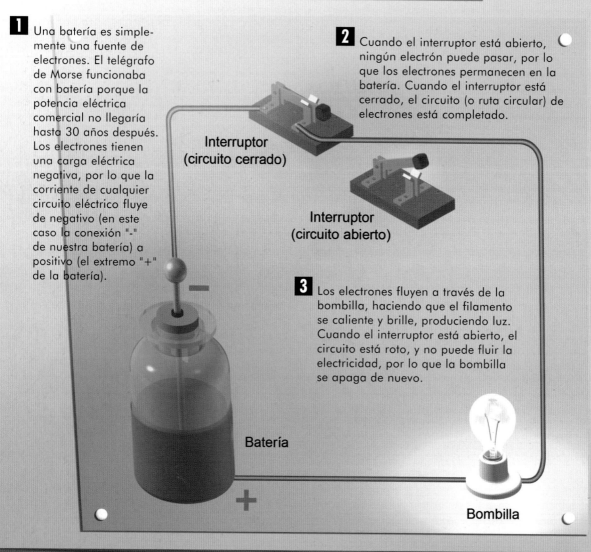

Interruptor
(circuito cerrado)

Interruptor
(circuito abierto)

Batería

Bombilla

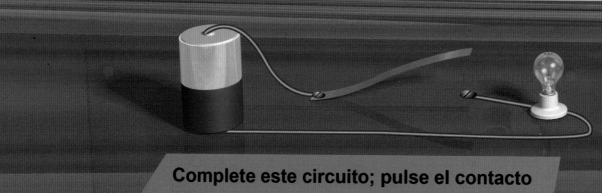

**Complete este circuito; pulse el contacto**

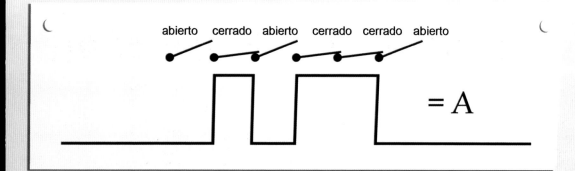

abierto    cerrado    abierto    cerrado    cerrado    abierto

$= A$

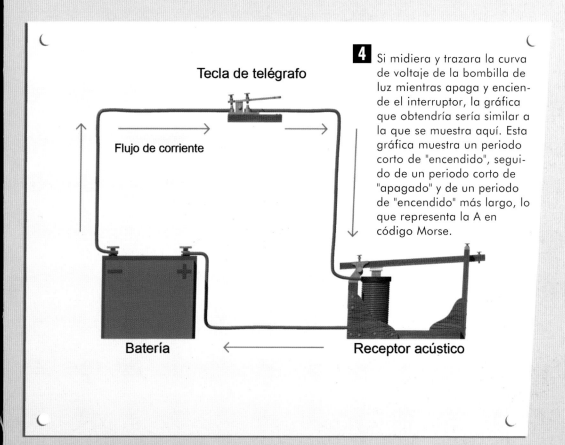

Tecla de telégrafo

Flujo de corriente

Batería

Receptor acústico

**4** Si midiera y trazara la curva de voltaje de la bombilla de luz mientras apaga y enciende el interruptor, la gráfica que obtendría sería similar a la que se muestra aquí. Esta gráfica muestra un periodo corto de "encendido", seguido de un periodo corto de "apagado" y de un periodo de "encendido" más largo, lo que representa la A en código Morse.

**Pulse el botón rojo para oir el receptor acústico**

# Cómo funciona el telégrafo

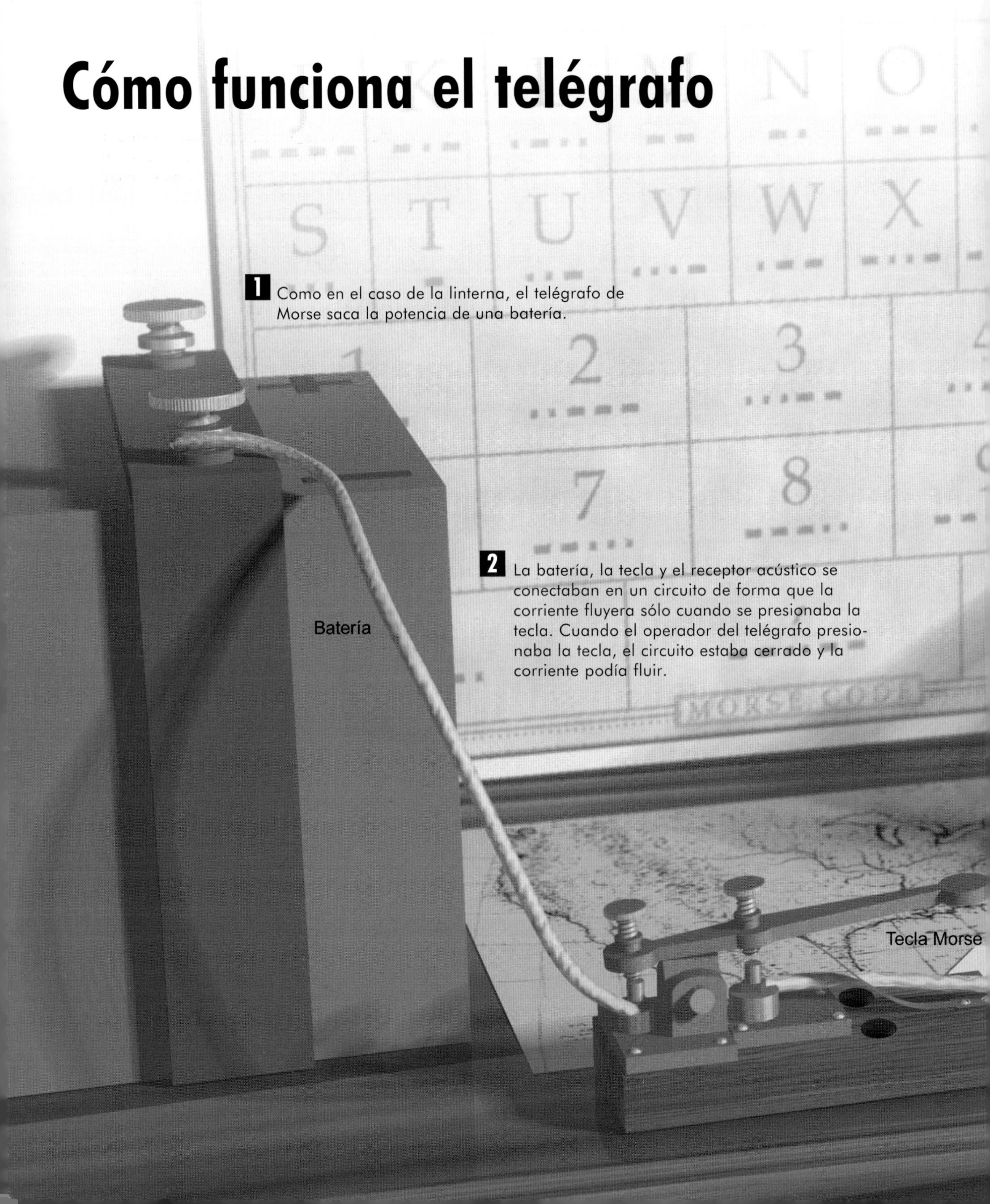

**1** Como en el caso de la linterna, el telégrafo de Morse saca la potencia de una batería.

Batería

**2** La batería, la tecla y el receptor acústico se conectaban en un circuito de forma que la corriente fluyera sólo cuando se presionaba la tecla. Cuando el operador del telégrafo presionaba la tecla, el circuito estaba cerrado y la corriente podía fluir.

Tecla Morse

**3** La corriente viajaba por la línea del telégrafo al dispositivo del receptor acústico en la estación de telégrafo receptora. Un electroimán en el receptor acústico hacía un sonido de clic cada vez que se presionaba la tecla de envío.

**4** Los operadores enviaban mensajes utilizando una serie estandarizada de clics largos y cortos denominada código Morse.

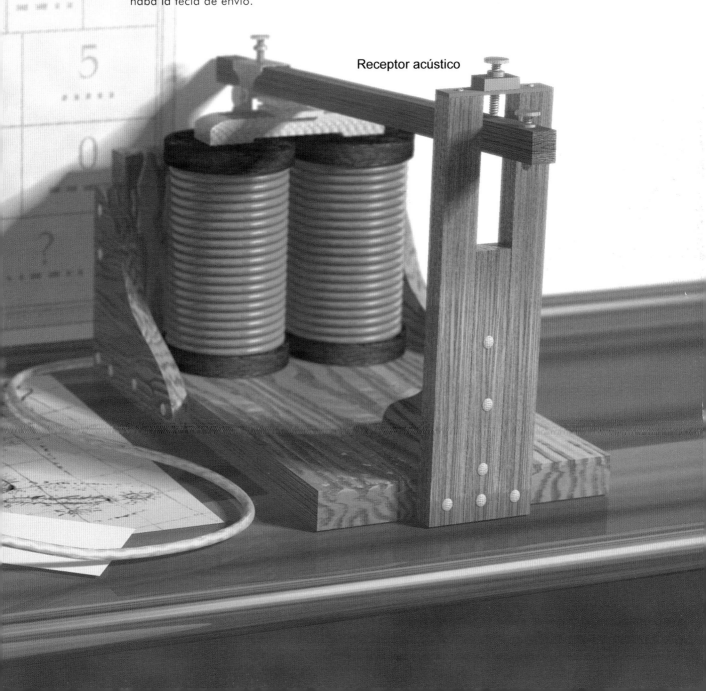

Receptor acústico

# Cómo funciona el telégrafo impresor

## Telégrafo impresor de Edison

**1** El telégrafo impresor de Edison podía imprimir mensajes de texto sencillo en una estrecha tira de papel, de forma que los usuarios no tenían la necesidad de conocer el código Morse para poder recibir mensajes.

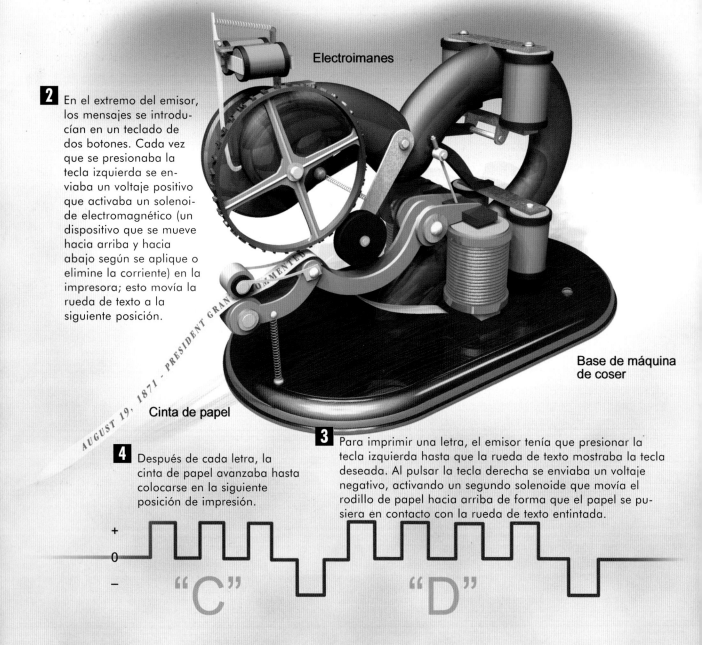

Electroimanes

**2** En el extremo del emisor, los mensajes se introducían en un teclado de dos botones. Cada vez que se presionaba la tecla izquierda se enviaba un voltaje positivo que activaba un solenoide electromagnético (un dispositivo que se mueve hacia arriba y hacia abajo según se aplique o elimine la corriente) en la impresora; esto movía la rueda de texto a la siguiente posición.

AUGUST 19, 1871 - PRESIDENT GRAN COMMENT

Base de máquina de coser

Cinta de papel

**4** Después de cada letra, la cinta de papel avanzaba hasta colocarse en la siguiente posición de impresión.

**3** Para imprimir una letra, el emisor tenía que presionar la tecla izquierda hasta que la rueda de texto mostraba la tecla deseada. Al pulsar la tecla derecha se enviaba un voltaje negativo, activando un segundo solenoide que movía el rodillo de papel hacia arriba de forma que el papel se pusiera en contacto con la rueda de texto entintada.

"C"    "D"

# Teletipo Modelo 15

**3** En el extremo receptor, los impulsos hacían que otro motor rotara hasta alcanzar una posición determinada; el motor estaba unido a un complejo mecanismo que seleccionaba la letra correspondiente que había que imprimir.

**4** Cuando el motor alcanzaba la posición adecuada, un solenoide tiraba de la tecla correcta de forma que golpeara el papel a través de una cinta de tela entintada.

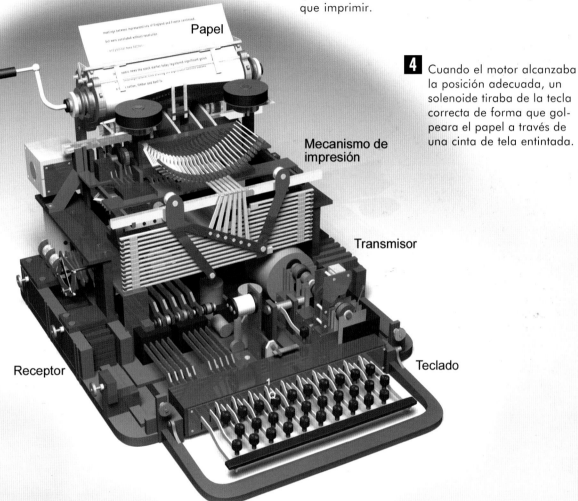

Papel

Mecanismo de impresión

Transmisor

Teclado

Receptor

**1** El teletipo Modelo 15 tenía un teclado similar al de una máquina de escribir. Para enviar un mensaje, los usuarios sólo tenían que escribir el mensaje en el teclado.

**2** Cada pulsación de una tecla movía el eje del motor a una posición predefinida en la que el eje entraba en contacto con un conjunto de contactos eléctricos. Cada posición del eje del motor generaba una combinación única de impulsos eléctricos (a los que hoy en día denominamos bits) que se enviaban a través de la línea del telégrafo. Los primeros sistemas de teletipo utilizaban el código de cinco niveles de Baudot.

"C"  "D"

CAPÍTULO

2

# Cómo funcionaban los primeros teléfonos

ALEXANDER Graham Bell inventó el teléfono, ¿verdad? Bueno, verdad y mentira. Aunque Bell ha recibido la mayor parte del mérito, varios inventores más tuvieron un papel importante en el desarrollo del teléfono.

En 1861, el profesor alemán Phillip Reis creó un dispositivo al que denominó teléfono. El dispositivo de Reis podía transmitir tonos musicales; si Reis hubiera empleado más tiempo en perfeccionar el equipamiento, quizá hubiera conseguido crear un teléfono de voz fiable.

Los dos hombres que realmente inventaron el teléfono lo hicieron bajo circunstancias sorprendentemente similares.

Aproximadamente 15 años después, Alexander Graham Bell de Boston y Elisha Gray de Chicago estaban tratando de inventar el telégrafo armónico, un dispositivo que mejoraría el diseño de Morse para permitir que varias señales de telégrafo compartieran una línea de telégrafo (un problema que posteriormente resolvió nada menos que Thomas Edison). Ninguno de los inventores produjo un telégrafo armónico que funcionara, y ambos dieron el salto del telégrafo al teléfono aproximadamente al mismo tiempo. Los dos registraron sus patentes en la oficina de patentes americana el mismo día, el 14 de febrero de 1876, pero Bell llegó a la oficina de patentes unas horas antes que Gray.

La patente expedida a Bell (patente americana número174.465), es probablemente la patente más valiosa que se haya expedido nunca. Bell y sus patrocinadores centraron su atención más que en el propio teléfono, en perfeccionar y vender el invento.

Los primeros años no fueron muy buenos para Bell y la compañía, y a principios de 1877 la organización de Bell ofreció a la Western Union todos los derechos de las patentes de Bell por 100.000 dólares. La Western Union rehusó la oferta, desencadenando una serie de encuentros entre las dos compañías que culminarían finalmente en la compra por parte de AT&T de los restos de la Western Union más de 100 años más tarde.

Poco convencidos con el teléfono de Bell, la Western Union consiguió los servicios de Elisha Gray y Thomas Edison para diseñar y comercializar un teléfono técnicamente superior. La Western Union era una corporación de enormes dimensiones, y tenía una gran cantidad de recursos que gastar en una batalla legal. Todo lo que tenía la compañía de Bell eran sus patentes.

La Western Union empezó a establecer un sistema telefónico para competir con el de Bell. La compañía de Bell los demandó. Después de dos años de lucha legal, los abogados de la Western Union recomendaron que la compañía llegara a un acuerdo con Bell. El hecho fundamental es que, en realidad, Bell había vencido a Gray en la oficina de patentes, y era Bell y no Gray quién poseía las patentes del teléfono básico.

En los términos del acuerdo, la Western Union le entregaba los derechos y las patentes relacionados con el teléfono a Bell. Además, la Western Union pasaba el control de su red de teléfonos a la compañía de Bell a cambio de un 20% de los ingresos de alquiler por vida de las patentes de Bell.

La victoria legal le proporcionó a Bell un monopolio del negocio del teléfono en los Estados Unidos. Cien años después, la compañía de Bell (posteriormente conocida como AT&T) era la compañía más grande del mundo. Antes del desmantelamiento ordenado por los tribunales del imperio de AT&T en 1984, la compañía tenía más de un millón de empleados y controlaban más de 100 millones de teléfonos.

# Primeros desarrollos en la tecnología telefónica

Todos los teléfonos constan de un transmisor (la pieza de la boca, el micrófono) y de un receptor (la pieza que se coloca en la oreja). Para crear un teléfono operativo, Bell y los otros inventores tuvieron que inventar esas dos piezas fundamentales. De ellas, el transmisor (el dispositivo que convierte el sonido en energía eléctrica) fue el más complicado.

## Transmisor líquido de Bell

Bell llevó a cabo dos diseños independientes para el transmisor del teléfono. Su primer diseño utilizaba una membrana unida a varilla de metal. La varilla de metal estaba en contacto con una taza de ácido suave. Cuando el usuario hablaba hacia abajo en el micrófono, el sonido hacía que la membrana se moviera, lo que a su vez movía la varilla hacia arriba y hacia abajo en la taza de ácido. A medida que la varilla se movía hacia arriba y hacia abajo, la resistencia eléctrica entre la varilla y la base de la taza variaba. Existían varios inconvenientes en este transmisor de resistencia variable, o teléfono líquido, siendo uno de los más destacados la necesidad de que el usuario tuviera un suministro de ácido a mano. De hecho, fue el ácido lo que hizo que Bell pronunciara la famosa frase "¡Sr. Watson, venga aquí!" Bell había derramado el ácido sobre sus pantalones.

## Transmisor por inducción de Bell

El segundo transmisor telefónico de Bell (libre de ácidos) utilizaba el principio de la inducción magnética para transformar el sonido en electricidad. En lugar de una taza de ácido, el transmisor por inducción utilizaba una membrana unida a una varilla rodeada por una bobina de cable. El sonido que golpeaba la membrana hacía que se moviera la varilla, y la varilla se movía hacia delante y hacia atrás dentro de la bobina produciendo una débil corriente eléctrica. La ventaja de este dispositivo era que, en teoría, podía utilizarse como transmisor y como receptor. Sin embargo, como la corriente que producía era muy débil, no tuvo éxito como transmisor.

A pesar de su fracaso como transmisor, el teléfono por inducción funcionaba muy bien como receptor; de hecho, funcionaba tan bien que la mayoría de los teléfonos y altavoces de audio actuales siguen utilizando una variación del diseño original de Bell.

# Transmisor de carbono de Edison

El primer transmisor de teléfono realmente práctico fue diseñado por Thomas Edison, que trabajaba contratado por la Western Union. Edison había descubierto que ciertos compuestos del carbono cambian su resistencia eléctrica cuando se ven sometidos a una presión variable. Edison colocó un botón de carbono entre una membrana metálica y un soporte de metal. Cuando el sonido golpeaba la membrana, ejercía presión sobre el botón de carbono, variando el flujo de electricidad a través del micrófono.

A pesar de las hostilidades existentes entre Bell y la Western Union, la gente de Bell se dio cuenta rápidamente de la superioridad del diseño de Edison. Cuando se saldó la demanda de Bell contra la Western Union en 1879, Bell asumió los derechos del transmisor de Edison. Se convirtió así en el transmisor telefónico estándar, que continuamos utilizando en la actualidad.

# El teléfono de marcación de Strowger

El primer sistema de Bell utilizaba operadores humanos para enviar llamadas. Para pedir una llamada, los usuarios cogían el teléfono y giraban una manivela, que generaba un impulso eléctrico que ponía en conocimiento de la operadora (todas eran mujeres) que se quería hacer una llamada. Cuando la operadora respondía, el usuario le decía el nombre o el número de la persona a la que se deseaba llamar. El operador procedería entonces a realizar la llamada conectando un cable de la línea del emisor a la línea de la persona receptora, utilizando un dispositivo denominado centralita.

A medida que la popularidad del teléfono fue creciendo, el enfoque operadora/centralita paso a ser lamentablemente inadecuado. En 1889, un enterrador de Kansas City llamado Almon Brown Strowger dio el primer paso hacia la automatización del sistema telefónico. Sus inventos, el interruptor de Strowger y el disco telefónico, permitieron que la persona que quería realizar la llamada marcara el número deseado, eliminando de esta forma la necesidad de una operadora. ¿Cómo inventó un enterrador el teléfono de marcación? Strowger estaba seguro de que las deshonestas operadoras aceptaban sobornos para desviar llamadas a sus competidores. Su invento permitía que los usuarios marcaran el número directamente, evitando las operadoras. Al mismo tiempo, AT&T estimaba que si el teléfono seguía creciendo al ritmo que lo hacía, necesitarían contratar y formar a cientos de miles de operadoras. La tecnología de Strowger ero justo lo que se necesitaba en aquel preciso momento.

# Primeros avances en la tecnología telefónica

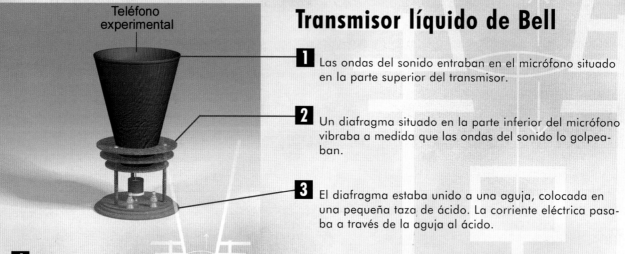

Teléfono experimental

## Transmisor líquido de Bell

**1** Las ondas del sonido entraban en el micrófono situado en la parte superior del transmisor.

**2** Un diafragma situado en la parte inferior del micrófono vibraba a medida que las ondas del sonido lo golpeaban.

**3** El diafragma estaba unido a una aguja, colocada en una pequeña taza de ácido. La corriente eléctrica pasaba a través de la aguja al ácido.

**4** El movimiento hacia arriba y hacia debajo de la aguja causaba una variación en la corriente que pasaba a través el ácido. La variación de la corriente a través del ácido le permitió a Bell capturar el sonido como diminutos cambios de voltaje y dirigirlos a un cable situado en una ubicación distinta, la del receptor.

## Transmisor por inducción de Bell

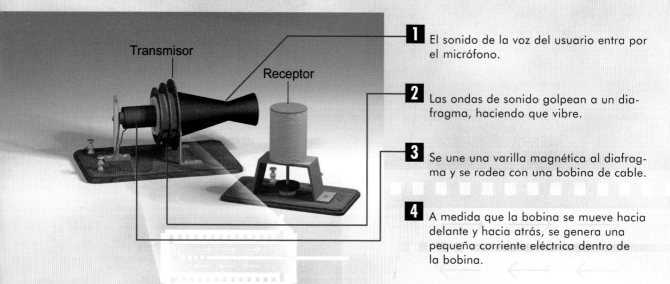

Transmisor

Receptor

**1** El sonido de la voz del usuario entra por el micrófono.

**2** Las ondas de sonido golpean a un diafragma, haciendo que vibre.

**3** Se une una varilla magnética al diafragma y se rodea con una bobina de cable.

**4** A medida que la bobina se mueve hacia delante y hacia atrás, se genera una pequeña corriente eléctrica dentro de la bobina.

teléfono evoluciona

# Transmisor de carbono de Edison

**1** Las ondas de sonido se introducen a través del micrófono y entran en contacto con un diafragma que vibra.

**2** El diafragma crea presión en una pequeña cámara en la que hay carbono granulado.

**3** La variación de presión creada por el diafragma hace que se dé una variación en el flujo de la corriente eléctrica a través de los gránulos de carbono.

# El teléfono de marcación de Strowger

**1** El teléfono de Strowger permitió a los usuarios llamar a otro teléfono sin necesidad de utilizar un operador. Para realizar una llamada, el usuario simplemente colocaba un dedo en el agujero del número adecuado y rotaba el disco en el sentido de las agujas del reloj. Este movimiento hacia girar un muelle dentro del disco del teléfono.

Los impulsos de marcado permiten el envío automatizado

**2** Cuando el usuario sacaba el dedo, el muelle hacía que el disco volviera a su posición original. Este muelle estaba conectado a un eje rotatorio con un conjunto de contactos eléctricos.

**3** El eje rotatorio tenía una pequeña leva engarzada de forma que cada revolución del eje creaba un corto impulso eléctrico.

**4** En la oficina de la compañía telefónica, cada uno de los impulsos recibidos procedentes del teléfono movían una serie de motores de velocidad gradual, cada uno de ellos con un interruptor eléctrico de diez posiciones.

**5** Cuando el usuario marcaba cada uno de los números, los contactos del motor de velocidad gradual se ponían en la posición adecuada para seleccionar el teléfono correspondiente.

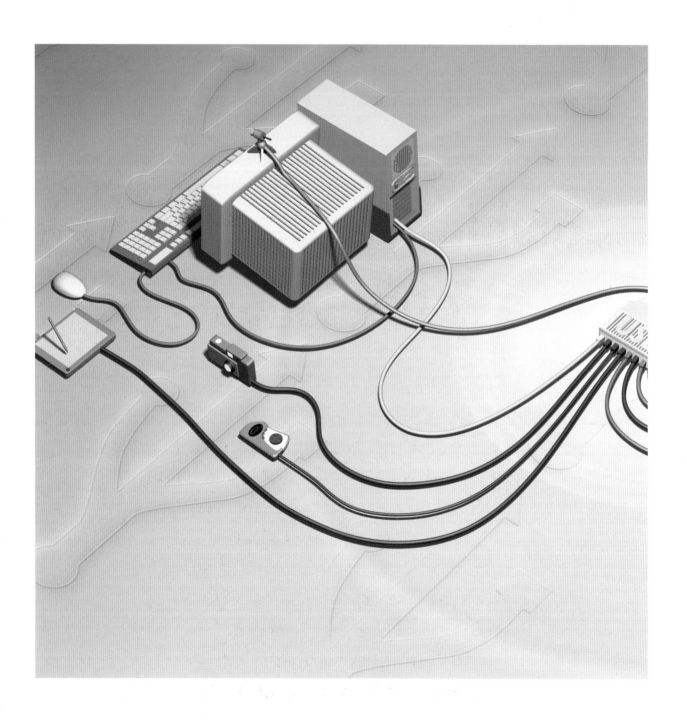

# 2

# Combinar ordenadores y teléfonos

**AUNQUE** se trata de productos de distintas eras y de diferentes tecnologías, el ordenador y el teléfono parecen estar hechos el uno para el otro. La red telefónica actual no existiría sin grandes recursos informáticos para procesar llamadas controlar el tráfico e imprimir las facturas telefónicas. A la inversa, la existencia de una red telefónica a nivel mundial permite que los ordenadores se conecten entre sí de forma que las máquinas (y sus usuarios) puedan intercambiar información.

Aunque el ordenador y el teléfono se han visto forzados a llevar a cabo un matrimonio de conveniencia, pertenecen a mundos diferentes. El universo del ordenador es digital: todo lo que pasa a través de la CPU del ordenador es 1 ó 0. La red de telefonía mundial es en gran medida digital también excepto las últimas millas de cable que unen el domicilio o la oficina del cliente con la centralita de la compañía telefónica. Para mantener la compatibilidad con los millones de teléfonos existentes, la conexión local desde la oficina central de la compañía telefónica al enchufe del teléfono que tiene en la pared de su casa se lleva a cabo mediante el mismo circuito de dos cables utilizado por el sistema de Bell desde 1890. En algún momento del futuro probablemente nos desharemos de nuestros teléfonos analógicos para pasar a contar con una red telefónica completamente digital; esto ya ha ocurrido en algunos países europeos y asiáticos. ¡Pero tal cambio hará necesaria la recolocación o la modificación de cada teléfono analógico!

AT&T fue una de las primeras empresas en adoptar los ordenadores a nivel general y AT&T, a través de su filial Bell Labs, financió parte de las primeras investigaciones a nivel informático. El invento del transistor en Bell Labs en 1948 hizo que los ordenadores resultaran prácticos a gran escala. AT&T inventó también el primer teléfono módem práctico, un dispositivo que permite que los datos digitales viajen a través del mundo analógico de la red telefónica.

El espectacular crecimiento del ordenador personal comenzó a finales de los años setenta y continúa en la actualidad. En la primera época de los ordenadores personales había relativamente pocos ordenadores que fueran capaces de comunicarse entre sí. Pero algunos de esos primeros usuarios informáticos aprendieron que aunque un PC por sí mismo era una herramienta poderosa, un PC en red lo era todavía más. Varios servicios de información por suscripción, como The Source, CompuServe y America Online, entre otros, se crearon para permitir que los usuarios de los ordenadores intercambiaran mensajes, compartieran archivos y tuvieran acceso a la información almacenada en las bases

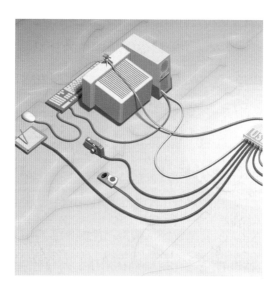

de datos online. De esos primeros servicios, sólo AOL sigue con nosotros en la actualidad, después de haber absorbido a la mayor parte de sus competidores (junto con Time-Warner y CompuServe) a lo largo de los años.

Los usuarios se conectaban a estas primeras redes a través de un módem conectado a una línea estándar de teléfono. Los términos "entrar al sistema" y "estar online" pasaron a formar parte de la jerga informática. Las velocidades de los módems se convirtieron en un tema estándar de conversación en los cócteles. Pero los primeros servicios online eran islas independientes. Los usuarios de un servicio no podían intercambiar mensajes con los usuarios de otro. Cada servicio tenía su propia y con frecuencia poco práctica interfaz de usuario.

A principios de los años noventa tuvo lugar una revolución online. Internet, que fue una vez una red cerrada y oscura que servía de vínculo entre las instituciones militares y de investigación, se convirtió en algo abierto al público. Internet ofrecía una sorprendente matriz de información publicada por los gobiernos, las empresas y los individuos. Los usuarios acudían a Internet por millones, alentados por la disposición de software fácil de utilizar que además resultaba barato (y a menudo gratuito). En la actualidad, Internet llega a cientos de millones de usuarios en todo el mundo. El módem, que fue una vez el dominio de unos pocos verdaderos expertos en el universo informático, se convirtió en una pieza estándar de prácticamente cualquier ordenador nuevo. Los que discutían el tema en los cócteles pasaron de tener velocidades de módem a señales ocupadas, porque muchos proveedores de servicio de Internet se vieron sobrecargados por la demanda.

A medida que Internet aumentaba de tamaño, aumentaba también su importancia. En la actualidad, Internet es una parte importante de los negocios y de la vida diaria de millones de usuarios, y esos usuarios demandan conexiones a Internet más rápidas y más fiables. Los nuevos desarrollos en la tecnología del módem permiten alcanzar velocidades de módem cada vez más rápidas, hasta el punto de que la tecnología de módem por marcado actual está limitada sólo por las leyes de la física.

Los usuarios actuales de Internet pueden escoger entre varias tecnologías de conexión a Internet de alta velocidad, entre las que se incluyen RDSI, DSL y el servicio de módem por cable. RDSI y DSL funcionan sobre líneas de teléfono de cobre estándar, mientras que el servicio de módem por cable se lleva a cabo a través de la infraestructura de la televisión por cable.

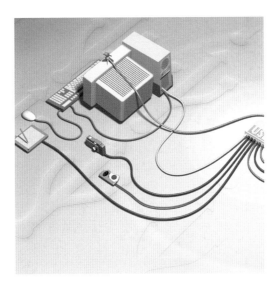

CAPÍTULO

# 3

# Cómo funcionaban las primeras redes

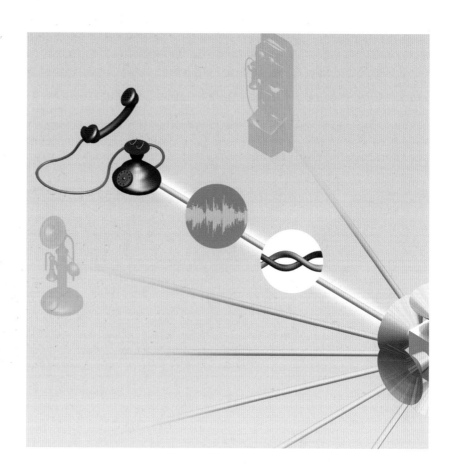

**CUANDO** escucha en la actualidad la palabra red, probablemente piense en las redes informáticas, las redes de televisión, las redes de televisión por cable y las redes de área local. Todas estas redes deben su existencia a dos redes anteriores: la red de la Western Union y la del sistema de Bell.

La Western Union ha tenido un papel especial en la historia: fue el primer gigante de telecomunicaciones a nivel mundial. La finalización de su primera línea de telégrafo por tierra terminó con la breve y emocionante historia (de 1860 a 1861) del vistoso correo a caballo (Pony Express).

La Western Union se formó mediante la fusión de 12 compañías de menor tamaño. En tiempos de la guerra civil americana, las líneas de la Western Union se extendían por todos los Estados Unidos, de Nueva York a California.

La red de la Western Union fue la primera en abarcar todo el continente norteamericano. Siguiendo el ferrocarril en dirección oeste, la Western Union llegó a acuerdos con la mayor parte de líneas ferroviarias del momento. A cambio de acceso inmediato a la línea de ferrocarril, la Western Union proporcionaba una estación de telégrafo y un operador en cada estación de tren. El operador gestionaba el horario y cargaba información del ferrocarril de forma gratuita.

El servicio de la Western Union era de punto a punto. Para enviar un telegrama a alguien, había que ir a la oficina de la Western Union y dictar el mensaje al operador del telégrafo. El operador entonces enviaba el mensaje en código Morse a través de la línea del telégrafo a la estación correspondiente.

Cuando el teléfono de Bell comenzó a funcionar a finales de la década de 1890, no tenía líneas de teléfono. A medida que los abonados demandaban el servicio, Bell creaba nuevas líneas a la ubicación de los abonados. Inicialmente, el servicio telefónico era también de punto a punto, lo que significaba que cada teléfono podía conectarse sólo a otro teléfono. Muchos de los primeros usuarios del teléfono eran médicos; conectaban un teléfono en una oficina y otro en casa. A medida que el servicio telefónico crecía, los abonados demandaron poder hablar entre sí, y de esta forma nació la red telefónica, tal como la conocemos en la actualidad.

La red telefónica pública actual es un complejo laberinto de líneas telefónicas y oficinas centrales con centralitas. Las oficinas centrales se conectan con una red de cables todavía más complicada, estaciones repetidoras, cables de fibra óptica y satélites de comunicación.

Hubo un momento en el que más del 90% de estas instalaciones pertenecían al sistema de Bell. Desde que los tribunales ordenaron la desintegración de AT&T en 1984, las instalaciones pertenecen a docenas de empresas, entre las que se incluyen AT&T, las empresas regionales operativas de Bell, Sprint, Verizon, y otras. A pesar de su complejidad interna, el sistema sigue siendo fácil de utilizar. Para hacer una llamada, simplemente tenemos que descolgar el teléfono y marcar el número.

La red telefónica actual es un híbrido entre las tecnologías analógicas y digitales. Aunque la mayor parte del servicio telefónico doméstico y de pequeñas empresas de América es analógico, la red de las centralitas y las redes de larga distancia son todas digitales. AT&T fue pionera en la utilización de las técnicas de conversión analógica a digital como forma de combinar cientos de conversaciones por voz en una sola señal digital. Esto permitió que AT&T (y otras compañías) llevaran a cabo más conversaciones sin tener que construir nuevos (y extremadamente caros) circuitos de larga distancia.

# Cómo funciona una red telefónica

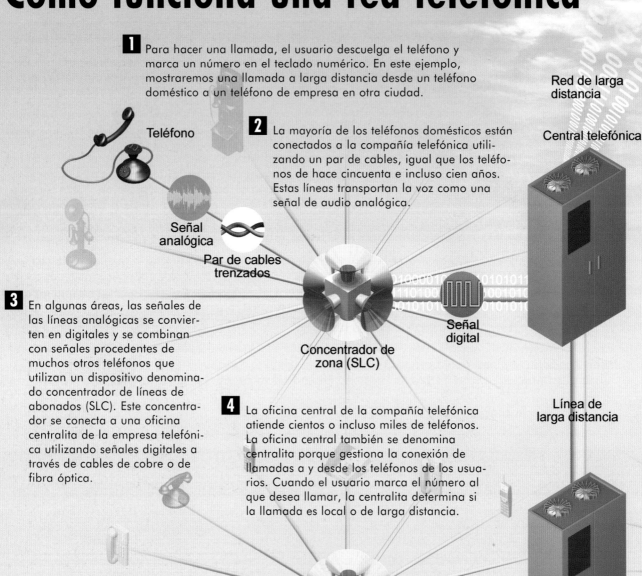

**1** Para hacer una llamada, el usuario descuelga el teléfono y marca un número en el teclado numérico. En este ejemplo, mostraremos una llamada a larga distancia desde un teléfono doméstico a un teléfono de empresa en otra ciudad.

Teléfono

Red de larga distancia

Central telefónica

**2** La mayoría de los teléfonos domésticos están conectados a la compañía telefónica utilizando un par de cables, igual que los teléfonos de hace cincuenta e incluso cien años. Estas líneas transportan la voz como una señal de audio analógica.

Señal analógica

Par de cables trenzados

**3** En algunas áreas, las señales de las líneas analógicas se convierten en digitales y se combinan con señales procedentes de muchos otros teléfonos que utilizan un dispositivo denominado concentrador de líneas de abonados (SLC). Este concentrador se conecta a una oficina centralita de la empresa telefónica utilizando señales digitales a través de cables de cobre o de fibra óptica.

Señal digital

Concentrador de zona (SLC)

**4** La oficina central de la compañía telefónica atiende cientos o incluso miles de teléfonos. La oficina central también se denomina centralita porque gestiona la conexión de llamadas a y desde los teléfonos de los usuarios. Cuando el usuario marca el número al que desea llamar, la centralita determina si la llamada es local o de larga distancia.

Línea de larga distancia

Concentrador de zona (SLC)

Central telefónica

**5** Si la llamada es local, pero el teléfono al que llamamos está conectado a una central telefónica diferente, la llamada se dirige a una línea de larga distancia que conecta las dos oficinas. Si la llamada es de larga distancia, la central telefónica dirige la llamada a la compañía telefónica de larga distancia del emisor.

**6** Cada red de compañía de larga distancia gestiona su propia red de centralitas, cables, satélites y líneas de larga distancia. Cuando un usuario inicia una llamada a larga distancia, el sistema de centralita de la compañía de larga distancia determina la ruta más eficaz para la llamada. Entonces la llamada se conecta a la empresa telefónica local de la persona receptora.

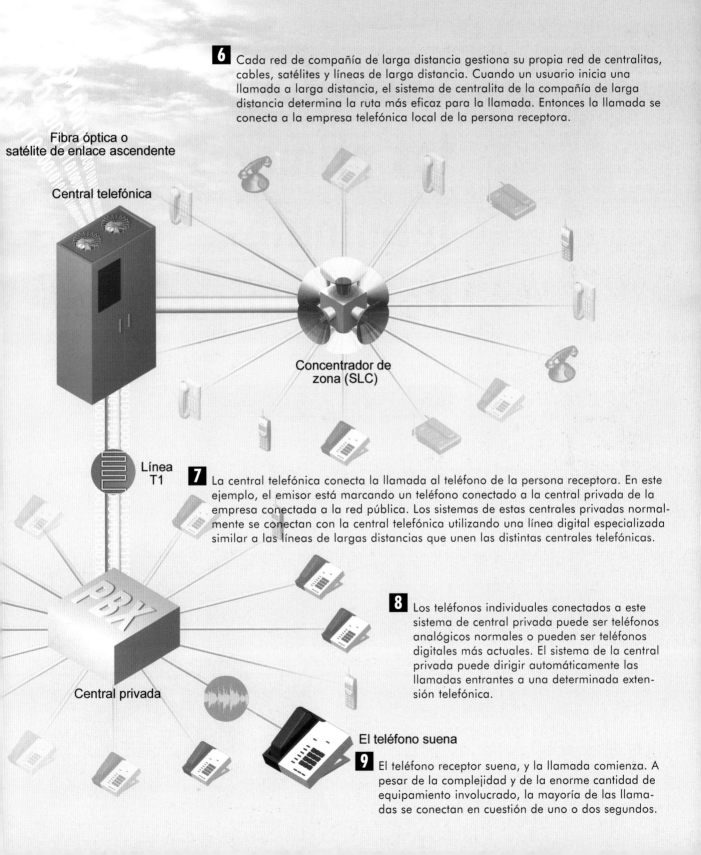

Fibra óptica o satélite de enlace ascendente

Central telefónica

Concentrador de zona (SLC)

Línea T1

**7** La central telefónica conecta la llamada al teléfono de la persona receptora. En este ejemplo, el emisor está marcando un teléfono conectado a la central privada de la empresa conectada a la red pública. Los sistemas de estas centrales privadas normalmente se conectan con la central telefónica utilizando una línea digital especializada similar a las líneas de largas distancias que unen las distintas centrales telefónicas.

**8** Los teléfonos individuales conectados a este sistema de central privada puede ser teléfonos analógicos normales o pueden ser teléfonos digitales más actuales. El sistema de la central privada puede dirigir automáticamente las llamadas entrantes a una determinada extensión telefónica.

Central privada

El teléfono suena

**9** El teléfono receptor suena, y la llamada comienza. A pesar de la complejidad y de la enorme cantidad de equipamiento involucrado, la mayoría de las llamadas se conectan en cuestión de uno o dos segundos.

# Cómo funcionaban los primeros terminales de comunicaciones

MIENTRAS escribimos este capítulo, estamos sentados delante de una pantalla de cristal líquido de 18 pulgadas con una resolución de 1.280 x 1.024 píxeles. La pantalla puede mostrar textos, gráficos, fotografías y vídeo de secuencia completa con millones de colores. El teclado tiene 103 teclas, muchas de ellas reservadas a funciones especiales tales como mover párrafos o subrayar un pasaje determinado del texto. A medida que escribimos, las letras que pulsamos aparecen de forma instantánea en la pantalla a color, con el texto con formato y mostrándose exactamente tal como aparecerá cuando imprimamos esta página. Las impresoras pueden reproducir fielmente cientos de tipos de letra diferentes, con una precisión de 1.200 puntos por pulgada. Cuando terminemos este capítulo, haremos clic en el botón **Correo electrónico** que aparece en la parte superior de la pantalla y se lo enviaremos a nuestro editor que se encuentra al otro lado del país.

Los primeros ordenadores no tenían ninguna de estas características; de hecho, ni siquiera tenían un teclado y una pantalla. Los primeros ordenadores utilizaban varios dispositivos de entrada y de salida, entre los que se incluyen interruptores, luces, teletipos y lectores de cinta de papel.

Como los primeros ordenadores eran utilizados principalmente por científicos para una determinada tarea, no existía una apremiante necesidad de hacer que la entrada y salida de datos fuera más rápida o sencilla. Pero cuando los ordenadores se convirtieron en algo disponible y accesible para su utilización empresarial general, la eficacia y la accesibilidad pasaron a ser preocupaciones importantes.

# Perforadoras de teclado y lectores de tarjeta

El primer dispositivo de entrada/salida que encontró una aceptación exhaustiva fue la combinación de perforadoras de teclado y lectores de tarjeta. Los datos que se querían introducir en el ordenador se escribían en una perforadora de teclado. Esta máquina traducía las pulsaciones del operador en una serie de agujeros perforados en una tarjeta. Las tarjetas se llevaban entonces a la sala del ordenador, donde se colocaban en un lector de tarjetas. El lector de tarjetas detectaba los agujeros en las tarjetas, recreaba las pulsaciones del operador, y las enviaba al ordenador.

El sistema de tarjetas perforadoras de teclado tenía muchos inconvenientes: era pesado y complicado, las tarjetas podían estropearse con facilidad y el ciclo de entrada/salida llevaba su tiempo, a veces días o semanas. Este sistema también tenía sus ventajas: las máquinas perforadoras podían colocarse en cualquier lugar, incluso en ubicaciones en los que no hubiera ordenador. Se podían enviar paquetes de tarjetas procedentes de varios sitios a una ubicación central para su procesamiento. Los operadores de perforadoras no necesitaban una formación extensiva porque el teclado de la perforadora era similar al teclado de la máquina de escribir estándar. Pero la principal desventaja del sistema de tarjetas perforadoras era que sólo permitía que funcionara un programa en el ordenador cada vez.

# Terminales de impresión interactivos

El siguiente paso hacia delante en la interfaz de la máquina humana fue el terminal de impresión interactivo. En lugar de perforar agujeros en una tarjeta, el terminal enviaba las pulsaciones directamente al ordenador. El ordenador respondía enviando caracteres a la impresora del terminal. Los primeros terminales interactivos eran normalmente teletipos o máquinas de escribir eléctricas especialmente modificadas al efecto. El más conocido fue el terminal Selectric de IBM, una versión modificada de la famosa máquina de escribir IBM. El PC original de IBM que apareció en 1981 incluía un teclado que tenía la misma apariencia y el mismo tacto que un Selectric.

Con la llegada del sistema operativo multitarea, varios operadores podían llevar a cabo tareas en el mismo ordenador al mismo tiempo. Estas máquinas eran cascarrabias y ruidosas, pero proporcionaban una respuesta inmediata por parte del ordenador, algo que el sistema de tarjetas perforadoras nunca podría hacer. La capacidad de obtener respuestas inmediatas del ordenador llevó a una gran cantidad de nuevas aplicaciones para la tecnología informática.

Quizá lo más significativo de estas nuevas aplicaciones fue el sistema de procesamiento online como los que se utilizaban en los sistemas de reserva de las compañías aéreas. Utilizando líneas de teléfono especiales alquiladas, las aerolíneas podías establecer terminales en cada ciudad en la que trabajaban. Las personas encargadas de la venta de billetes en todo el país podían utilizar el sistema del ordenador central para comprobar las tarifas y reservar los vuelos. El concepto de procesamiento online se utilizaba y sigue utilizando en la actualidad en muchas otras industrias, incluyendo la propia industria informática.

Antes del terminal interactivo, los programadores tenían que desarrollar programas informáticos utilizando tarjetas perforadas. Los retrasos y los errores adicionales introducidos por el sistema de perforación de tarjetas hicieron que un trabajo de por sí complicado pasara a serlo aún más. El terminal interactivo permitió a los programadores ver los resultados de su trabajo de forma inmediata, reduciendo así la cantidad de tiempo necesaria para desarrollar un programa.

Aunque el terminal de impresión interactivo aportó mucho al mundo de la informática, también dejó mucho que desear. Los terminales de impresión son, por naturaleza, dispositivos mecánicos. Aunque son más rápidos que las tarjetas perforadas, siguen siendo relativamente lentos, ruidosos, y necesitan una enorme cantidad de mantenimiento.

A mediados de la década de los sesenta, varios fabricantes comenzaron a reemplazar el mecanismo de impresión del terminal por un tubo de imagen, y así nacieron las pantallas de visualización de datos (PVD). Las PVD funcionan de forma muy similar a como lo hacen los terminales de impresión, pero son más rápidas, más silenciosas y más eficaces. Los primeros sistemas de microordenadores, los predecesores inmediatos de los ordenadores personales actuales, utilizaban también PVD para la entrada y salida de datos.

# Carterfone

En 1966, una pequeña empresa de Texas llamada Carterfone inventó un sencillo dispositivo que permitía que radios móviles de doble sentido se conectaran a la línea de teléfono. El Carterfone permitió a los trabajadores de la construcción, al personal de campo y a los ejecutivos que viajaban hacer y recibir llamadas de teléfono utilizando el sistema de radio de doble sentido existente de la compañía.

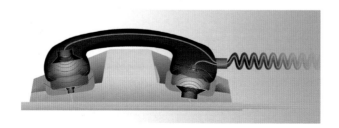

El Carterfone no se conectaba físicamente a la línea telefónica. Sin embargo, AT&T afirmó que el Carterfone suponía una amenaza para la integridad del sistema telefónico. Después de dos años de batalla legal, la Comisión Federal de Comunicaciones americana dictaminó que el equipamiento de terceros podía de hecho ser conectado a la red telefónica siempre que el dispositivo conectado dispusiera de medidas de protección que garantizaran que la red telefónica no se veía dañada. La decisión del Carterfone fue el principio del fin del casi monopolio de la AT&T sobre los teléfonos y el equipamiento relacionado con ellos.

En 1975, la Comisión Federal de Comunicaciones americana fue un paso más allá. Dictaminó que se podía unir cualquier equipamiento a las líneas de la compañía telefónica siempre y cuando el dispositivo en cuestión cumpliera ciertas especificaciones técnicas. En 1977, la Comisión Federal de Comunicaciones americana publicó estas especificaciones técnicas, conocidas como Reglas y Regulaciones de la Comisión Federal de Comunicaciones, Parte 68: Conexión de equipos terminales a la red telefónica. Estas reglas, comúnmente conocidas como Parte 68, describen cómo debería conectarse el equipamiento de terceros a la red telefónica. Si mira la parte de debajo de prácticamente cualquier teléfono o módem vendido en EEUU hoy en día, verá una pegatina en la que se afirma que el dispositivo cumple con la Parte 68 de las reglas de la Comisión Federal de Comunicaciones americana.

La regla Parte 68 de la Comisión Federal de Comunicaciones americana abrió las puertas al nuevo equipamiento. Docenas de fabricantes se lanzaron al negocio del teléfono. En lugar de pagar algunos dólares al mes a la compañía telefónica local, los abonados podían comprar su propio teléfono. Los teléfonos pasaron a estar disponibles en cualquier forma, color y tamaño imaginables. Los accesorios de teléfono, tales como los contestadores automáticos, los teléfonos inalámbricos y los módems pasaron a ser artículos cotidianos en el mobiliario de las casas. La propia industria telefónica se revolucionó, todo gracias a una pequeña compañía de Texas.

Casi veinte años más tarde, el Acta de Telecomunicaciones de 1996 sacudió una vez más el *statu quo* en la industria de las telecomunicaciones. Como primera revisión principal de la ley de comunicaciones en más de 60 años, el Acta de Telecomunicaciones de 1996 permitió que cualquier compañía compitiera en el negocio de las comunicaciones, acabando de forma eficaz con el monopolio de servicios telefónicos local del que disfrutaban las empresas telefónicas regionales. Lo que es más importante para los consumidores, el Acta obligaba a las compañías telefónicas locales a hacer que su red de cableado estuviera disponible para sus competidores. Después de que este acta surtiera efecto, cientos de nuevas compañías entraron en la industria de las telecomunicaciones, proporcionando todos los servicios, desde el servicio de telefonía local a servicios de red especializada y de comunicaciones de datos.

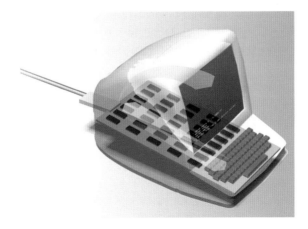

# Cómo funcionaban las tarjetas perforadas

Máquina perforadora

**1** Las tarjetas se preparan en una máquina perforadora de teclado. Esta máquina parece una máquina de escribir grande. A medida que el operador escribe en el teclado, la máquina perfora una serie de agujeros en una tarjeta de papel. A medida que las tarjetas se completan, se colocan en una pila de tarjetas situada en la parte derecha de la máquina.

**2** Cada tarjeta perforada estándar de IBM contenía 80 columnas con 12 filas en cada columna, por lo que cada tarjeta contenía 80 caracteres de información. El diseño de la tarjeta y el esquema de codificación se remontan a una máquina de recuento de votos mecánica inventada por Herman Hollerith en 1890.

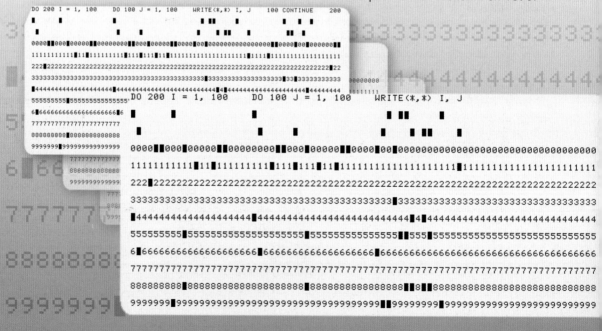

Ordenador principal

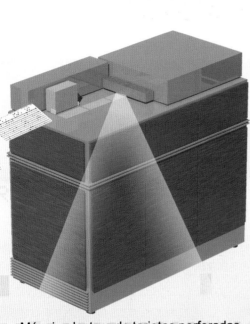

Máquina lectora de tarjetas perforadas

**3** Para introducir los datos en el ordenador, la pila de tarjetas perforadas se colocaba en un lector de tarjetas, que puede ver en la imagen a la izquierda del ordenador principal. Esta máquina leía cada tarjeta de forma secuencial y copiaba los datos codificados de las tarjetas en la memoria del ordenador.

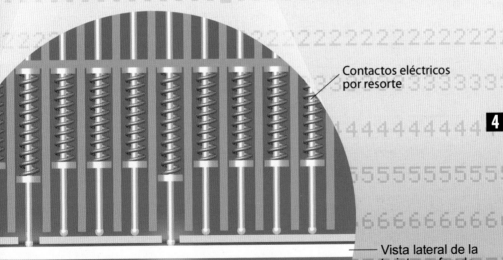

Contactos eléctricos
por resorte

Vista lateral de la
tarjeta perforada

**4** Los primeros lectores de tarjetas utilizaban una serie de contactos eléctricos para detectar la presencia de agujeros en la tarjeta. Un agujero permitía que los contactos por resorte pasaran a través de la tarjeta, completando un circuito. En diseños posteriores se sustituyeron los contactos eléctricos por sensores ópticos.

# Cómo funcionaban los primeros terminales

## Terminal Selectric de IBM

**1** Como otros terminales de impresión, la terminal Selectric de IBM convertía las pulsaciones en señales eléctricas. A medida que los usuarios escribían en el teclado, el terminal enviaba un código al ordenador que indicaba qué tecla se había pulsado. El ordenador podía también enviar datos al terminal.

**2** A diferencia de los primeros terminales de impresión, el Selectric utilizaba un mecanismo de impresión de alta calidad que podía imprimir caracteres en mayúsculas y en minúsculas. En lugar de la matriz de palancas de texto que se encuentra en las máquinas de escribir y en los terminales de impresión, el Selectrix utilizaba un único elemento de impresión rotatorio. A medida que se recibían los datos del ordenador principal, la bola de texto rotaba y se inclinaba hasta que se colocaba la letra apropiada sobre el papel.

Elemento rotatorio
de Selectric

Terminal Selectric

# Primeros terminales de visualización de datos

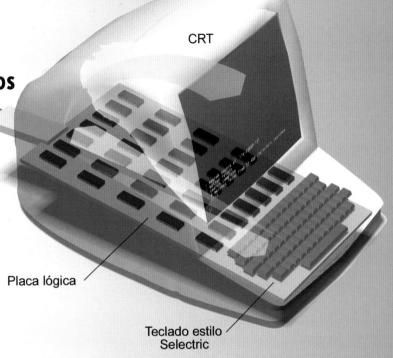

CRT

**1** Los terminales de visualización de datos, o PVD, empezaron a sustituir a las terminales de impresión en la década de los setenta. Como los terminales de impresión, las PVD utilizaban una conexión de datos en serie entre el terminal y un sistema de ordenador principal.

**2** Las PVD funcionaban en gran medida como los terminales de impresión. Pero, en lugar de imprimir los datos en papel, mostraban los datos en una pantalla de vídeo. Una placa lógica dentro del terminal convertía las pulsaciones de texto en datos en serie que se enviaban al ordenador principal, y la misma placa convertía los datos entrantes en una señal de vídeo que se visualizaba en la pantalla.

Placa lógica

Teclado estilo Selectric

# El Carterfone

**1** El Carterfone era simplemente una funda moldeada de plástico con un micrófono y un altavoz dentro.

**2** El micrófono y el altavoz estaban organizados de forma que cuando se colocaba el auricular del teléfono estándar en el Carterfone, el altavoz del Carterfone "hablaba" en el micrófono del teléfono y viceversa. Esta organización, que con frecuencia se denomina acoplador telefónico, proporcionaba una conexión no eléctrica entre un sistema de radio de dos direcciones privado y la red telefónica pública.

Datos de audio entrantes

Datos de audio salientes

CAPÍTULO

# 5

# Cómo se codifican los datos

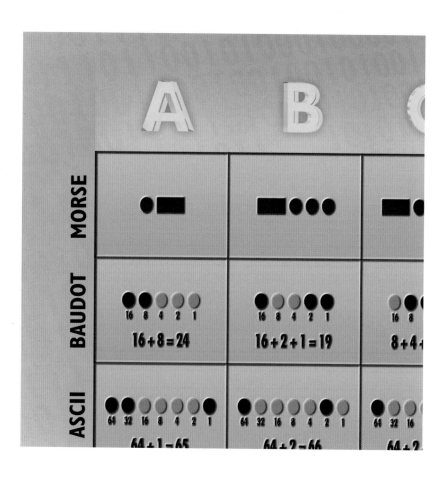

COMO el código Morse que le precede, el código de teletipo de cinco niveles de Emile Baudot le proporcionó al mundo una forma más rápida y eficaz de comunicaciones. Inventado en 1870, el código de Baudot, con mejoras y adiciones realizadas por el inventor inglés Donald Murray, sirvió como código primario de comunicaciones entre máquinas durante más de 50 años. Pero, a pesar de su longevidad, el código de Baudot tenía varias deficiencias.

El código Baudot utilizaba cinco bits de datos para representar cada carácter transmitido. Muchos de los primeros telégrafos impresores de los que ya hemos hablado utilizaban el código Baudot. Se utilizaba un código de desplazamiento especial para hacer que la máquina receptora distinguiera entre el modo de letras y el de cifras. Incluso con el código de desplazamiento, el código Baudot sólo se adaptaba a las letras mayúsculas.

En 1966, varias compañías informáticas, de teletipo y de comunicaciones americanas colaboraron con el fin de idear un sustituto para el código Baudot. El resultado de su trabajo es el Estándar Americano de Codificación para el Intercambio de Información o ASCII. ASCII utiliza un código de 7 bits, permitiéndole representar 128 caracteres diferenciados sin utilizar un código de desplazamiento. ASCII define 96 caracteres imprimibles (las letras de la A a la Z en mayúsculas y en minúsculas, los números de 0 a 9 y los signos de puntuación) e incluye asimismo varios caracteres de control que definen funciones que no se imprimen, tales como el retorno de carro, los saltos de línea y el retroceso.

Además de ofrecer la impresión de mayúsculas y minúsculas, ASCII define también un sencillo mecanismo de comprobación de errores. Se añade un bit extra, denominado bit de paridad a cada carácter transmitido. Si el circuito de comunicaciones está utilizando una paridad par, el bit de paridad se configura en 0 cuando hay un número par de bits en el carácter transmitido. Si el circuito está utilizando paridad impar, el bit de paridad se configura en 0 cuando hay un número impar de bits. Aunque la comprobación de la paridad no proporciona un medio de volver a transmitir caracteres corruptos, sí ofrece un test de validez sencillo para los datos recibidos.

ASCII fue adoptado de forma común e inmediata por la mayoría de los vendedores de equipamiento informático y de comunicaciones en todo el mundo (IBM fue la notable excepción). Más allá de las mejoras que ASCII ofrecía en comparación con Baudot, ASCII proporcionaba un estándar público bien definido que no debía su existencia a ninguna compañía de forma exclusiva. Como ventaja añadida, cualquier ordenador estándar ASCII podía, al menos en teoría, intercambiar información con cualquier otro sistema ASCII.

IBM, siguiendo una antigua tradición de hacer las cosas a su manera, no adoptó el código ASCII. En lugar de esto, los ingenieros de IBM crearon su propio código, denominado EBCDIC (Código Extendido de Intercambio Decimal Codificado en Binario). EBCDIC es un código de 8 bits, por lo que puede definir un total de 256 caracteres diferentes. Ésta es su ventaja sobre ASCII. A diferencia de ASCII, los caracteres alfabéticos en EBCDIC no son secuenciales, haciendo que las operaciones de organización resulten más difíciles.

Aunque sigue siendo utilizado de forma exhaustiva en las unidades de proceso y en los miniordenadores de IBM, EBCDIC nunca caló en el universo fuera de IBM. El propio IBM ha rechazado EBCDIC en varias ocasiones, siendo de destacar el diseño del ordenador personal IBM y sus sucesores.

# Del código Morse a EBCDIC

**Morse.** Como el código Morse estaba creado para las orejas humanas, contenía elementos de datos de longitud desigual. La raya es tres veces la longitud del punto, y se añade un periodo igual al de un punto entre las letras, de forma que el operador receptor pueda diferenciar unas letras de otras.

**Baudot.** Los cinco elementos de datos que definen cada carácter del código Baudot (denominados bits en la actualidad) tienen la misma longitud. Como cinco bits permiten sólo 32 combinaciones, el código de Baudot utiliza dos caracteres especiales denominados FIGS y LTRS que le indican a la máquina receptora si tiene que imprimir el conjunto de caracteres de cifras o el de letras. Sólo hay un total de sesenta y dos caracteres diferenciados, porque hay dos caracteres que se encuentran en los dos conjuntos. El código Baudot es sólo de letras mayúsculas, y los caracteres no están en orden numérico secuencial. Por ejemplo, A tiene un valor de 24, B de 19 y C de 14.

**ASCII.** ASCII mejora el código de Baudot en varios aspectos relacionados con las teclas. La utilización de siete elementos de datos o bits permite a ASCII representar hasta 128 caracteres diferentes: 31 caracteres reservados para funciones especiales tales como el retorno de carro, el retroceso y los saltos de línea y 96 caracteres reservados para las letras de la A a la Z en mayúsculas y en minúsculas, además de los números y los signos de puntuación. Los caracteres ASCII están en orden secuencial: A es 65, B es 66, C es 67, y así sucesivamente. Esto facilita al ordenador la manipulación del texto y de los números en ASCII.

**EBCDIC.** EBCDIC de IBM utiliza ocho bits de datos, permitiendo que represente 256 caracteres y símbolos diferentes, de los cuales 63 están reservados a funciones de control. En esta tabla, A es 193, B es 194, C es 195. Sin embargo, EBCDIC no es secuencial: su conjunto de caracteres, a diferencia del de ASCII no sigue un orden secuencial. Hay espacios entre la i y la j y entre la r y la s.

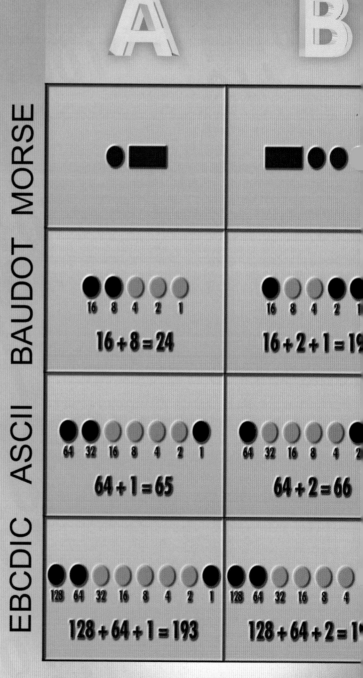

● Bits activados    ● Bits desactiva

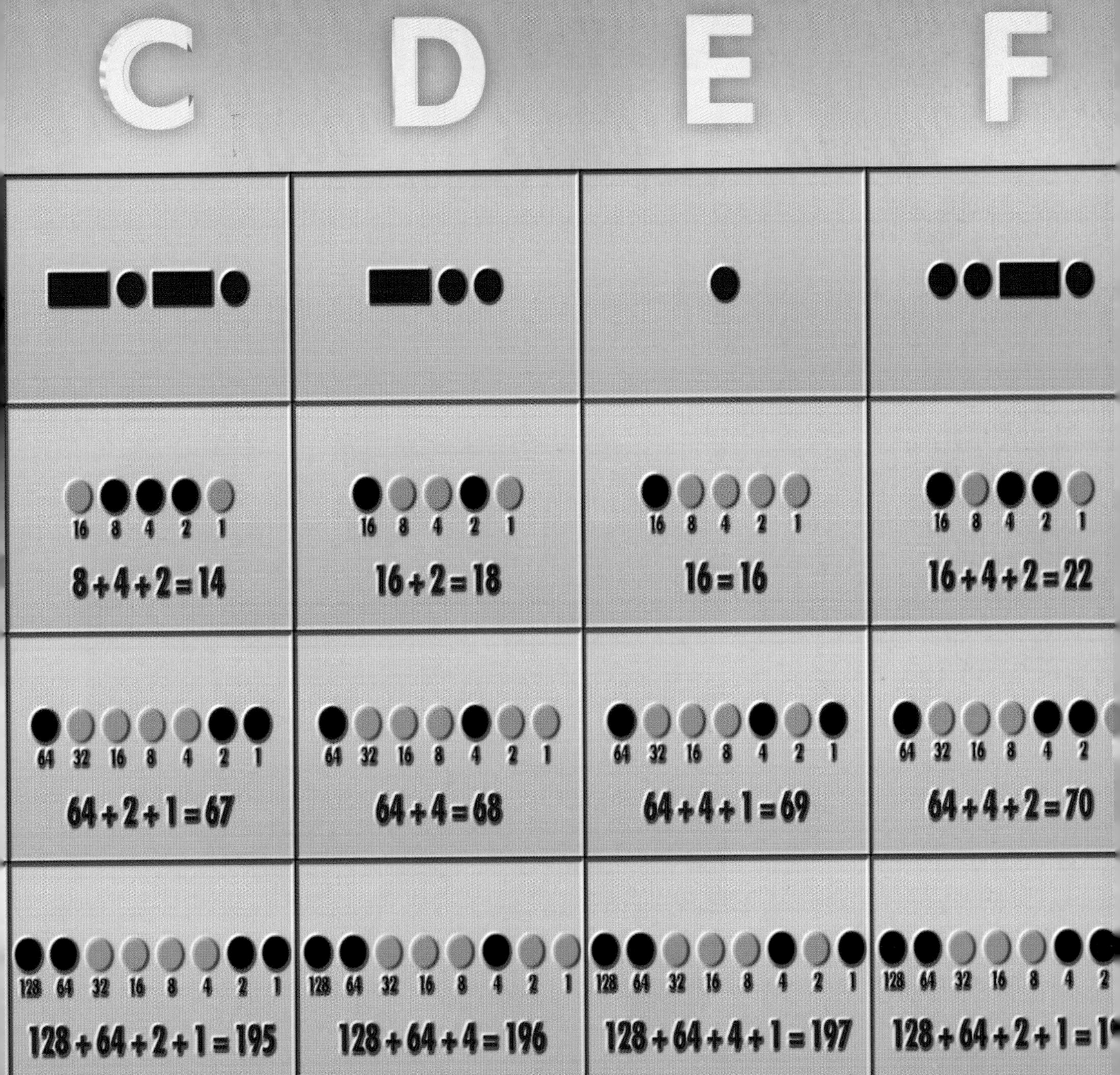

# C  D  E  F

| C | D | E | F |
|---|---|---|---|

16  8  4  2  1
8 + 4 + 2 = 14

16  8  4  2  1
16 + 2 = 18

16  8  4  2  1
16 = 16

16  8  4  2  1
16 + 4 + 2 = 22

64  32  16  8  4  2  1
64 + 2 + 1 = 67

64  32  16  8  4  2  1
64 + 4 = 68

64  32  16  8  4  2  1
64 + 4 + 1 = 69

64  32  16  8  4  2
64 + 4 + 2 = 70

128  64  32  16  8  4  2  1
128 + 64 + 2 + 1 = 195

128  64  32  16  8  4  2  1
128 + 64 + 4 = 196

128  64  32  16  8  4  2  1
128 + 64 + 4 + 1 = 197

128  64  32  16  8  4  2
128 + 64 + 2 + 1 = 1

CAPÍTULO

**6**

# Cómo funciona un módem

LOS primeros dispositivos de comunicaciones electrónicos, el telégrafo y el teletipo, se comunicaban entre sí intercambiando señales de pulsaciones de corriente continua (CC) a lo largo de un largo cable. Los ordenadores y los terminales actuales utilizan una versión muy mejorada de esta técnica, como queda demostrado por el RS-232C, los USB (*Universal Serial Bus*) y otros estándares de comunicaciones de datos en serie.

Por el contrario, los teléfonos se comunican pasando una señal de audio analógica por la línea. La fuerza y la frecuencia de la señal varían dependiendo del volumen y del tono del sonido que se está enviando. Como la red telefónica está diseñada para transportar señales de voz, no puede transportar las señales de CC que se utilizan en las comunicaciones por ordenador.

A medida que la utilización de los ordenadores se extendió a finales de los cincuenta y principios de los sesenta, apareció la necesidad de conectar los ordenadores y los terminales utilizando líneas telefónicas normales. La respuesta de AT&T fue el módem Bell 103.

El módem Bell 103 funcionaba a una velocidad de 300 bits por segundo. Esto resulta exasperantemente lento para los estándares actuales, pero era lo suficientemente rápido para los lentos terminales impresión de la época. Como permitía que el terminal estuviera físicamente separado del ordenador principal, el módem hizo que los recursos informáticos estuvieran disponibles desde prácticamente cualquier lugar.

El módem Bell 103 utiliza dos pares de tonos para representar los estados encendido y apagado de la línea de datos de RS-232C. El módem utiliza un par de tonos para iniciar la llamada, y el otro par lo utiliza para responder a la llamada. El módem envía los datos cambiando entre los dos tonos en cada par. El módem emisor envía los datos entre 1.070 y 1.270 hercios, y el módem de respuesta envía los datos entre 2.025 y 2.225 hercios. Los módems más modernos utilizan más tonos diferentes para transmitir información, pero el principio básico sigue siendo el mismo.

Antes de la desintegración del sistema Bell en 1984, AT&T estableció prácticamente todos los estándares de módem. Los ingenieros de Bell Labs diseñaron nuevos módems, y la sección Western Electric de AT&T los fabricó. Bell dio licencia sobre la tecnología 103 y 212a a otras compañías, pero, con pocas excepciones, todos los nuevos diseños de módems procedían de AT&T. Después de la desintegración, AT&T ya no estaba en posición de dictar los estándares al resto de la industria.

La desmembración de Bell coincidió con los años de más prosperidad en el crecimiento del ordenador personal. Para 1984, la industria del ordenador personal estaba en medio de un periodo de crecimiento extraordinario, que empezó con la aparición del ordenador personal de IBM a finales de 1981. La explosión del ordenador personal, unida a la desintegración de Bell, dio lugar a oportunidades empresariales únicas para los fabricantes americanos de módems.

El siguiente avance importante en la tecnología del módem fue el desarrollo del módem de 2.400 bits por segundo en 1985. Hasta 1985, la mayoría de los estándares técnicos de módems habían procedido de Bell Labs de AT&T. El estándar de 2.400 bits por segundo fue creado por el CCITT, una organización de configuración de estándares de industria que incluye miembros procedentes de cientos de compañías de telecomunicaciones a nivel mundial. El nuevo estándar de módem, denominado V.22bis, fue aceptado de forma exhaustiva y sigue siendo utilizado en la actualidad.

El CCITT, denominado actualmente Unión Internacional de Telecomunicaciones, Sector de Telecomunicaciones (ITU-T), continúa mediando en los estándares de la industria para módems. Los nuevos estándares de ITU-T incluyen V.32 (9,600bps), V.32bis (14,400bps), V.34 (33,600bps), V.42 (control de error), V.42bis (compresión de datos) y V.90 (56,000bps). Prácticamente todos los módems que se utilizan hoy en día cumplen uno o más estándares ITU-T, garantizando así la compatibilidad entre módems a nivel mundial.

Actualmente los módems de 56,000bps V.90 y V.92 representan lo que es probable que sea el final del camino para el desarrollo de módems analógicos. Las leyes de la física y la necesidad de mantener la compatibilidad con la red telefónica existente representan un obstáculo insuperable para módems analógicos más rápidos. Como veremos en un capítulo posterior, hay otras tecnologías de comunicación que ofrecen conexiones más rápidas y fiables.

# Cómo funciona un módem

**1** Hay tres trayectos de señal distintos dentro de un módem. El primero de ellos es el trayecto de audio analógico, que empieza y termina en la línea telefónica. La mayor parte de los módems, como el que mostramos aquí, tienen dos clavijas (*jack*) telefónicas. Una clavija se conecta a la línea telefónica, y la otra se conecta a su teléfono. Cuando el módem está utilizando la línea, desconecta la señal de la clavija telefónica de forma que no se pueda coger el teléfono e interrumpir el funcionamiento del módem. Para este ejemplo seguiremos el trayecto de la señal desde la línea telefónica al ordenador; los datos enviados desde el ordenador a la línea telefónica toman un trayecto idéntico pero contrario.

**2** Como el módem se conecta directamente a la línea telefónica, contiene un transformador de aislamiento y otros circuitos de protección necesarios para cumplir con los estándares de la Comisión Federal de Comunicaciones y con los de otras agencias reguladoras en lo que respecta a dispositivos telefónicos. La mayoría de los módems incluyen asimismo un circuito protector de sobretensiones.

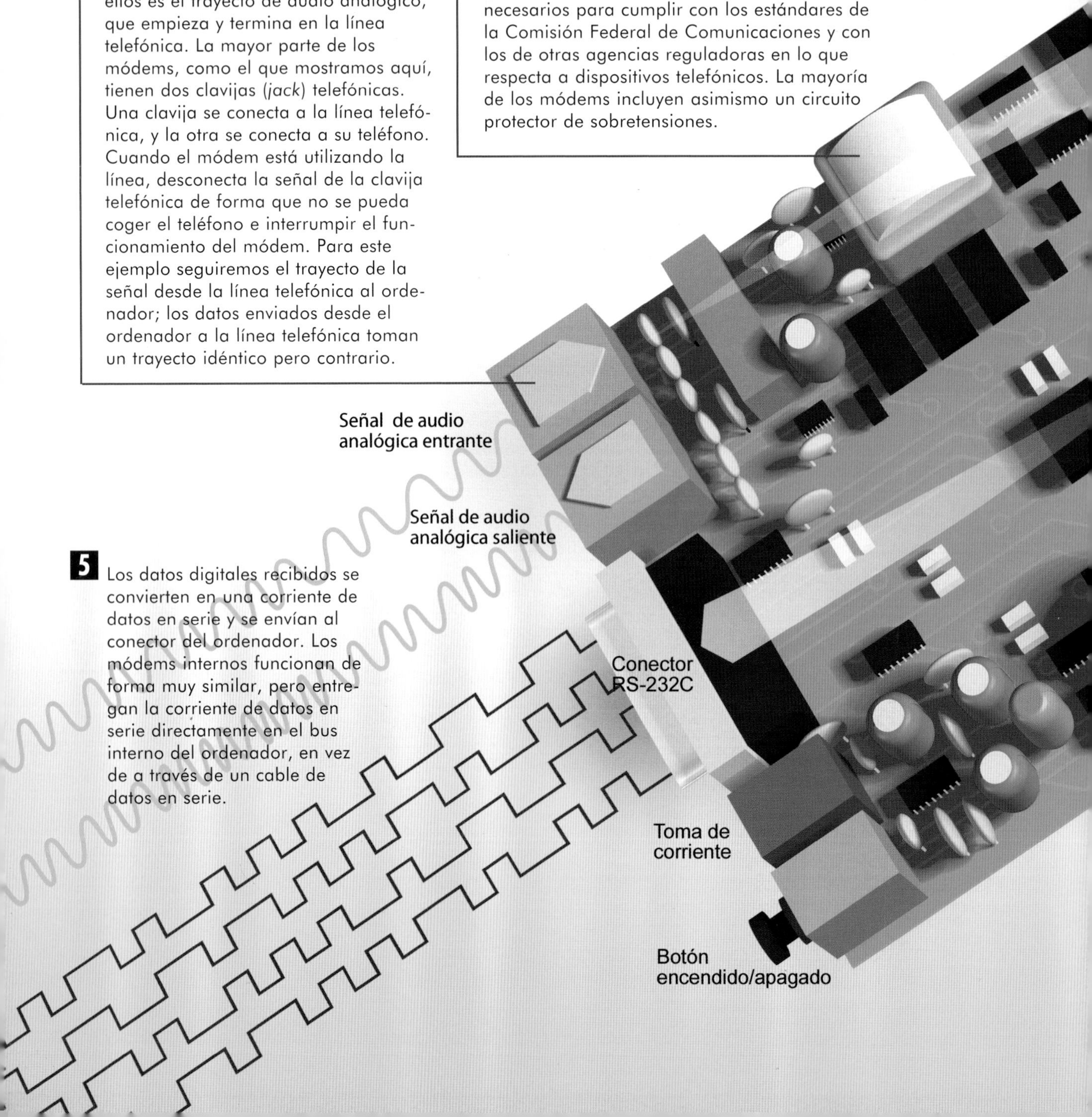

Señal de audio
analógica entrante

Señal de audio
analógica saliente

**5** Los datos digitales recibidos se convierten en una corriente de datos en serie y se envían al conector del ordenador. Los módems internos funcionan de forma muy similar, pero entregan la corriente de datos en serie directamente en el bus interno del ordenador, en vez de a través de un cable de datos en serie.

Conector
RS-232C

Toma de
corriente

Botón
encendido/apagado

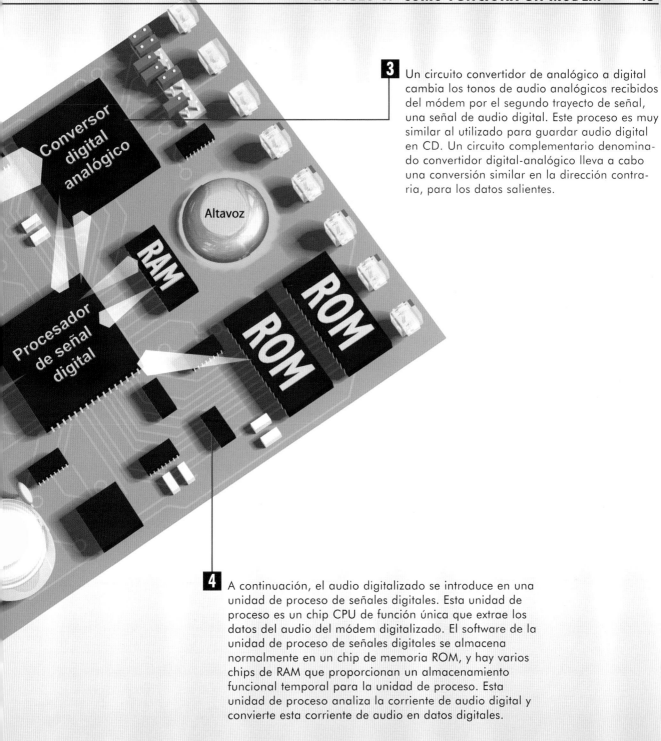

**3** Un circuito convertidor de analógico a digital cambia los tonos de audio analógicos recibidos del módem por el segundo trayecto de señal, una señal de audio digital. Este proceso es muy similar al utilizado para guardar audio digital en CD. Un circuito complementario denominado convertidor digital-analógico lleva a cabo una conversión similar en la dirección contraria, para los datos salientes.

**4** A continuación, el audio digitalizado se introduce en una unidad de proceso de señales digitales. Esta unidad de proceso es un chip CPU de función única que extrae los datos del audio del módem digitalizado. El software de la unidad de proceso de señales digitales se almacena normalmente en un chip de memoria ROM, y hay varios chips de RAM que proporcionan un almacenamiento funcional temporal para la unidad de proceso. Esta unidad de proceso analiza la corriente de audio digital y convierte esta corriente de audio en datos digitales.

# Cómo funciona una conexión de módem

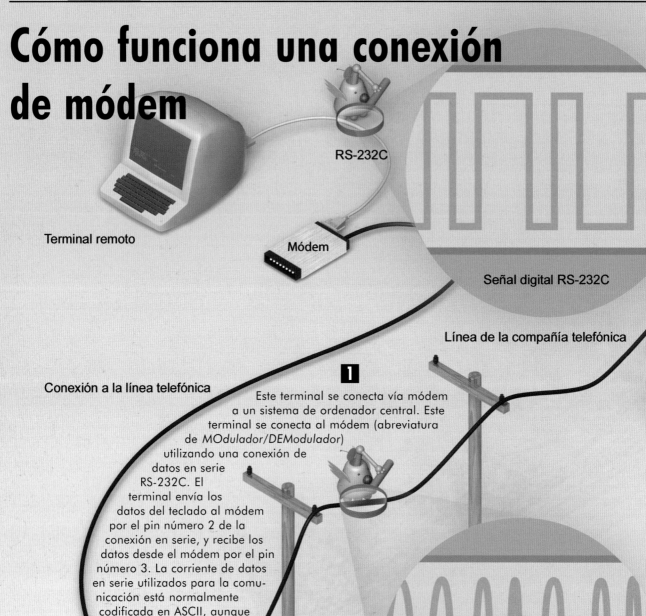

RS-232C

Terminal remoto

Módem

Señal digital RS-232C

Línea de la compañía telefónica

Conexión a la línea telefónica

**1** Este terminal se conecta vía módem a un sistema de ordenador central. Este terminal se conecta al módem (abreviatura de *MOdulador/DEModulador*) utilizando una conexión de datos en serie RS-232C. El terminal envía los datos del teclado al módem por el pin número 2 de la conexión en serie, y recibe los datos desde el módem por el pin número 3. La corriente de datos en serie utilizados para la comunicación está normalmente codificada en ASCII, aunque algunos sistemas IBM más antiguos utilizan el sistema de codificación EBCDIC.

Señal de audio analógica

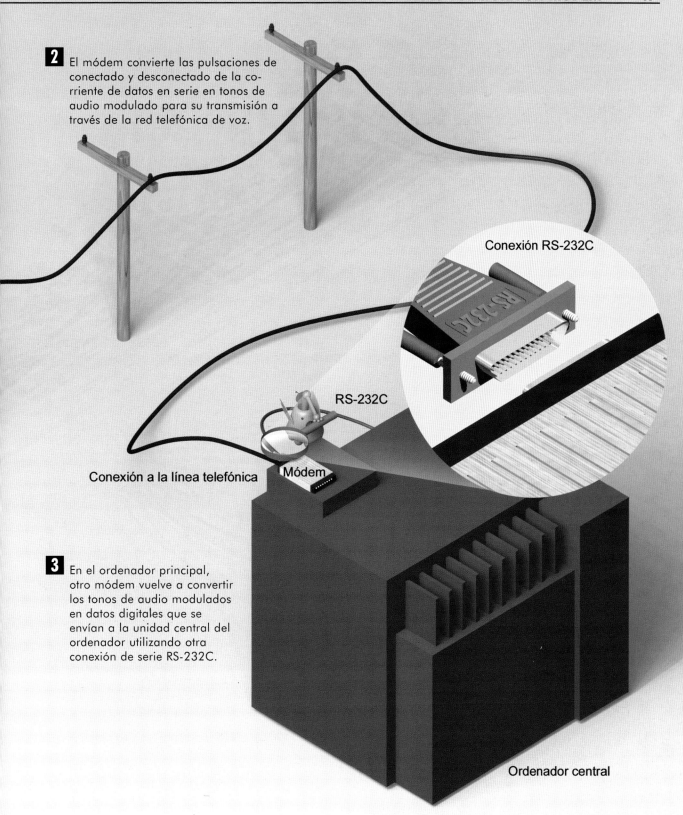

**2** El módem convierte las pulsaciones de conectado y desconectado de la corriente de datos en serie en tonos de audio modulado para su transmisión a través de la red telefónica de voz.

Conexión RS-232C

RS-232C

Conexión a la línea telefónica

Módem

**3** En el ordenador principal, otro módem vuelve a convertir los tonos de audio modulados en datos digitales que se envían a la unidad central del ordenador utilizando otra conexión de serie RS-232C.

Ordenador central

CAPÍTULO

7

# Cómo funciona un terminal remoto

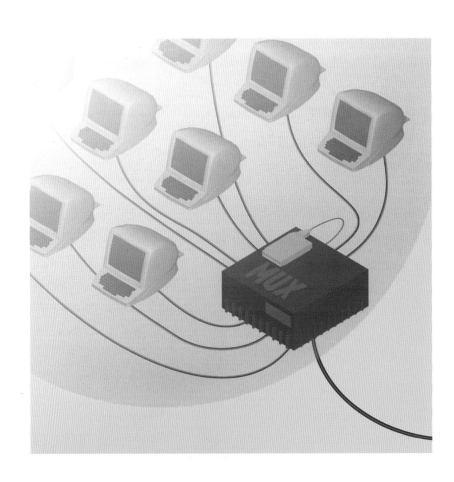

LOS primeros sistemas informáticos eran muy grandes y muy caros. Una unidad central costaba millones de dólares y necesitaba varios cientos de metros cuadrados de espacio en una ubicación especial con aire acondicionado. Además del hardware, los primeros ordenadores necesitaban una plantilla de programadores y técnicos a tiempo completo para mantenerlos en funcionamiento. A pesar de los enormes costes implicados, miles de empresas y universidades instalaron sistemas informáticos centrales en las décadas de los sesenta y de los setenta. Muchos de esos sistemas siguen utilizándose en la actualidad.

Uno de los desarrollos más importantes de la década de los sesenta en la tecnología informática fue el concepto de la multiusuario. Un sistema multiusuario permite que más de un usuario, con frecuencia hasta varios cientos, utilicen el mismo ordenador de forma simultánea. Los usuarios podían ejecutar sus propios programas y cada usuario interactuaba con el ordenador utilizando un terminal. La mayoría de esas unidades de proceso eran unidades de teletipo mecánicas. Para mediados de los setenta las pantallas de visualización de datos (PVD) habían sustituido a los terminales de impresión para muchas aplicaciones. Como las PVD a menudo sustituyeron a los anticuados teletipos, fueron conocidos como "teletipos de cristal".

En la mayoría de los sistemas multiterminal, los terminales se conectaban directamente al ordenador principal utilizando un cable. IBM, siguiendo su estilo independiente, creó su propio sistema patentado para conectar los terminales a los ordenadores principales. Este paso significó que los terminales IBM sólo podían comunicarse con terminales IBM, por lo que los usuarios tenían que comprar todos sus ordenadores y terminales a IBM. Sin embargo, otros fabricantes, entre los que se incluyen Digital Equipment Corporation, Data General y Honeywell, utilizaron conexiones RS-232C entre el ordenador principal y los terminales. Y los usuarios ubicados lejos del lugar en el que se encontraba el ordenador principal podían acceder a este ordenador principal a través de terminales equipados con módems. Esas conexiones permitieron entonces que los terminales se movieran de la sala del ordenador a los escritorios de los usuarios.

Esta aparentemente sencilla recolocación tuvo un efecto enorme en la forma en la que las personas utilizaban los ordenadores. Al permitir que cientos de usuarios compartieran el mismo sistema informático, el coste por unidad bajó estrepitosamente. De repente, tenía sentido económicamente hablando, utilizar los ordenadores para tareas mundanas tales como la contabilidad, la programación de las clases e incluso el procesamiento de textos. Antes de la capacidad de multiusuario, la informática era dominio exclusivo de grandes corporaciones e instituciones de investigación. Al reducir el coste por usuario, los ordenadores pasaron a ser asequibles para muchas compañías e institutos más pequeños.

El desarrollo del microprocesador y el subsiguiente estallido de los ordenadores personales a finales de los setenta dieron lugar a una tendencia que se alejaba de los terminales y se acercaba a la informática de escritorio. En efecto, el poder informático se desplazó de la sala de la unidad principal a los escritorios de los usuarios. A medida que los PC se abarataban y se hacían más potentes, parecía que las unidades principales y toda la idea de una unidad de procesamiento central estaban muertas.

Pero, a finales de los ochentas, apareció un nuevo tipo de concepto del ordenador multiusuario. Una nueva variedad de ordenadores compartidos denominada Servidores de aplicación permiten que varios usuarios lleven a cabo tareas especializadas en un ordenador compartido. En efecto, estos sistemas hacen exactamente lo que los sistemas multiusuario hacían: confían en un procesador centralizado para llevar a cabo una tarea específica.

# Cómo funcionan los ordenadores principales y los terminales

Terminal

Multiplexor
estadístico

**2** Las sucursales con más de unos pocos terminales usan un dispositivo denominado multiplexor estadístico. El multiplexor combina los datos que viajan a y desde varios terminales a una sola corriente de datos. La corriente de datos del multiplexor está conectada a un módem que, a su vez, está conectado a una línea telefónica contratada. Otro multiplexor en el extremo de conexión del ordenador principal separa los datos a y desde cada terminal remoto.

Línea
contratada

**1** Un sistema típico de unidad principal puede dar cabida a cientos de usuarios a la vez. Los usuarios locales, aquellos usuarios situados en el área inmediata del sistema informático, utilizan terminales conectados directamente al sistema del ordenador principal.

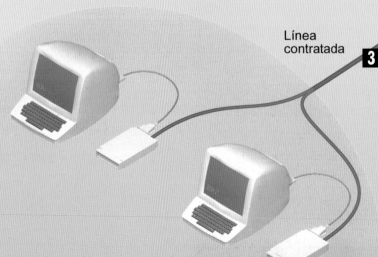

Línea
contratada

**3** Las pequeñas sucursales con un solo terminal pueden conectarse directamente a un módem de línea contratada, lo que proporciona una conexión a tiempo completo siempre activa con ordenador principal. Antes de que los módems de marcado de alta velocidad estuvieran disponibles, las caras líneas de contrato eran la única opción para conseguir conexiones de alta velocidad fiables.

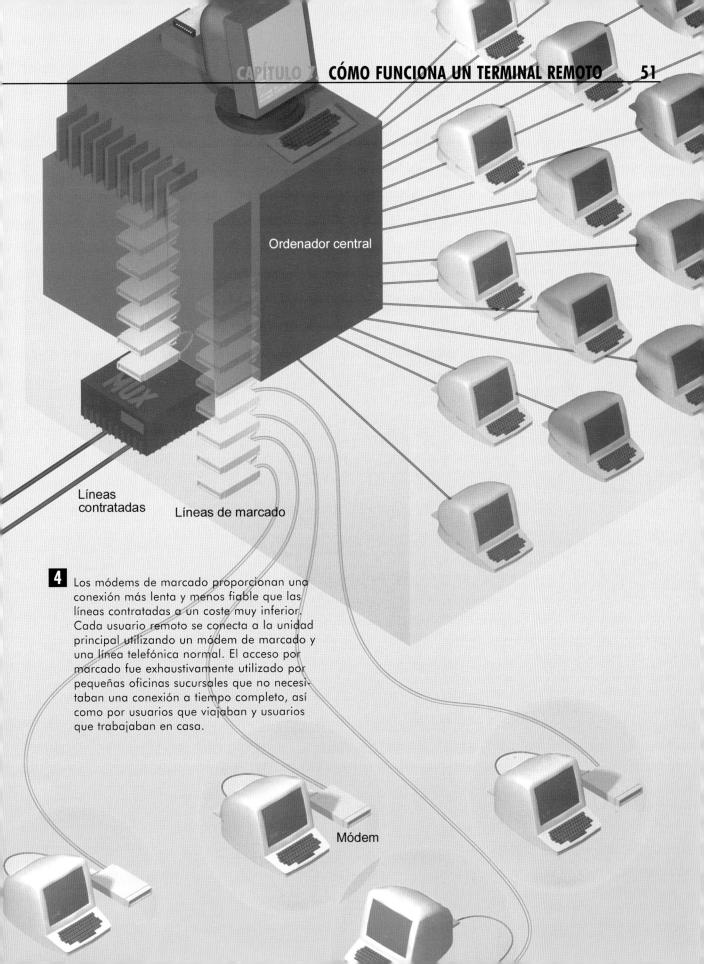

Ordenador central

MUX

Líneas contratadas

Líneas de marcado

**4** Los módems de marcado proporcionan una conexión más lenta y menos fiable que las líneas contratadas a un coste muy inferior. Cada usuario remoto se conecta a la unidad principal utilizando un módem de marcado y una línea telefónica normal. El acceso por marcado fue exhaustivamente utilizado por pequeñas oficinas sucursales que no necesitaban una conexión a tiempo completo, así como por usuarios que viajaban y usuarios que trabajaban en casa.

Módem

CAPÍTULO

# 8

# Cómo funciona la comunicación en serie

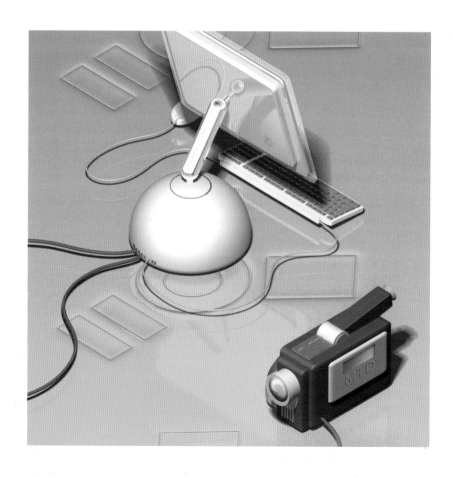

LOS primeros dispositivos de comunicación electrónica, el telégrafo y el teletipo, se comunicaban conectando y desconectando el voltaje en un cable. El voltaje utilizado variaba según el equipamiento que se utilizara y la longitud del cable implicado. El circuito entre las dos máquinas permitía típicamente la comunicación en una dirección cada vez.

El equipamiento de comunicaciones de datos de alta velocidad todavía funciona basándose en el principio de la conexión y desconexión de voltaje, pero se han llevado a cabo muchas mejoras en el circuito de comunicaciones básico. Las conexiones actuales RS-232C, USB (*Universal Serial Bus*) y IEEE 1394 (también denominado FireWire) utilizan una serie de pulsaciones de conexión y desconexión para enviar datos a través de un cable.

# RS-232C

En 1969, la Asociación de Industrias Electrónicas (EIA) creó un estándar para definir las características de señalización eléctrica y de la conexión de cable de un puerto de serie. En un intento de garantizar que un dispositivo de serie se comunicaría con otro, la EIA estableció el Estándar Recomendado (RS) número 232 en versión C, o RS-232C, uno de los tipos más comunes de circuitos de comunicación utilizados en la actualidad. El conjunto de caracteres ASCII define qué números se utilizan para cada carácter y el estándar RS-232C define una forma de transportar datos a través de un vínculo de comunicaciones.

Aunque lo más normal es que se utilice con caracteres ASCII, RS-232C puede utilizarse también para transmitir datos Baudot o EBCDIC. El estándar RS-232C define la función de las señales en una interfaz en serie, además de la conexión física utilizada por la interfaz. Este estándar define dos tipos de conexiones en serie: uno para los terminales o equipo terminal de datos (ETD), y otro para el equipo de comunicaciones o equipo de comunicación de datos (ECD). Un dispositivo ETD normalmente se conecta a un dispositivo ECD.

Por ejemplo, un ordenador personal (ETD) puede conectarse a un módem (ECD). El puerto de serie en la mayoría de los ordenadores personales está configurado como un puerto ETD. Una conexión RS-232C estándar normalmente utiliza un conector Dshell de 25 pines con un enchufe macho en el extremo ETD y un enchufe hembra en el extremo ECD. Este conector es grande y voluminoso, y contiene muchas conexiones que no son necesarias en la conexión PC a módem normal. La mayoría de los PC utilizan un conector más pequeño, de 9 pines que elimina la conexión no necesaria.

RS-232C tiene dos deficiencias principales. Primera, fue diseñado en una era en la que los dispositivos de alta velocidad funcionaban a 9.600 bits por segundo. Aunque los dispositivos RS-232C pueden funcionar a velocidades de hasta 115.200bps, sólo pueden hacerlo en una distancia muy corta. RS-232C funcionaba suficientemente bien para dispositivos relativamente lentos como módems e impresoras, pero es demasiado lento para resultar práctico a la hora de mover archivos de gran tamaño, como los que se utilizan en las cámaras digitales, los escáneres fotográficos y las impresoras en color.

Segunda, a pesar de la complejidad de la conexión y del gran número de cables necesarios (nueve) para llevar a cabo la conexión, RS-232C puede conectar sólo dos dispositivos entre sí. Si necesitara conectar una impresora en serie RS-232C, un ratón y un módem a su ordenador necesitaría tres puertos RS-232C en su ordenador, y tres cables para conectar los dispositivos.

# Conexiones en serie más rápidas: USB y FireWire

Dos nuevos tipos de interfaz en serie denominados USB (*Universal Serial Bus*) e IEEE 1394, o FireWire, consiguen lo que RS-232C no pudo lograr. USB y FireWire son estándares de comunicaciones en serie pero su similitud con RS-232C termina aquí. Las conexiones RS-232C proporcionan una interacción en dos direcciones entre dos y sólo dos dispositivos. USB y FireWire pueden conectar docenas de dispositivos en un solo ordenador a la vez. FireWire soporta hasta 62 conexiones simultáneas; USB permite que hasta 127 dispositivos compartan una sola conexión.

USB y FireWire utilizan cables y conectores más pequeños que los utilizados por RS-232C, haciendo que sean más fáciles de manejar. A causa de sus altas velocidades de datos, USB y FireWire requieren un cable de alta calidad, por lo que son relativamente caros.

## USB (Universal Serial Bus)

Los dispositivos USB funcionan a velocidades de hasta 480 Mbps, o aproximadamente 400 veces la velocidad de la conexión RS-232C más rápida. Como se puede inferir por su nombre, la conexión USB es un bus; es decir, puede conectar más de un dispositivo (hasta 127) a la vez. Los conectores USB son más pequeños, más fáciles de conectar y utilizan un cableado más fino que los voluminosos cables del RS-232C. Las conexiones USB pueden conectarse en caliente, lo que permite que los usuarios conecten y desconecten los dispositivos sin apagar o reiniciar el ordenador principal.

La interfaz de cable USB de cuatro cables utiliza sólo dos cables para los datos; los otros dos cables proporcionan potencia a pequeños dispositivos tales como los ratones del ordenador, las webcams y los módems. Esto reduce la necesidad de suministros eléctricos externos y elimina la necesidad de tener cables de potencia independientes para cada dispositivo conectado por USB. Los dispositivos USB de mayor tamaño como las impresoras y los escáneres normalmente tienen una alimentación independiente.

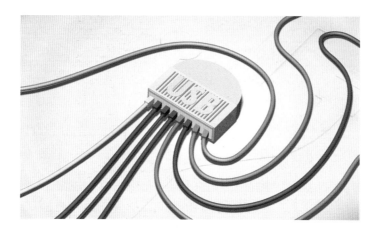

Hay cientos de dispositivos USB en el mercado hoy en día, entre los que se incluye de todo, desde ratones y teclados a escáneres, impresoras, cámaras digitales y módems. El pequeño y simple conector USB, su rápida velocidad de transferencia y sus capacidades de dispositivos múltiples prácticamente sustituyó a RS-232C en la mayoría de las aplicaciones informáticas. Algunos fabricantes de ordenadores ya han eliminado la interfaz en serie RS-232C de sus productos.

Hay dos versiones de USB que se utilizan comúnmente. La especificación USB 1.1 original soporta velocidades de hasta 12 Mbps; el más novedoso USB 2.0 funciona a 480 Mbps. USB 2.0 es compatible con los dispositivos USB 1.1, de forma que puede conectar dispositivos USB 1.1 y USB 2.0 al mismo ordenador.

# FireWire/IEEE 1394/iLink

Como USB, FireWire (también conocido como IEEE 1394 y Sony iLink) fue diseñado para ser un sustituto más rápido y mejor de los dispositivos de comunicaciones en serie. FireWire fue desarrollado originalmente por Apple Computer y Sony Corporation, pero la compañía entregó la especificación al Instituto de Ingeniería Eléctrica y Electrónica (IEEE) para hacer que FireWire se convirtiera en un estándar de la industria.

FireWire funciona a velocidades de hasta 400 Mbps. Cuando se desarrolló originalmente en 1995, FireWire era 30 veces más rápido que USB 1.1. USB 2.0, que apareció en 2001, aumentó la velocidad de USB hasta 480 Mbps, de forma que las dos tecnologías eran comparables en velocidad.

Como FireWire era inicialmente mucho más rápido que USB, muchas compañías electrónicas a nivel consumidor, entre las que destacan Sony, Canon y Nikon adoptaron FireWire como forma de transportar vídeo y grandes imágenes digitales entre cámaras y PC. FireWire puede utilizarse asimismo para conectar dispositivos externos tales como unidades de CD-ROM, discos duros y lectores de tarjeta de memoria a ordenadores PC y Mac.

FireWire puede utilizarse también para crear una pequeña red local (LAN). Microsoft Windows 2000 y Windows XP soportan conexiones LAN FireWire. FireWire puede funcionar sólo con cables relativamente cortos, por lo que no es adecuado para crear redes locales a nivel de edificio. A causa de su alta velocidad y simple cableado, FireWire es ideal para trasladar grandes cantidades de datos de un ordenador a otro.

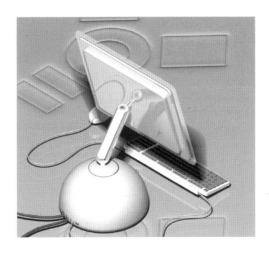

# Cómo funciona RS-232C

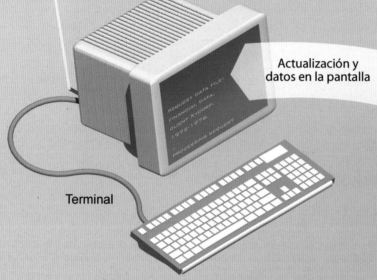

Actualización y datos en la pantalla

Terminal

**1** Aunque utiliza un cable y un conector muy complejo, RS-232C es, en realidad, muy sencillo.

**2** La parte más importante de la conexión RS-232C es el trayecto de los datos. Hay dos circuitos de datos, uno en cada dirección. Los dispositivos terminales, como un PC, transmiten los datos a través del pin 2; los dispositivos del ordenador principal transmiten los datos por el pin 3.

**3** Las señales enviadas a través de los pines 4 y 6 permiten que el ordenador y el terminal se digan que están presentes y conectados. La señal Terminal de Datos preparado (pin 4) le dice al ordenador que el terminal está conectado, y la señal Conjunto de Datos preparado a través del pin 6 hace que el terminal sepa que el ordenador está conectado.

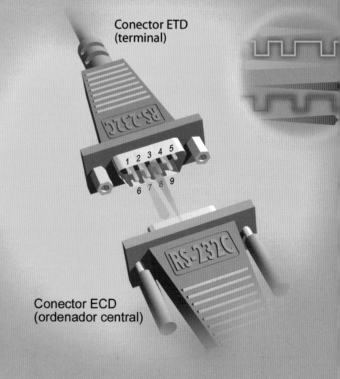

Conector ETD (terminal)

Conector ECD (ordenador central)

**4** Dos señales adicionales llamadas Petición de envío (pin 7) y Listo para enviar (pin 8) permiten que el ordenador y el terminal detengan de forma temporal el flujo de datos. Estas señales evitan que el ordenador envíe datos antes de que el terminal está listo para recibirlos, y viceversa.

Empalme de cable
RS-232C

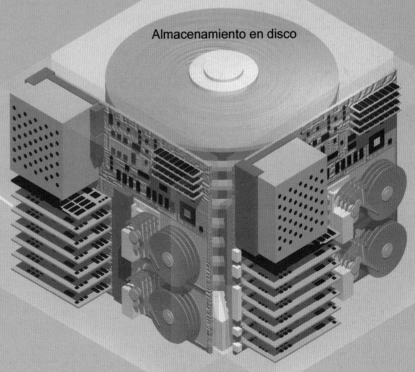

Ordenador central

Almacenamiento en disco

Petición
de datos

Tarjetas
de red

**5** La señal Indicador telefónico a través del pin 9 se utiliza en las conexiones de módem a ordenador. Como se puede inferir por el nombre, esta señal le indica al ordenador que la línea telefónica adscrita al módem está sonando.

# Cómo funciona USB

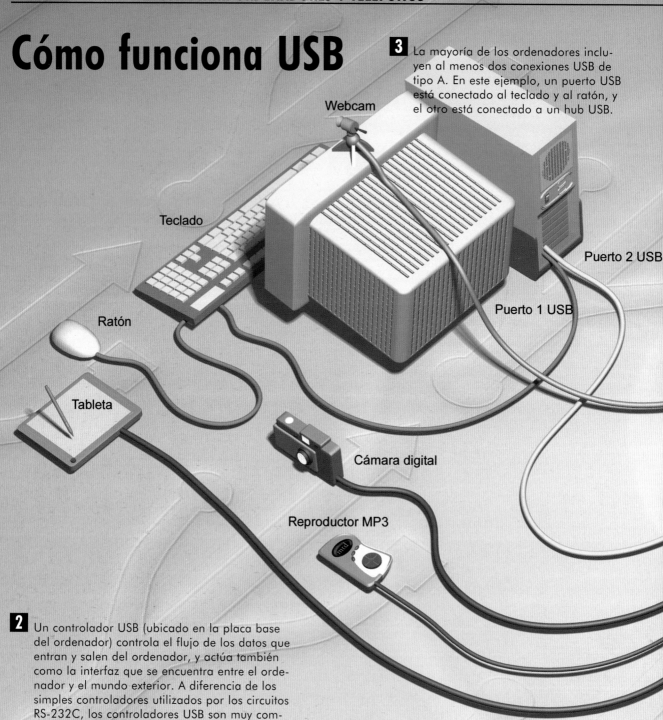

**3** La mayoría de los ordenadores incluyen al menos dos conexiones USB de tipo A. En este ejemplo, un puerto USB está conectado al teclado y al ratón, y el otro está conectado a un hub USB.

Webcam

Teclado

Puerto 2 USB

Puerto 1 USB

Ratón

Tableta

Cámara digital

Reproductor MP3

**2** Un controlador USB (ubicado en la placa base del ordenador) controla el flujo de los datos que entran y salen del ordenador, y actúa también como la interfaz que se encuentra entre el ordenador y el mundo exterior. A diferencia de los simples controladores utilizados por los circuitos RS-232C, los controladores USB son muy complejos y contienen circuitos que permiten que varios dispositivos se comuniquen por cable al mismo tiempo.

**5** Los hubs USB pueden proporcionar una cantidad limitada de potencia a pequeños dispositivos tales como los ratones y las cámaras, eliminado la necesidad de un suministro eléctrico independiente y de cableado para cada dispositivo.

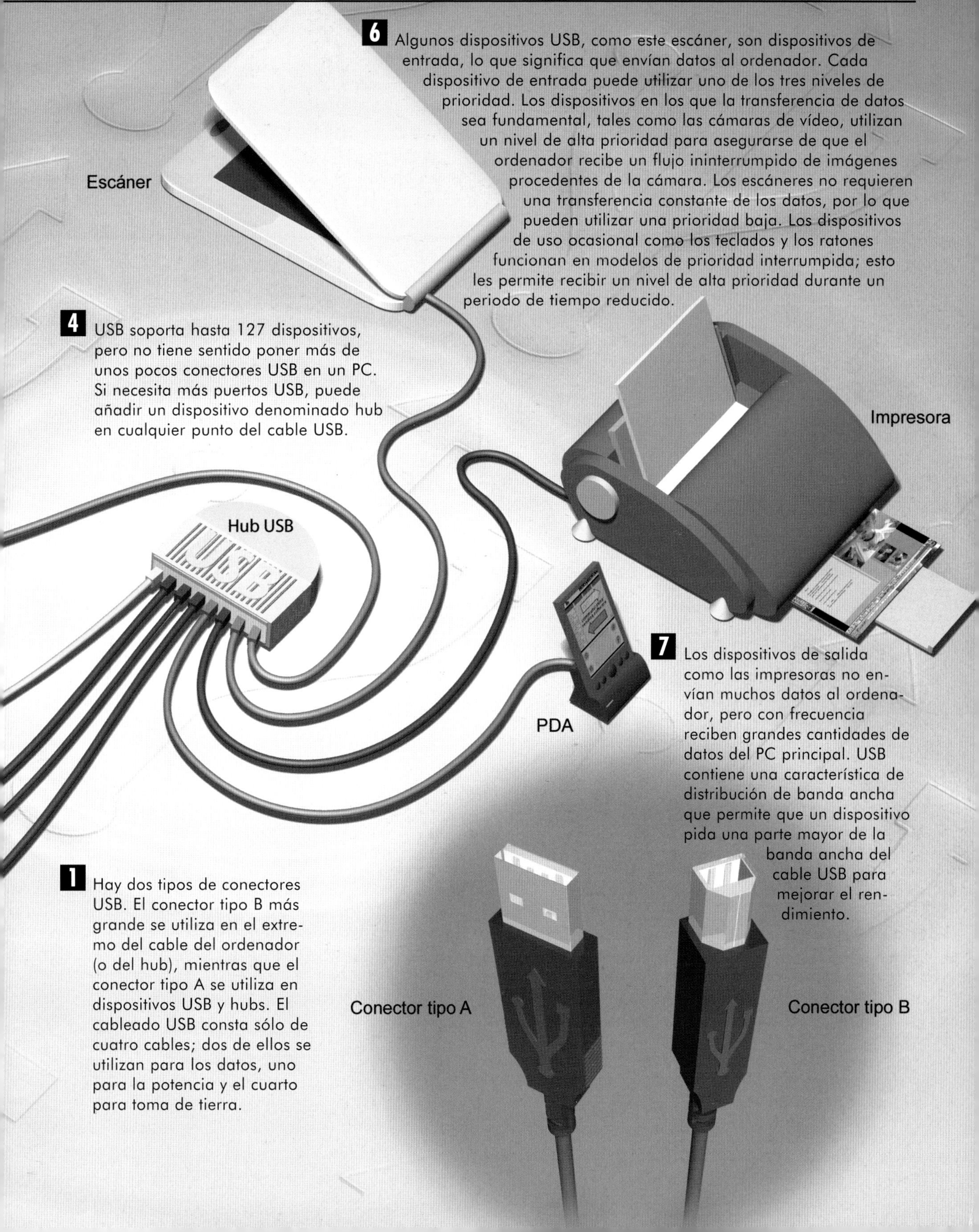

**6** Algunos dispositivos USB, como este escáner, son dispositivos de entrada, lo que significa que envían datos al ordenador. Cada dispositivo de entrada puede utilizar uno de los tres niveles de prioridad. Los dispositivos en los que la transferencia de datos sea fundamental, tales como las cámaras de vídeo, utilizan un nivel de alta prioridad para asegurarse de que el ordenador recibe un flujo ininterrumpido de imágenes procedentes de la cámara. Los escáneres no requieren una transferencia constante de los datos, por lo que pueden utilizar una prioridad baja. Los dispositivos de uso ocasional como los teclados y los ratones funcionan en modelos de prioridad interrumpida; esto les permite recibir un nivel de alta prioridad durante un periodo de tiempo reducido.

Escáner

**4** USB soporta hasta 127 dispositivos, pero no tiene sentido poner más de unos pocos conectores USB en un PC. Si necesita más puertos USB, puede añadir un dispositivo denominado hub en cualquier punto del cable USB.

Hub USB

Impresora

PDA

**7** Los dispositivos de salida como las impresoras no envían muchos datos al ordenador, pero con frecuencia reciben grandes cantidades de datos del PC principal. USB contiene una característica de distribución de banda ancha que permite que un dispositivo pida una parte mayor de la banda ancha del cable USB para mejorar el rendimiento.

**1** Hay dos tipos de conectores USB. El conector tipo B más grande se utiliza en el extremo del cable del ordenador (o del hub), mientras que el conector tipo A se utiliza en dispositivos USB y hubs. El cableado USB consta sólo de cuatro cables; dos de ellos se utilizan para los datos, uno para la potencia y el cuarto para toma de tierra.

Conector tipo A

Conector tipo B

PC

**4** El vídeo digital necesita grandes cantidades de almacenamiento de datos, por lo que los discos duros conectados por FireWire se han hecho muy populares. A diferencia de las unidades USB 1.1 más lentas, las unidades externas FireWire funcionan a velocidades comparables a las del disco duro interno del ordenador.

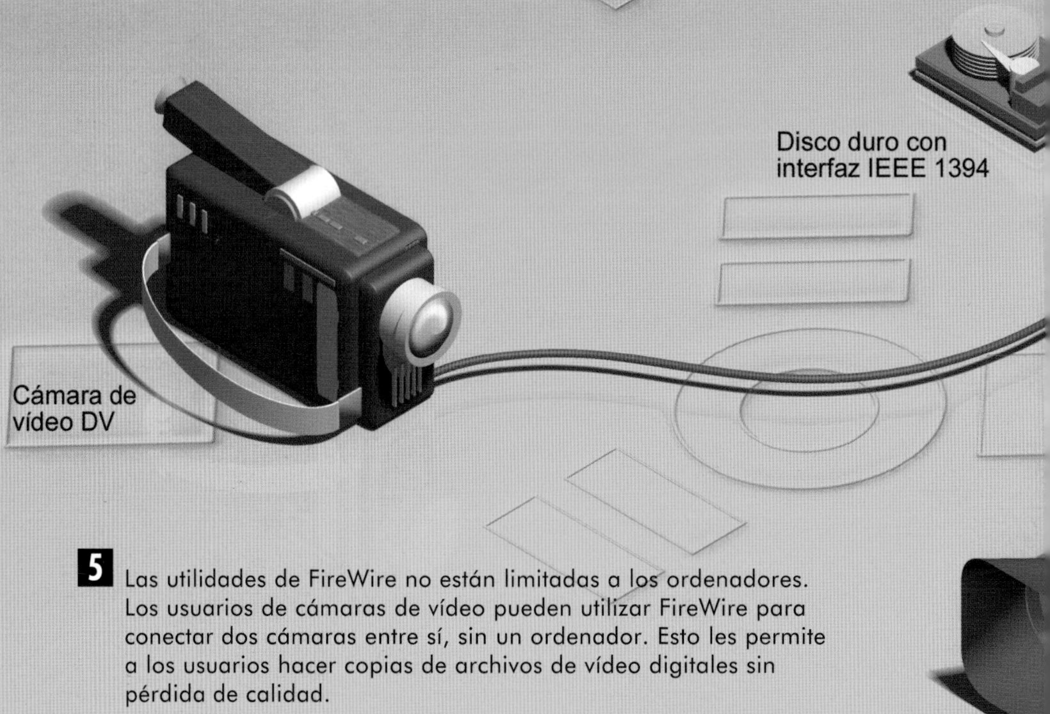

# Cómo funciona FireWire

**2** FireWire es una tecnología de conexión de igual a igual, por lo que puede utilizarse para conectar dos o más PC en una pequeña red local (LAN). En este ejemplo, hay dos ordenadores que comparten un disco duro externo y una cámara de vídeo DV.

**3** FireWire se utiliza de forma exhaustiva para conectar cámaras de vídeo y cámaras fotográficas al ordenador. La rápida velocidad de transferencia de FireWire hace que sea posible transferir grandes archivos de vídeo digitales desde las cámaras al ordenador para proceder a su edición.

Disco duro con
interfaz IEEE 1394

Cámara de
vídeo DV

**5** Las utilidades de FireWire no están limitadas a los ordenadores. Los usuarios de cámaras de vídeo pueden utilizar FireWire para conectar dos cámaras entre sí, sin un ordenador. Esto les permite a los usuarios hacer copias de archivos de vídeo digitales sin pérdida de calidad.

Puertos
IEEE 1394

Cámara de video DV

**1** Igual que USB, FireWire utiliza dos conectores diferentes. El conector tipo A más
grande se usa normalmente en dispositivos de escritorio tales como ordenadores, discos duros externos y
unidades de CD-ROM así como en
cámaras digitales de mayor tamaño.
El conector tipo B, más pequeño, se
utiliza generalmente en videocá-
maras, portátiles y pequeñas cámaras
digitales. Las señales de los dos conectores son
idénticas, pero el conector de tipo A más
grande incluye dos pines extra que
pueden proporcionar potencia a pequeños dispo-
sitivos como los
lectores de
tarjetas de
memoria.

Conector tipo A

Conector tipo B

Cámara de vídeo DV
profesional

# 9

# El PC como terminal

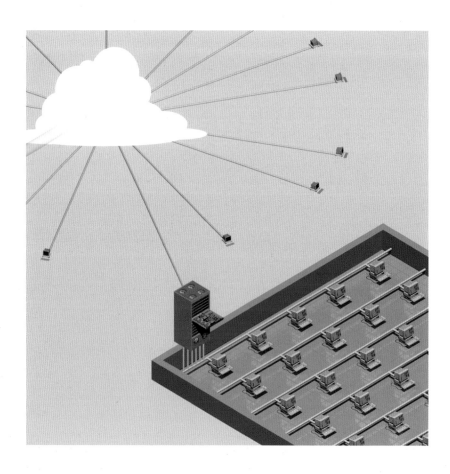

A diferencia de un ordenador personal, un terminal de ordenador no puede hacer nada si no está conectado a un ordenador principal. Cuando está conectado, el terminal muestra los datos entrantes en la pantalla de vídeo y envía las entradas de teclado al ordenador principal. La comunicación con el ordenador principal tiene lugar a través de una interfaz en serie. El ordenador central hace todo el trabajo, y los terminales remotos proporcionan a los usuarios una forma de comunicarse con el ordenador central. Este tipo de sistema se denomina sistema de procesador compartido.

Los ordenadores personales aparecieron en escena por primera vez a finales de la década de los setenta. En muchos casos, esos primeros ordenadores personales fueron adquiridos por medianas y grandes empresas, la mayoría de las cuales había tenido ya un sistema informático de mayor tamaño. Al principio, estos ordenadores se utilizaban como sistemas independientes; se adquirieron miles de ellos simplemente para ejecutar una aplicación como Lotus 1-2-3, VisiCalc o WordPerfect.

Hoy en día, los ordenadores personales se utilizan rutinariamente como punto de acceso a la unidad central o al sistema de miniordenadores de la compañía. En lugar de sustituir tanto el ordenador personal como el terminal de los escritorios, muchas empresas han retirado los terminales y los han sustituido por ordenadores. Con el software de comunicaciones adecuado, un ordenador personal puede llevar a cabo todas las funciones de un terminal.

Los ordenadores de escritorio actuales tienen tanta potencia de procesamiento o más que las unidades centrales y los sistemas de miniordenadores de hace diez años. Como resultado, muchas empresas han retirado su unidad central y sus sistemas de miniordenadores y los han sustituido por redes de ordenadores personales. En lugar de compartir un gran procesador, potente y caro en la unidad central, los sistemas en red, también denominados sistemas informáticos distribuidos, reparten la carga de trabajo informático entre los ordenadores de la red. Cada PC funciona de forma independiente a los otros, pero cualquiera de ellos puede compartir archivos, impresoras y otros recursos con el resto de los ordenadores de la red. Hablaremos de forma más detalla de las redes informática más adelante en este libro.

Los sistemas de procesamiento distribuidos tienen muchas ventajas; la más importante es que con frecuencia son más baratos que un sistema de procesador central. Son también más fiables en muchos aspectos porque ningún componente es esencial en el funcionamiento del sistema. Sin embargo, los sistemas distribuidos tienen sus propios problemas. Como comparten el trabajo entre docenas o cientos de ordenadores personales, los sistemas distribuidos necesitan una gran cantidad de mantenimiento más que un sistema de procesador central. Los PC en red con frecuencia resultan difíciles de mantener; es necesario instalar cada nuevo sistema operativo y actualización de software de aplicación en los distintos ordenadores de la red. Los ordenadores son además propensos a los virus informáticos y a problemas de configuración por parte del usuario, lo que tiene como resultado costosas reparaciones.

Como fruto del esfuerzo tipo "regreso al futuro" de mezclar lo mejor de los dos mundos informáticos, el distribuido y el centralizado, han surgido dos nuevos modelos en este campo. Los modelos informáticos Thin Client y *Application Service Provider* (ASP) son variaciones sobre el mismo tema.

**Thin Client.** En lugar de poner un ordenador completo en el escritorio de cada usuario, los ordenadores Thin Client proporcionan a los usuarios un ordenador sin disco duro, sin unidad de disquete y sin unidad de CD-ROM. Los ordenadores en red tienen que cargar todas sus aplicaciones a través de la LAN desde un servidor en red, y todo el trabajo debe guardarse en el disco duro del servidor.

El modelo informático Thin Client es un híbrido entre los modelos informáticos centralizado y de distribución. Al almacenar todos los programas y los datos en un servidor central, los administradores de red vuelven a tomar el control sobre los recursos informáticos de sus organizaciones. Como los usuarios no pueden instalar programas en sus propias máquinas, sólo pueden ejecutar software autorizado, se reduce en gran medida el riesgo de virus informáticos. Al eliminar el almacenamiento local, Thin Client proporciona también una mejor seguridad de datos, porque los usuarios no pueden hacer copias de los archivos en disquete o en CD-ROM.

**Application Service Providers.** A pesar de la reducción de precio del equipamiento informático, muchas organizaciones importantes se han dado cuenta de que sus costes informáticos se han disparado. Aunque el coste del hardware informático baja, muchos responsables informáticos encuentran dificultades para justificar los costes de instalación y mantenimiento de una red de ordenadores.

Application Service Providers (ASP) atacan el coste del tema de la propiedad proporcionando un conjunto completo de servicios informáticos que la empresa puede adquirir de forma subcontratada.

Un ASP proporciona a sus compañías clientes el hardware y el software necesarios para hacer funcionar su negocio, pero los ordenadores ASP y el equipo de almacenamiento están ubicados en la localización empresarial del ASP.

# Ordenadores usados como terminales

## El modelo de la unidad central

**1** En un sistema de unidad central o miniordenador toda la potencia de procesamiento y todo el almacenamiento vienen proporcionados por un solo sistema de gran tamaño. Los usuarios interactúan con el sistema informático central utilizando el teclado y la pantalla de un terminal.

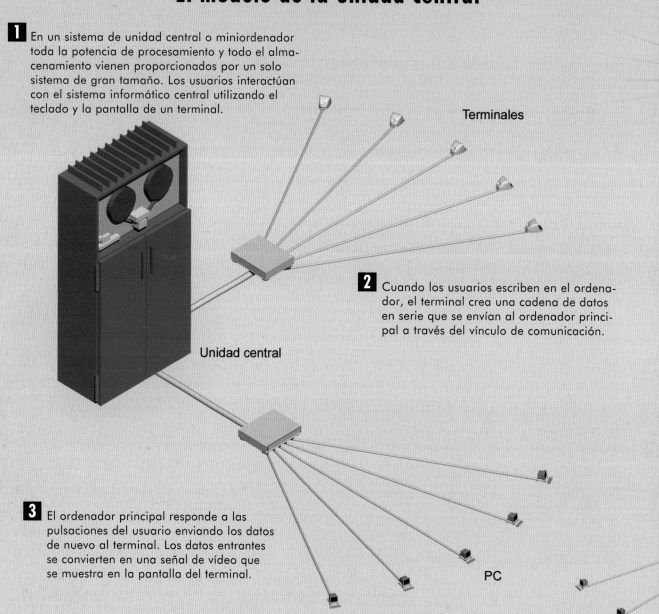

Terminales

Unidad central

**2** Cuando los usuarios escriben en el ordenador, el terminal crea una cadena de datos en serie que se envían al ordenador principal a través del vínculo de comunicación.

**3** El ordenador principal responde a las pulsaciones del usuario enviando los datos de nuevo al terminal. Los datos entrantes se convierten en una señal de vídeo que se muestra en la pantalla del terminal.

PC

# El modelo Thin Client

**Servidor**

**2** A diferencia de los terminales convencionales, los Thin Client son en realidad pequeños ordenadores con su propio procesador y su propia memoria.

**Thin-client**

**3** Cuando un usuario inicia un programa en un cliente, el servidor descarga el código del programa en el ordenador del cliente. El programa se ejecuta en la CPU del cliente, pero todos los datos se almacenan en un disco duro situado en el servidor.

**1** El modelo informático Thin Client utiliza un servidor central para proporcionar el almacenamiento de datos y de programas para los clientes.

**Servidor**

**Internet**

# El modelo ASP

**1** El modelo informático ASP utiliza un servidor central para almacenar todos los programas y datos de una o más compañías.

**LAN de oficina**

**2** Los suscriptores se conectan al servidor ASP a través de Internet o a través de una red de área amplia (denominada Intranet) que proporciona un acceso seguro al servidor ASP.

**Usuarios individuales**

**4** Los usuarios individuales pueden acceder al ASP a través de Internet utilizando una conexión de marcado.

**3** Las oficinas más grandes pueden incorporar una LAN que esté vinculada al servidor ASP utilizando un router conectado a una WAN (red extensa) o a Internet.

CAPÍTULO

# 10

# Cómo funciona la banda ancha

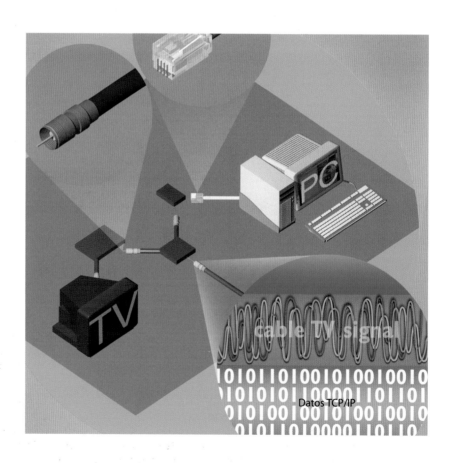

**INTERNET** ha evolucionado de ser una red de algunos cientos de ordenadores a convertirse en una red global que abarca millones de ordenadores. Al mismo tiempo, gran parte del contenido de Internet que solía ser texto sencillo ha progresado para incluir elementos gráficos, animaciones, vídeo y sonido. El contenido multimedia requiere más banda ancha que el texto sencillo, y han emergido varias tecnologías para proporcionar a los usuarios conexiones a Internet más rápidas y fiables. Estas conexiones rápidas se denominan de forma colectiva conexiones de banda ancha. Los usuarios pueden escoger entre una gran variedad de servicios de banda ancha, entre los que se incluyen RDSI, DSL y tecnologías de módem por cable.

RDSI. La Red Digital de Servicios Integrados (RDSI) fue la primera tecnología de banda ancha disponible totalmente a nivel consumidor. Se trata de un servicio telefónico completamente digital que proporciona comunicaciones de voz y datos fiables utilizando el mismo cableado que la red telefónica existente. RDSI proporciona dos conexiones de 64 Kbps que pueden combinarse en una sola conexión de 128.000bps. Cada uno de los dos canales de 64 Kbps funciona de forma independiente al otro, y cada canal puede utilizarse para comunicaciones de voz o de datos. Los teléfonos vinculados a las líneas RDSI puede emitir y recibir llamadas a/de teléfonos analógicos convencionales, y la mayoría de las líneas RDSI tienen dos números de teléfono, uno para cada uno de los dos canales.

RDSI se desarrolló a principios de la década de los ochenta, y fue adoptada de forma rápida y exhaustiva en Europa. En EEUU, la RDSI no estuvo completamente disponible hasta principios de los noventa. Aunque la velocidad de 128 Kbps de la RDSI parece anticuada en comparación con DSL o con el servicio de módem por cable, sigue siendo más rápida y fiable que una conexión por módem de marcado analógica. En muchos lugares, una sola línea RDSI es más barata que dos líneas de servicio telefónico convencional. RDSI es una buena elección para la conexión a Internet en áreas en las que la DSL o el servicio de módem por cable no están disponibles.

DSL. Como RDSI, la línea de abonado digital (DSL) usa un cableado de red telefónica existente para distribuir una conexión completamente digital. El servicio DSL puede compartir un trayecto de cable con la línea telefónica convencional, por lo que puede recibir el servicio DSL y el servicio telefónico normal en el mismo cable. A diferencia de RDSI, DSL proporciona un solo canal de datos, y el canal de datos es un circuito especializado punto a punto, normalmente usado para conectar un domicilio o una oficina directamente a un proveedor de servicios de Internet.

Los servicios de voz y de datos en una conexión DSL no interfieren entre sí, así que puede realizar y recibir llamadas de voz mientras su ordenador está conectado a Internet. El servicio DSL normalmente viene proporcionado por su compañía telefónica local, aunque muchos proveedores de servicio de Internet (ISP) ofrecen también servicios DSL.

Hay distintas variedades de DSL, pero el tipo más común para el uso por parte de particulares y pequeñas oficinas es la DSL asimétrica o ADSL. Como el nombre implica, las conexiones ADSL son más rápidas en una dirección que en otra. La parte más rápida de la conexión, la de entrada, se utiliza para descargar contenido de Internet en su PC, mientras que la conexión más lenta, la de salida, envía sus pulsaciones de teclado, sus clic de ratón y el correo saliente a Internet.

La mayoría de los proveedores de servicio DSL ofrecen distintas opciones de velocidad, siendo más caras las líneas más rápidas. Las velocidades de ADSL típicas son de 768 Kbps o 1.5 Mbps flujo de datos descendente (*downstream*) y 128 Kbps o 256 Kbps el flujo de datos ascendente (*upstream*).

Módem por cable. El servicio de módem por cable emite velocidades de datos multimegabit usando la red de TV por cable de su compañía de cable normal. Originalmente desarrollado como una tecnología de entretenimiento, el servicio de módem por cable está comúnmente disponible en la mayoría de los proveedores de cable.

A diferencia de la red telefónica, que utiliza un par diferenciado de cables para conectar cada línea telefónica individual a la red telefónica, la TV por cable es un medio compartido. En vez de utilizar un cable individual para cada casa, los sistemas de TV por cable funcionan con un solo cable. Esto permite que la compañía de cable proporcione la misma señal a todos los abonados, pero también significa que compartirá la banda ancha de Internet por cable con el resto de los usuarios de su vecindario. Como ADSL, el servicio de módem por cable es normalmente asimétrico. Los servicios típicos de módem por cable proporcionan velocidades de entre 1.5 Mbps y 2 Mbps en el flujo de datos descendente y 128 Kbps en el flujo de datos ascendente.

# Cómo funciona la RDSI

**1** El servicio RDSI funciona a través de un par de cables de teléfono convencionales enrollados. A diferencia del servicio telefónico convencional la señal RDSI es completamente digital. El tráfico de voz en una línea RDSI viaja de forma tan digital como los datos codificados, no como una señal de audio analógica.

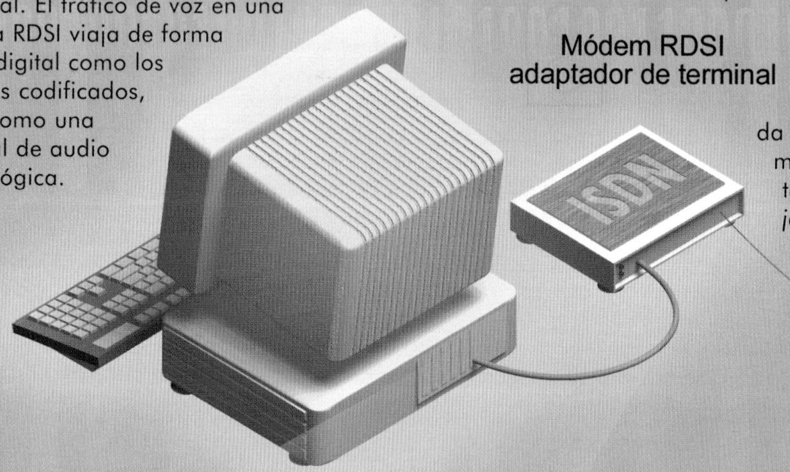

**3** Los usuarios RDSI deben tener un dispositivo denominado adaptador de terminal, también llamado módem RDSI (de forma incorrecta). El adaptador de terminal proporciona una interfaz entre el ordenador del usuario y la línea RDSI, de forma similar a lo que hace un módem en líneas de teléfono analógicas. Como las líneas RDSI son digitales, no existe el proceso de conversión de analógico a digital que se da en un módem convencional. La mayoría de los adaptadores de terminal proporcionan uno o dos *jacks* que permiten a los usuarios usar teléfonos analógicos estándar, faxes y contestadores automáticos en la línea RDSI.

**Módem RDSI adaptador de terminal**

**4** El adaptador de terminal contiene una interfaz de serie RS-232C que se vincula a un puerto de serie en el PC del usuario. Para conectarse a Internet o a otro usuario RDSI, el ordenador tiene que marcar un número para conectar la llamada. Las llamadas RDSI se conectan mucho más rápidamente que los módems estándar, normalmente en menos de un segundo.

**Encendido**

**Línea telefónica**

**RS-232C a ordenador**

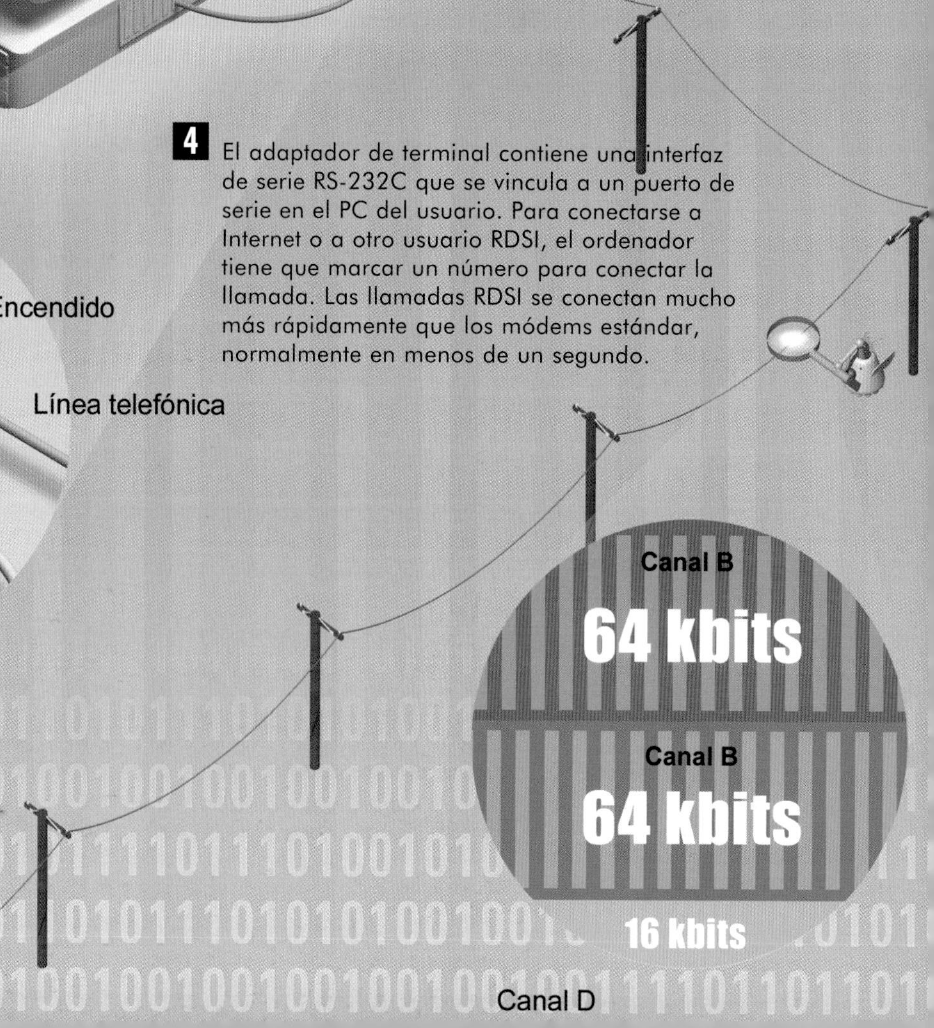

**Canal B**

# 64 kbits

**Canal B**

# 64 kbits

**16 kbits**

Canal D

**Canal B**

**Hola Laura, ¿qué tal?**

Voz digitalizada

**Canal B**

Datos del
ordenador

**Canal D**

**5** La mayoría de las líneas RDSI tienen dos números de teléfono, y la mayor parte de los adaptadores de terminal pueden emitir llamadas desde
cada número a un enchufe específico en la
parte de atrás del adaptador de terminal. Esto
le permite tener números de teléfono independientes para las llamadas de voz y las de fax.

56 kbits

**D B D B D B**

8 kbits

56 kbits

**D B D B D B D**

8 kbits

64 kbits

**B B B B B B**

64 kbits

**B B B B B B**

16 kbits

D D D D D D D

Señal fuera de la banda        Señal dentro de la banda

**2** Cada línea RDSI proporciona dos canales de
64 Kbps (denominados canales B) que funcionan de forma independiente entre sí. Cada
canal puede utilizarse para voz o datos, y
cada canal puede tener su propio número de
teléfono. Un tercer canal D de 16 Kbps transporta el marcado, la llamada y la información
de identificación de la persona que llama a los
dos canales B.

Conexión PPP

**128 kbits**

Canal B

# Cómo funciona la ADSL

**Filtro**

**2** El filtro tiene conexiones independientes para la línea telefónica, el módem DSL y los
teléfonos analógicos. La señal
analógica filtrada está conectada al cableado existente del
domicilio o de la oficina, igual
que si se tratara de una
línea telefónica conven-
cional.

**Ethernet**

**Línea
telefónica**

**Módem ADSL**

Flujo de datos ascendente

128 a 640 kilobits

Flujo de datos descendente

1.5 a 5 megabit

Canal de voz

**Ethernet**

**3** La señal DSL sin filtrar está conectada al módem
DSL. Como ocurre con un módem analógico, un
módem DSL proporciona una interfaz entre la
línea telefónica y el ordenador del usuario.

>3 Km (sin conexión DSL)                    <2,7 Km (DSL OK)

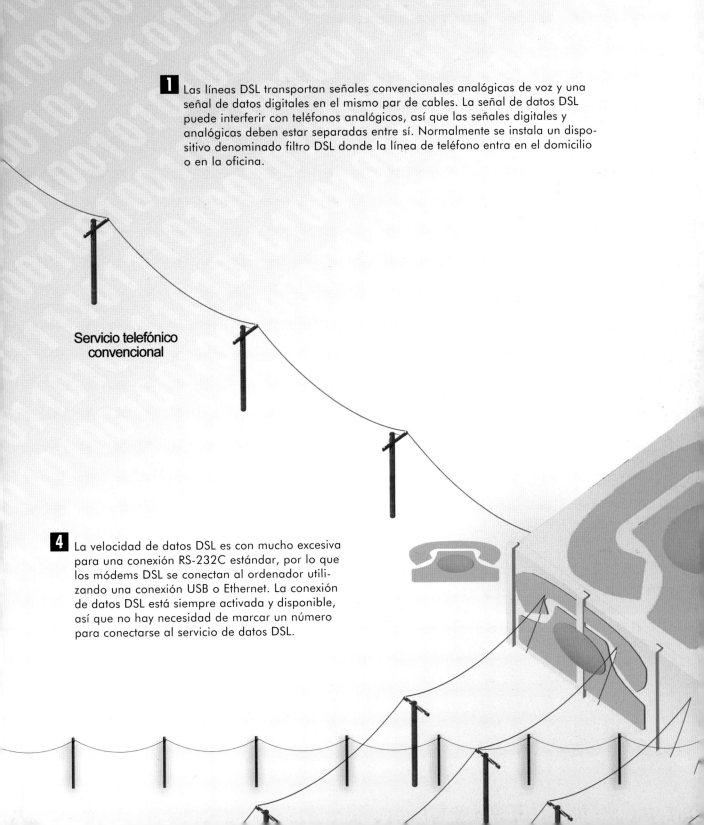

**1** Las líneas DSL transportan señales convencionales analógicas de voz y una señal de datos digitales en el mismo par de cables. La señal de datos DSL puede interferir con teléfonos analógicos, así que las señales digitales y analógicas deben estar separadas entre sí. Normalmente se instala un dispositivo denominado filtro DSL donde la línea de teléfono entra en el domicilio o en la oficina.

Servicio telefónico convencional

**4** La velocidad de datos DSL es con mucho excesiva para una conexión RS-232C estándar, por lo que los módems DSL se conectan al ordenador utilizando una conexión USB o Ethernet. La conexión de datos DSL está siempre activada y disponible, así que no hay necesidad de marcar un número para conectarse al servicio de datos DSL.

# Cómo funciona
# el módem por cable

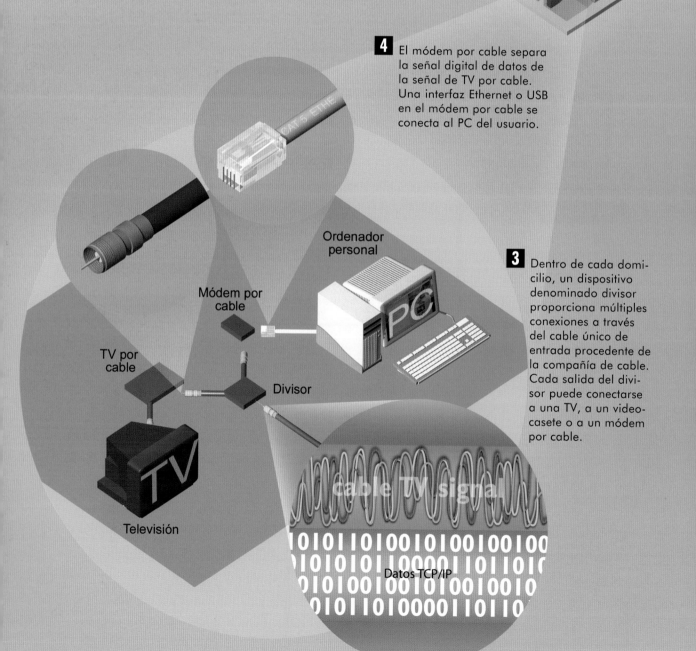

**4** El módem por cable separa la señal digital de datos de la señal de TV por cable. Una interfaz Ethernet o USB en el módem por cable se conecta al PC del usuario.

**3** Dentro de cada domicilio, un dispositivo denominado divisor proporciona múltiples conexiones a través del cable único de entrada procedente de la compañía de cable. Cada salida del divisor puede conectarse a una TV, a un videocasete o a un módem por cable.

Ordenador
personal

Módem por
cable

TV por
cable

Divisor

Televisión

Datos TCP/IP

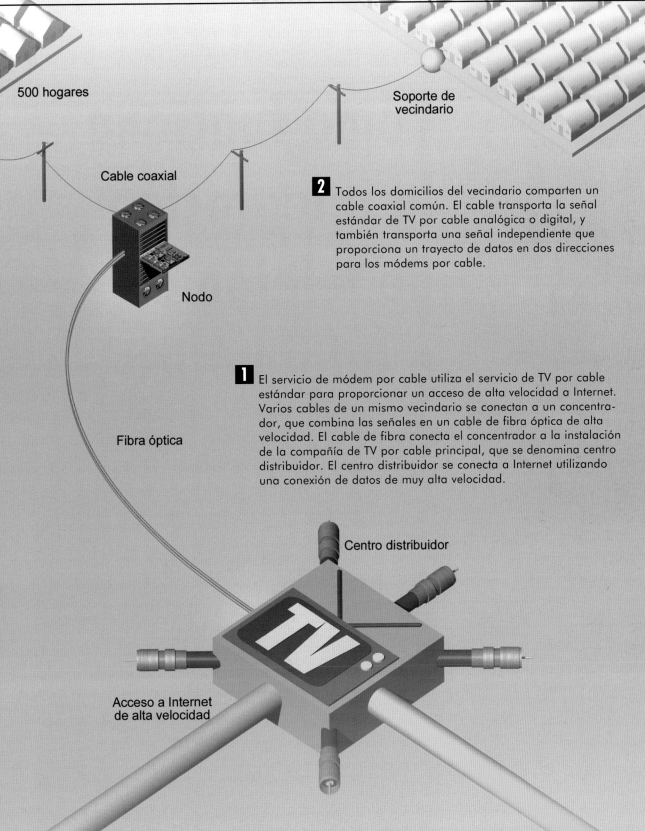

500 hogares

Soporte de vecindario

Cable coaxial

**2** Todos los domicilios del vecindario comparten un cable coaxial común. El cable transporta la señal estándar de TV por cable analógica o digital, y también transporta una señal independiente que proporciona un trayecto de datos en dos direcciones para los módems por cable.

Nodo

**1** El servicio de módem por cable utiliza el servicio de TV por cable estándar para proporcionar un acceso de alta velocidad a Internet. Varios cables de un mismo vecindario se conectan a un concentrador, que combina las señales en un cable de fibra óptica de alta velocidad. El cable de fibra conecta el concentrador a la instalación de la compañía de TV por cable principal, que se denomina centro distribuidor. El centro distribuidor se conecta a Internet utilizando una conexión de datos de muy alta velocidad.

Fibra óptica

Centro distribuidor

Acceso a Internet de alta velocidad

# 11

# Cómo funciona la integración de telefonía e informática

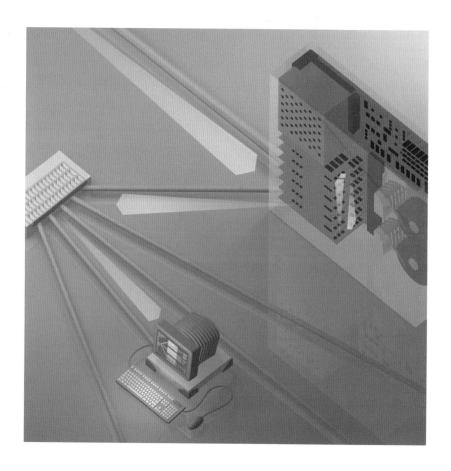

LA voz por IP (VoIP) y la Gestión de Relaciones con los Clientes (CRM) son temas importantes para los negocios de cualquier tamaño. La tecnología de redes oculta detrás de VoIP y de CRM se denomina Integración de Telefonía e Informática (CTI).

El término Integración de Telefonía e Informática describe formas de vincular teléfonos y ordenadores para conseguir productividad. CTI hace que las personas que llaman a un pequeño negocio piensen que se trata de una corporación multinacional. CTI puede tomar distintas formas. Como aplicación, CTI incluye funciones CRM. CRM integra sistemas de telefonía e informáticos en centros de llamada que gestionan apoyo y actividades de venta en organizaciones modernas de muchos tipos. Como tecnología de redes o servicio de transporte, CTI incluye los muchos servicios VoIP disponibles en la actualidad.

Centro de llamadas corporativo es el término que se utiliza para describir el lugar de trabajo de personas tales como gestores de reservas, receptores de pedidos y operadores del 911. Un dispositivo CTI, que lleva a cabo la función de tráfico de las llamadas, envía las llamadas entrantes al lugar adecuado. Ya sabe eso de "Pulse 1 para nuevas operaciones, pulse 2 si necesita ayuda", etc. El equipamiento de tráfico de llamadas puede tomar decisiones en base al número de teléfono de la persona que origina la llamada. Si la persona que llama es un cliente habitual, el empleado ve una pantalla emergente que identifica a la persona que llama y muestra los detalles de cualquier cuenta actual antes de decir "hola".

Las técnicas modernas de negocios informáticos cambian el centro de llamadas por un centro de contacto. Guiados por programas de aplicación CRM, los trabajadores del centro de contacto utilizan el correo electrónico, el fax, las conexiones a sitios Web y cualquier otro recurso disponible para interactuar con los consumidores. Los programas CRM siguen la pista de la historia y el estado de la interacción de todos los consumidores y ayudan a los trabajadores a proporcionar a los clientes un servicio personalizado.

VoIP es la segunda pieza de CTI. VoIP pone voz y servicio de fax en las conexiones a Internet para lograr una mayor flexibilidad y un coste inferior. VoIP puede funcionar dentro de una compañía para llevar a cabo llamadas de voz y de fax entre los sistemas telefónicos de las sucursales. En llamadas internacionales, estos servicios evitan las altas tarifas impuestas en las conexiones telefónicas por algunos países. Esto ahorra dinero tanto a las empresas como a los individuos. VoIP también es utilizado por las compañías de televisión por cable que ofrecen voz residencial y servicios telefónicos de fax que compiten con la compañía telefónica local.

# Cómo funciona el recorrido de llamadas entrantes

El emisor marca
un número

**1** El proceso del recorrido de la llamada comienza cuando un emisor marca para acceder al sistema.

**2** La compañía telefónica completa la llamada y envía el número de teléfono del emisor a su destino entre el primer y el segundo tono. El bloque de identificación puede incluir también el nombre y la información geográfica, pero los sistemas varían. El sistema CTI toma la información de identificación y la pasa a un programa de aplicación antes de responder a la llamada entrante.

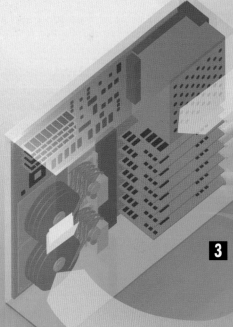

Historia de cuentas e informes
del emisor de la llamada

Tráfico de llamada entrante

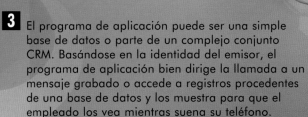

**3** El programa de aplicación puede ser una simple base de datos o parte de un complejo conjunto CRM. Basándose en la identidad del emisor, el programa de aplicación bien dirige la llamada a un mensaje grabado o accede a registros procedentes de una base de datos y los muestra para que el empleado los vea mientras suena su teléfono.

Teléfono
doméstico

Circuitos telefónicos

**5** El servicio telefónico agrega comandos procedentes de distintos ordenadores y los pasa a la PBX.
En la PBX, estos comandos se inician, terminan y
envían las llamadas. De forma similar, la información de control de llamada procedente del PBX
puede cruzar la LAN para conseguir la información de recorrido de llamada.

**4** El sistema CTI permite el intercambio de señales, llamados comandos de control de llamada, entre
los ordenadores y la central telefónica privada conectada a la red
pública (PBX) dentro de la compañía o la empresa. Los comandos
de control de llamada llevan los
programas o las entradas de
teclado a través de una red de
área local a un ordenador que
funciona como servidor telefónico.

Servidor de
telefonía

Comandos
de control
de llamadas

Hub de cableado
de la LAN

Switch de teléfono a la interfaz LAN

Cable LAN

Software de síntesis del
habla, reconocimiento
de voz, fax y conferencia

**6** En el otro extremo del
sistema, la síntesis del
habla y los dispositivos de
reconocimiento generan
mensajes, reconocen
comandos orales e inter-
actúan con programas
informáticos para contro-
lar y pasar información
tal como la identificación
del cliente. Estas carac-
terísticas con frecuencia
se utilizan en sistemas de
reservas y pedidos.

La señal controla
el conector del bus

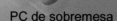

PC de sobremesa

# Cómo funciona la voz por IP

**1** La voz por IP digitaliza las llamadas de voz y utiliza varios medios para enviarlas por Internet. Los proveedores de servicio de Internet por cable conectan los teléfonos a sus módems por cable para proporcionar un acceso telefónico local.

Paquetes de voz o fax digitalizados

¿Puedes oírme?

Finalización de la llamada y paquetes de voz digitalizados

Aquí se encuentra la información de finalización de su llamada

Suministrador de servicio de Internet País A

Fax

Teléfono

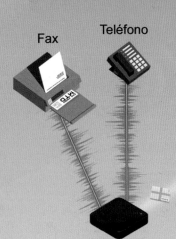

Caja de conexión VoIP o módem por cable con un jack telefónico

**2** Algunos servicios VoIP se conectan de ordenador a ordenador. Los emisores tienen que registrarse con el servicio para completar las conexiones.

Ordenador

Auriculares de audio

Servicio de registros de llamada

Internet

¡Suena genial!

**3** Los portadores de VoIP "saltan" de Internet para conectarse a las redes telefónicas públicas por todo el mundo. Estos portadores pueden evitar las costosas tarifas locales.

Red pública de teléfono doméstico- País B

Suministrador
de servicio
de Internet
País B

Fax

Teléfono

Teléfono VoIP

Caja de conexión VoIP
o módem por cable
con un jack telefónico

Teléfono

# Cómo funcionan la voz, el fax y los datos multiplexados

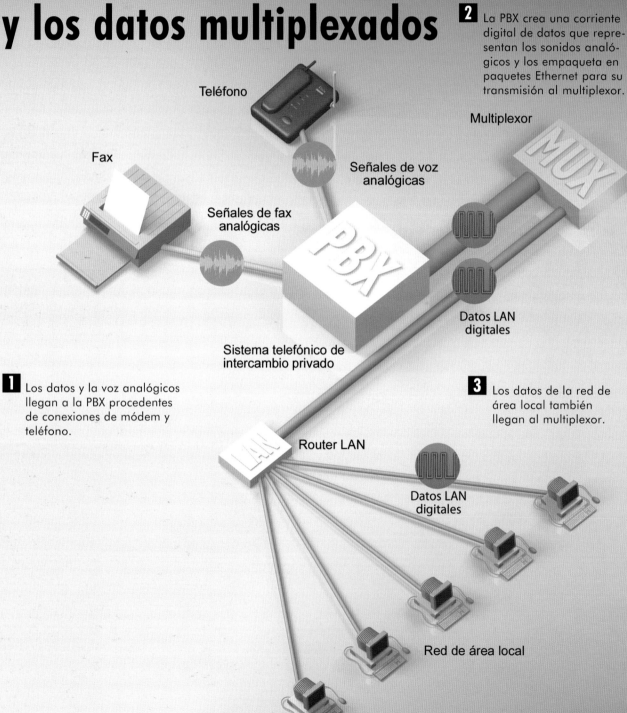

**2** La PBX crea una corriente digital de datos que representan los sonidos analógicos y los empaqueta en paquetes Ethernet para su transmisión al multiplexor.

Teléfono

Multiplexor

Fax

Señales de voz analógicas

Señales de fax analógicas

Datos LAN digitales

Sistema telefónico de intercambio privado

**1** Los datos y la voz analógicos llegan a la PBX procedentes de conexiones de módem y teléfono.

**3** Los datos de la red de área local también llegan al multiplexor.

Router LAN

Datos LAN digitales

Red de área local

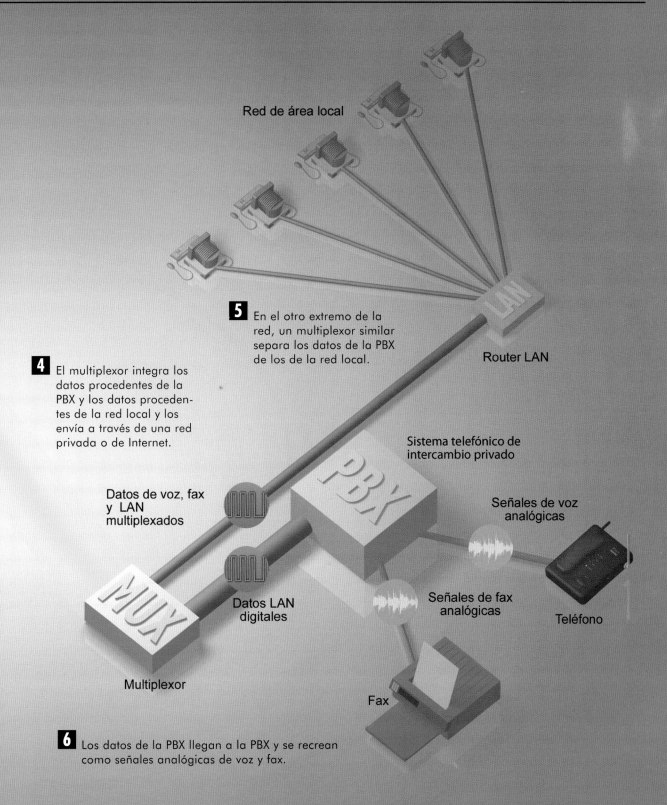

Red de área local

**5** En el otro extremo de la red, un multiplexor similar separa los datos de la PBX de los de la red local.

Router LAN

**4** El multiplexor integra los datos procedentes de la PBX y los datos procedentes de la red local y los envía a través de una red privada o de Internet.

Sistema telefónico de intercambio privado

Datos de voz, fax y LAN multiplexados

Señales de voz analógicas

Datos LAN digitales

Señales de fax analógicas

Teléfono

Multiplexor

Fax

**6** Los datos de la PBX llegan a la PBX y se recrean como señales analógicas de voz y fax.

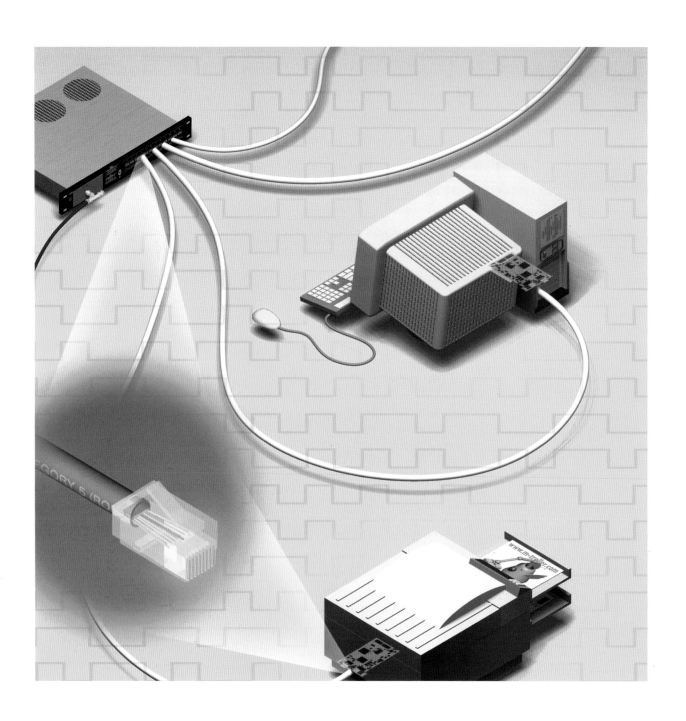

# 3

# Redes de área local (LAN)

**LAS** redes se utilizan para compartir; la función de las redes es compartir cosas tales como archivos de procesadores de texto y de hojas de cálculo, vínculos de comunicación a ordenadores y redes distantes y sistemas de correo electrónico. Cada actividad que se comparte, desde el uso común de un coche a las playas, tiene sus propias reglas. En las conexiones en red estas reglas se denominan estándares y protocolos. Los estándares describen cómo deberían ser las cosas; los protocolos describen cómo interactúan las cosas. La clave para comprender las conexiones en red es comprender los estándares y los protocolos que hacen posible la interactuacción sin perder o maltratar los archivos y dispositivos que se comparten a través de la LAN.

En esta sección hablaremos de los estándares, de los protocolos y de compartir. Los estándares y protocolos para la interacción informática no surgieron hasta principios de la década de los ochenta. Hubo tres corrientes diferentes que impulsaron el crecimiento de la tecnología de redes: IBM, el Departamento de Defensa americano y Xerox Palo Alto Research Center (PARC). Posteriormente, otras organizaciones industriales y profesionales, entre las que destacan el IEEE (Instituto de Ingeniería Eléctrica y Electrónica), tuvieron un papel importante en el desarrollo de los estándares.

En la década de los setenta, el Departamento de Defensa americano, al enfrentarse a un inventario de ordenadores procedentes de distintos fabricantes que no podían interactuar, fue pionero en el desarrollo de protocolos para software de red que funcionaran en más de una marca y modelo de ordenador. El conjunto más importante de protocolos establecidos por el Departamento de defensa es el Protocolo TCP/IP (de control de transporte/protocolo de Internet). Como se puede inferir por el nombre, estos protocolos son acuerdos sobre cómo se lleva a cabo la transmisión entre redes. Las empresas, particularmente aquellas que querían entrar en el negocio del gobierno general, escribían software de red que se adecuaba a los TCP/IP y colocaban su software en el dominio público.

Aproximadamente al mismo tiempo, IBM empezó a hacer públicos los estándares y protocolos que utilizaba para sus propios sistemas informáticos. Estos estándares incluían descripciones detalladas sobre el cableado y los protocolos se diseñaban para garantizar comunicaciones precisas con cargas pesadas. Este trabajo llevado a cabo por IBM llevó a otros a emular sus técnicas y aumentó el nivel de calidad del desarrollo de red en toda la industria.

IBM y la Digital Equipment Corporation desarrollaron formas de que algunos ordenadores de gran tamaño interactuaran en redes locales en la década de los setenta, pero el trabajo más importante para redes de un gran número de ordenadores fue llevado a cabo por el Palo Alto Research Center (PARC) de Xerox Corporation a finales de los setenta, principios de los ochenta. En el PARC, se concibió un importante grupo de estándares y protocolos denominado Ethernet que se desarrolló hasta el punto de convertirse en un producto comercial.

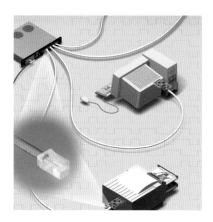

Las primeras arquitecturas de red de área local combinaban inflexibles especificaciones de hardware con estrictas descripciones de protocolo. En cada definición de LAN se incluían tipos específicos de cable de cobre, conectores de cables específicos, una configuración física y ciertas funciones de software. Sin embargo, como el gobierno y la industria exigen flexibilidad, ese único y sencillo grupo de especificaciones y descripciones de cada tipo de red se ha expandido para incluir distintos tipos de cables, configuraciones y protocolos. Los comités activos de muchas organizaciones empresariales y gubernamentales han publicado protocolos que describen los detalles más sutiles de cómo interactúan y se comunican los ordenadores. Los compradores no invertirán en equipamiento que no se adecue a los estándares generalmente aceptados. Hoy en día, puede mezclar y combinar el hardware y el software para crear una red personalizada y aún así permanecer dentro de la especificación del sistema de red soportada por productos procedentes de distintas compañías.

Durante las últimas décadas, la industria de la red informática ha hecho progresos increíbles en rendimiento, coste, fiabilidad e interoperatividad. Asumimos que los productos procedentes de distintos fabricantes van a interactuar. Damos por hecho la alta fiabilidad y el alto rendimiento. Estos beneficios proceden de una cooperación industrial simultánea en la estandarización y en la competencia de características y coste.

La evolución de las redes se propagó por la tecnología telefónica, el diseño de hardware informático, el diseño de software e incluso la sociología de grupos de trabajo. En la actualidad, tanto los ordenadores como los edificios vienen con los componentes de red en serie. Si tiene un nuevo equipo y un nuevo edificio, puede añadir el software que elija, enchufar un cable al *jack* de la pared, e interactuar a través de la LAN. Las redes inalámbricas (tanto las redes locales de alta velocidad como las redes inalámbricas móviles más lentas) vinculan ordenadores portátiles con la ubicación central del negocio. Las redes modernas combinan las palabras escritas a mano con las mecanografiadas, la voz y el sonido con gráficos y videoconferencia en el mismo cable. Las redes hacen que las organizaciones puedan abandonar la estructura de gestión vertical de arriba abajo en la que se concentraba mucha información en la parte superior para pasar a una estructura más plana y responsable en la que la información se comparte y está disponible de forma general.

Los desarrollos en relación con las redes sostienen muchas cosas que ahora damos por hechas. Internet es, en realidad, un conjunto de aplicaciones construidas sobre productos en red interoperativos y omnipresentes. Muchas personas acceden a Internet a través de redes locales corporativas o incluso domésticas. Los cajeros automáticos, los sistemas de telefonía móvil y las máquinas de autorización de tarjetas de crédito utilizan todos básicamente la misma tecnología de red cuando procesan las peticiones de servicio. La telemática, la utilización de la automatización en automóviles, depende de la conexión en red de docenas de procesadores en los coches de alta calidad. Los productos en red configuran una gran parte de la nueva biología. La decodificación de los genomas y la modelación de operaciones celulares no serían posible sin las redes. Las redes han cambiado la forma en la que trabajamos y vivimos, así que ¡veamos cómo funcionan!

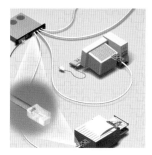

# 12

# Cómo funcionan las redes de área local

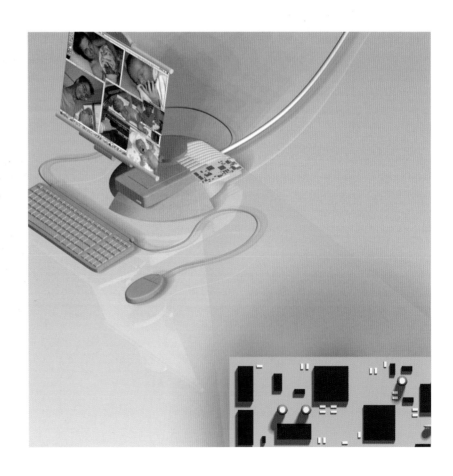

EMPEZAREMOS nuestra investigación sobre las redes observando los componentes de una red para ver cómo se relacionan y se conectan entre sí. A continuación, procederemos a profundizar en cada componente de red para ver cómo funcionan.

Los cuatro componentes principales de la red son los servicios de red del sistema operativo, los periféricos en red, la tarjeta de red y el cableado de red.

**Servicios de red del sistema operativo.** Los sistemas operativos modernos como Unix, Linux, Windows, MacOS y Solaris contienen una serie de funciones especiales para la conexión en red. Como los sistemas operativos multitarea modernos pueden llevar a cabo muchas tareas de forma casi simultánea, estas funciones de red se ejecutan como procesos dentro del sistema operativo. Algunos de estos procesos le proporcionan a los ordenadores la capacidad de compartir archivos, impresoras y otros dispositivos a través de la red. Los ordenadores que comparten sus recursos se denominan servidores. Otros programas funcionales, los que proporcionan la capacidad de utilizar esos recursos compartidos, se denominan clientes. Lo normal es ejecutar el software de cliente y el de servidor en el mismo ordenador, de forma que se puedan utilizar los recursos en otro ordenador mientras otras personas utilizan su espacio de disco duro, sus impresoras o sus dispositivos de comunicaciones compartidos.

**Periféricos en red.** En 1991, una nueva categoría de productos denominados periféricos en red pasaron a estar comúnmente disponibles. Entre estos productos se incluyen las impresoras y los módems con sus propias conexiones en red. Estos dispositivos tienen sus propios procesadores internos especializados que ejecutan el software de red del servidor, de forma que no tienen que estar directamente conectados al PC. Los programas de la aplicación que se ejecutan en ordenadores cliente Macintosh y PC pueden utilizar una impresora o un almacenamiento en red como si estuvieran localmente conectados en vez de estar en otro sitio de la LAN.

**Tarjeta de red.** Las señales digitales de bajo consumo que se encuentran dentro de un ordenador no son los suficientemente potentes para viajar largas distancias, por lo que un dispositivo denominado tarjeta de red cambia las señales que se dan en el interior del ordenador por señales más potentes que pueden trasladarse a través del cable de red. Después de que la tarjeta de red coge los datos del ordenador, tiene las importantes tareas de preparar los datos para su transmisión y actuar como guardián para controlar el acceso al cable de red compartido.

**Cableado de red.** Los ordenadores de las redes modernas pueden enviar mensajes en forma de impulsos eléctricos a través del cable de cobre de distintas clases, a través del cable de fibra óptica usando impulsos de luz o a través del aire utilizando ondas de radio o de luz. De hecho, puede combinar todas estas técnicas en una red para que se adecue a sus necesidades específicas o para sacar partido de lo que ya tiene instalado. Las instalaciones de cableado de red moderno utilizan un hub central, típicamente denominado switch, que puede aislar problemas de cable y mejorar la fiabilidad.

# Cómo funciona una LAN

Cableado de red

**1** Las funciones de red llevadas a cabo por los procesos del sistema operativo preparan los datos para su transmisión, controlan la transmisión, reconocen a los servidores y a los clientes, controlan la seguridad y llevan a cabo muchas otras funciones. En las redes modernas actuales, estas funciones se adecuan a los protocolos TCP/IP estándar. Los procesos de software conformes al protocolo IP preparan los datos, y las funciones conformes al protocolo TCP controlan las transmisiones.

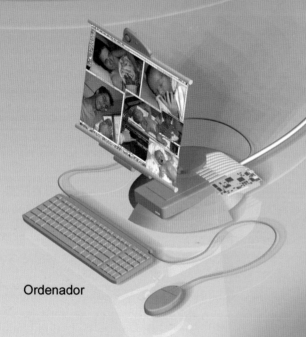

Ordenador

**2** Las tarjetas de red vinculan el ordenador al sistema de cableado de red. La tarjeta controla el flujo de datos entre el bus de datos interno del ordenador y la corriente de datos en serie del cable de red. Algunos ordenadores vienen con sus propias tarjetas de red en la placa base y algunos adaptadores de interfaz están conectados a uno de los puertos USB del ordenador, pero normalmente se añaden al bus de expansión del PC. La gran mayoría de tarjetas de red actuales cumplen con los protocolos estándar de Ethernet.

Tarjeta de red

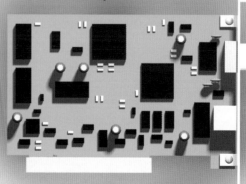

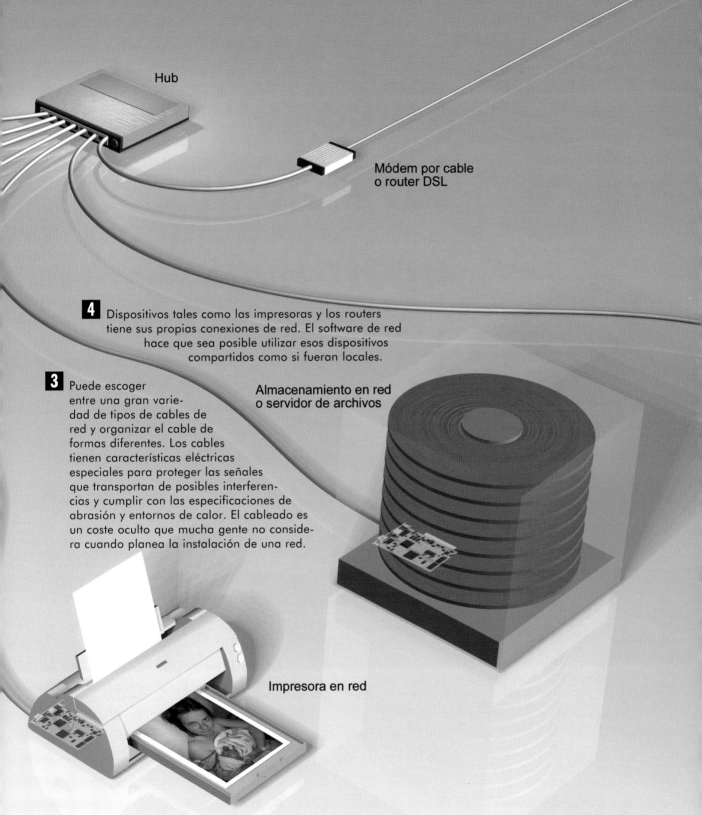

Hub

Módem por cable
o router DSL

**4** Dispositivos tales como las impresoras y los routers
tiene sus propias conexiones de red. El software de red
hace que sea posible utilizar esos dispositivos
compartidos como si fueran locales.

Almacenamiento en red
o servidor de archivos

**3** Puede escoger
entre una gran varie-
dad de tipos de cables de
red y organizar el cable de
formas diferentes. Los cables
tienen características eléctricas
especiales para proteger las señales
que transportan de posibles interferencias y cumplir con las especificaciones de
abrasión y entornos de calor. El cableado es
un coste oculto que mucha gente no conside-
ra cuando planea la instalación de una red.

Impresora en red

CAPÍTULO

# 13

# Cómo funcionan los sistemas operativos en red

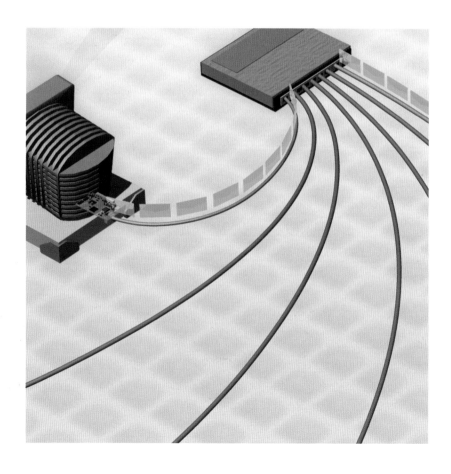

LOS sistemas operativos informáticos como Linux, Unix, Windows, y otros contienen muchos programas o procesos de pequeño tamaño capaces de llevar a cabo tareas especializadas. Los procesos de red se encuentran entre los más complejos porque tienen que preparar, dar cuenta de, mantener, aceptar y procesar información a alta velocidad mientras comprueban cada paso para asegurar la precisión. Integran y median entre procesos rápidos dentro del ordenador y conexiones comparativamente lentas fuera de él. Los procesos en red con frecuencia utilizan la potencia de chips de función especial que se encuentran en las tarjetas de red o en otro hardware para gestionar la codificación y la seguridad.

Dentro de una red, los ordenadores que comparten sus unidades de disco duro, vinculan periféricos tales como impresoras y unidades de CD-ROM, y los circuitos de comunicación se denominan de forma genérica servidores. El término servidor ha crecido para incluir los servidores Web, formas especiales de servidores de seguridad, y otros dispositivos que proporcionan servicios a clientes a través de la red. Los servidores inspeccionan las peticiones de servicio para comprobar la identidad y la autorización, comprueban los conflictos y proporcionan entonces el servicio solicitado.

Los servidores de archivo almacenan archivos creados por programas de aplicación tales como las bases de datos. En algunas configuraciones, los servidores de archivo pueden también contener los propios programas de aplicación. Un servidor de archivo es un ordenador que tiene acceso a una gran área de almacenamiento del disco duro. Los servidores de archivo proporcionan fiabilidad porque con frecuencia incluyen hardware redundante especializado como suministros de potencia dual, y proporcionan seguridad porque normalmente se almacenan en salas cerradas con seguridad especial y controles ambientales. Una función importante del componente servidor de archivo del sistema operativo es controlar múltiples accesos simultáneos de los archivos de datos bajo condiciones controladas.

Los servidores de impresora aceptan trabajos de impresión enviados por cualquier usuario autorizado de la red. Aunque incluso los trabajos de impresión más rápidos tardan normalmente algunos segundos por página, poner en cola los trabajos de impresión (almacenarlos en un archivo de disco) es una función fundamental del software del servidor de impresora. El software de servidor de impresora informa también del estado de las tareas en espera para imprimir y reconoce las prioridades asignadas a usuarios específicos.

El software de cliente funciona dentro de un dispositivo como un ordenador personal o una PDA. Envía peticiones procedentes de los programas de aplicación y del teclado a los servidores de archivo y otro tipo de servidores de la red. Un elemento principal del software de cliente en un proceso denominado redireccionador. Como se puede deducir de su nombre, el redireccionador captura peticiones de servicio que han sido preparadas para ser reconocidas y las dirige al ordenador a través de la red para llevar a cabo el servicio.

Los procesos de comunicaciones preparan datos procedentes del ordenador del cliente, los envía a través de la red y reciben datos entrantes con las direcciones y la preparación adecuadas. Estos procesos funcionan según protocolos específicos de dirección, garantizando la entrega y la precisión. Entre los paquetes de protocolos de comunicaciones en red se incluyen el Protocolo de archivos Apple (AFP) de Apple Computer, la interfaz extendida de usuario NetBIOS de Microsoft, y el Intercambio de paquete secuencial y el Intercambio de paquetes de Internet (SPX e IPX) de Novell. TCP/IP se utiliza tanto en redes de área local como en redes de áreas más amplias, entre las que se incluye Internet.

El software de drivers de la tarjeta de red funciona entre la tarjeta de red y el software de comunicaciones de red. (Habrá oído a los administradores de red hablar del problema de tener los drivers adecuados.) Hubo un momento en el que se tenía que generar una configuración especial del sistema operativo de la red para cada marca y modelo de adaptador LAN existente en el mercado. Hoy en día, los fabricantes de adaptadores y los fabricantes de sistemas operativos trabajan en equipo para incluir drivers adecuados para una amplia variedad de tarjetas de red dentro de las librerías incluidas en los sistemas operativos. Sin embargo, encontrar el driver adecuado para algunos sistemas operativos como Linux o Solaris sigue siendo un problema potencial.

# Cómo funcionan las peticiones de sistema del software de red

**2** El servidor de archivo especializado podría sostener archivos de procesamiento de texto, archivos de bases de datos, páginas Web o archivos procedentes de cualquier aplicación. Cuando el adaptador de red y el software de comunicaciones de red entregan una petición para acceder a un archivo, el proceso de seguridad lleva a cabo una comprobación para garantizar que el cliente que ha llevado a cabo la petición tiene acceso al archivo. Una vez validada, la petición se dirige a los procesos de servicio de archivo. Este software transmite peticiones simultáneas para los mismos datos, encuentra los datos y los envía de vuelta al ordenador del cliente que ha llevado a cabo la petición.

Guardar archivo

Servidor de archivos

**1** El software de red permite que muchos ordenadores que actúan como clientes compartan los recursos de unos pocos ordenadores que funcionan como servidores. En este ejemplo, los ordenadores clientes envían peticiones de servicio a distintos servidores. En cada paso, el software de red formatea los datos para su transmisión, los prepara para su entrega, controla la transmisión, comprueba que se tiene el permiso correspondiente y lleva a cabo constantes comprobaciones en busca de posibles errores. En este ejemplo, la red utiliza Ethernet para las señales eléctricas y la elaboración del paquete, TCP para el control de la transmisión, y la IP para la dirección.

Datos de impresora en red

**3** El software de cliente en red en este ordenador de cliente permite que los programas de aplicación utilicen discos duros, impresoras y otros recursos como si estuvieran directamente conectados al ordenador. En este caso, un programa de aplicación, quizá un programa de procesamiento de textos o una hoja de cálculo, tiene un trabajo de impresión. Este trabajo de impresión va de la aplicación a Windows con las instrucciones de imprimir en un puerto de impresora específico como LPT3. El proceso del redireccionador está programado para enviar cualquier tarea de impresión dirigida a LPT3 a través del software de red y de la tarea de red a una impresora en red determinada. El software de comunicaciones en red prepara los datos de impresión dentro de un paquete IP, lo envuelve con el control de transmisión TCP y lo inserta en un paquete Ethernet para su transmisión eléctrica a través del cable de red.

A otras r

Ordenador cliente

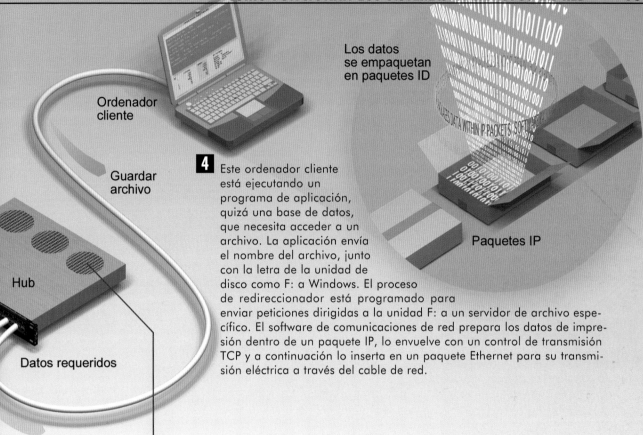

Ordenador
cliente

Los datos
se empaquetan
en paquetes ID

Guardar
archivo

**4** Este ordenador cliente
está ejecutando un
programa de aplicación,
quizá una base de datos,
que necesita acceder a un
archivo. La aplicación envía
el nombre del archivo, junto
con la letra de la unidad de
disco como F: a Windows. El proceso
de redireccionador está programado para
enviar peticiones dirigidas a la unidad F: a un servidor de archivo específico. El software de comunicaciones de red prepara los datos de impresión dentro de un paquete IP, lo envuelve con un control de transmisión
TCP y a continuación lo inserta en un paquete Ethernet para su transmisión eléctrica a través del cable de red.

Paquetes IP

Hub

Datos requeridos

**6** El hub actúa como un switch central para los datos. Puede eliminar conflictos
de transmisión y, si es necesario, aislar un ordenador o segmento de cable
que no funcione de forma adecuada, de forma que no afecten a toda la red.

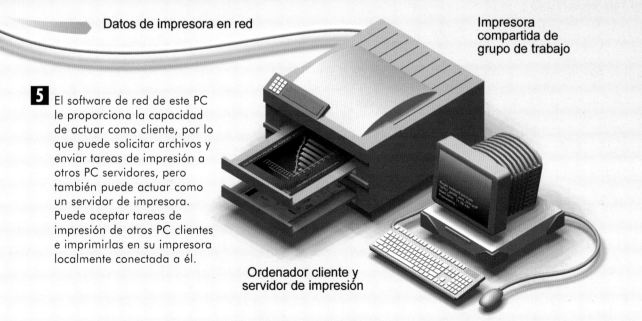

Datos de impresora en red

Impresora
compartida de
grupo de trabajo

**5** El software de red de este PC
le proporciona la capacidad
de actuar como cliente, por lo
que puede solicitar archivos y
enviar tareas de impresión a
otros PC servidores, pero
también puede actuar como
un servidor de impresora.
Puede aceptar tareas de
impresión de otros PC clientes
e imprimirlas en su impresora
localmente conectada a él.

Ordenador cliente y
servidor de impresión

# Cómo funciona el software de red de empaquetado de datos

Windows

**1** El software de red empaqueta peticiones procedentes del teclado y de aplicaciones en una sucesión de "sobres" de datos para su transmisión a través de la red. En este ejemplo, el software de red que se está ejecutando dentro de Microsoft Windows detecta que hay una petición de servicio que debería redirigirse a un servidor, prepara una petición de directorio en un paquete IP, añade controles de transmisión TCP y la envía al adaptador de la red local. El adaptador LAN prepara la petición en el marco de Ethernet. Cada "sobre" de datos contiene su propia información de dirección y de control de errores.

Archivo abierto

**2** Los dispositivos que se encuentran a lo largo de la red examinan tanto la dirección Ethernet (denominada control de acceso a medios o dirección de capa MAC) como la dirección IP de cada paquete. Algunos dispositivos de red, como los switches, llevan a cabo acciones o conceden permisos en base a la dirección de capa MAC y otros, como los routers, llevan a cabo acciones en base a la dirección IP.

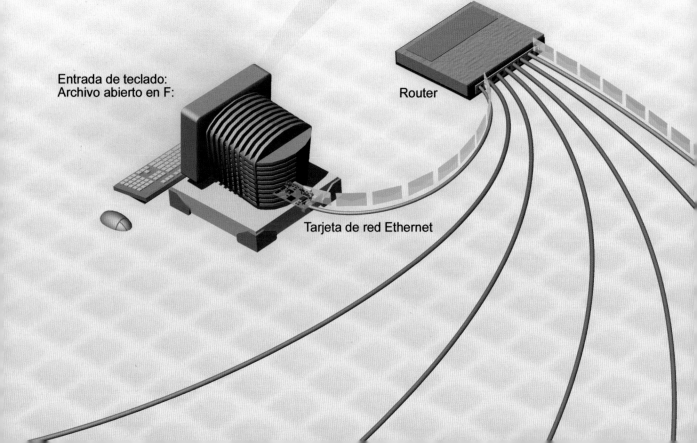

Entrada de teclado:
Archivo abierto en F:

Router

Tarjeta de red Ethernet

chivo abierto

Redireccionador NetWare:
Petición al servidor: Enviar archivo

La petición del programa de aplicación al sistema
operativo tiene como resultado un bloque de datos
formateado que se envía a una dirección asociada
con un servicio TCP.

Paquete IPX de NetWare:
Control de errores
Tipo de paquetes
Red de destino
Red de origen
Host de origen
Conexión de origen
Campo de datos

El software adaptado a TCP prepara la estación de
destino, numera el paquete, inicia un temporizador
y envía el paquete al software IP para que continúe
preparándolo.

Marco Ethernet:
Preámbulo de sincronización
Dirección de destino Ethernet
Longitud del paquete
Campo de datos
Control de errores

El software adaptado a IP prepara el paquete TCP y
lo envía a través de la red física que, en este caso,
es Ethernet.

Paquete TCP/IP

El driver para el dispositivo Ethernet envuelve el
paquete IP con una dirección de origen y de destino e información de control total.

Conexión de red

**3** En el servidor de destino, los
procesos del software de red
desenvuelven y ordenan los
"sobres". A continuación,
presenta la petición original al
sistema operativo del servidor
para pasar a la acción. La
presencia de estas capas de
software permite una gestión
detallada del flujo de datos por
la red. La gestión aumenta la
fiabilidad y la eficacia global.

# 14

# Cómo funcionan las tarjetas de red

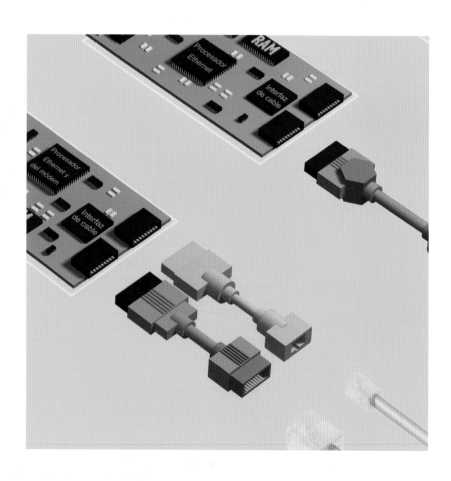

LA tarjeta de red, también conocida como adaptador LAN, funciona como interfaz entre el ordenador y el cableado de red, por lo que debe servir a dos señores. Dentro del ordenador, mueve datos a y desde la memoria de acceso aleatorio del ordenador. Fuera del ordenador controla el flujo de datos entrantes y salientes a través del sistema de cableado de red. Una tarjeta de red tiene un puerto especializado que se adecua a los estándares de señalización eléctrica utilizados en el cable y en el tipo específico del conector de cable. Entre el ordenador y el cable, la tarjeta de red tiene que proteger los datos durante la transmisión (puesto que el ordenador es normalmente mucho más rápido que la red) y cambiar la forma de los datos de una ancha corriente paralela que entra a 32 bits a una estrecha corriente que se mueve a un bit, entrando y saliendo del puerto de red. Ahora es también normal que los ordenadores vengan con una tarjeta de red interna en la placa base. Las tarjetas de red también pueden conectarse a través de un puerto USB del ordenador o a una ranura de tarjeta de PC.

Esta tarea requiere potencia de procesamiento integrado en placa y los adaptadores LAN tienen procesadores especialmente diseñados para la tarea. Una amplia variedad de compañías entre las que se incluyen Intel, National Semiconductor y Texas Instruments venden procesadores de propósito especial y chips que soportan los adaptadores de red. Algunas tarjetas de red también tienen procesadores integrados para llevar a cabo tareas intensivas como la codificación. Otras características integradas podrían incluir la comprobación de virus, la creación de informes de gestión especializados, e incluso la capacidad de activar el ordenador mediante un comando entregado a través de la red. Esta LAN de activación (*wake-on-LAN*) resulta útil para llevar a cabo el mantenimiento y tareas de gestión remotos.

En el cable de red, el adaptador LAN lleva a cabo tres importantes funciones: genera señales eléctricas para que viajen por el cable, sigue reglas específicas para controlar el acceso al cable, y lleva a cabo la conexión física al cable. Los adaptadores para Ethernet y Token-Ring utilizan el mismo sistema básico de señales eléctricas por cable. Sorprendentemente, las señales de estos cables informáticos de alta velocidad no se diferencian mucho del antiguo código Morse o código de teletipo de Baudot. Las LAN inalámbricas son muy populares, pero a pesar de sus aparentes diferencias, las tarjetas de red inalámbricas son muy similares a sus primas por cable. Acceden a medios de transmisión compartidos, aunque sin cable, y traducen cadenas de datos paralelos a datos en serie de la misma forma que lo hacen las tarjetas de red unidas por cable.

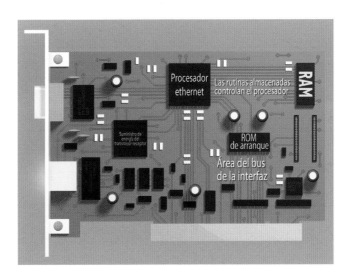

# Cómo funcionan las tarjetas de red internas

**1** Una tarjeta de red utiliza un procesador especializado y rutinas almacenadas en memoria de sólo lectura. Este procesador recibe instrucciones de procesos que se ejecutan en el ordenador principal para recuperar datos de los contenidos de ubicaciones de memoria compartida dentro del ordenador principal. Estas ubicaciones de memoria guardan datos empaquetados de acuerdo a protocolos específicos tales como TCP/IP. La tarjeta de red usa el bus de expansión rápida del ordenador para acceder a la memoria compartida como datos paralelos. El procesador utiliza entonces una serie de sus propias ubicaciones de almacenamiento especializadas que se denominan registros de desplazamiento para transformar los datos paralelos en una cadena de datos en serie. La corriente en serie se organiza en grupos de una longitud específica (normalmente estructuras de 1.518 bytes, pero también se utilizan otros tamaños) para transmitirlo por el cable más lento. El procesador de la tarjeta de red reorganiza y protege los datos a la vez que gestiona la interfaz al ordenador y al cable.

**2** Esta conversión de paralelo a en serie y de rápido a lento es una compensación necesaria causada por la distancia. Las leyes de la física dictan que cuando las señales cruzan largas distancias, se debilitan y se hacen más vulnerables a la interferencia, por lo que hay un equilibrio entre velocidad y precisión. Las redes modernas son cada vez más rápidas, alcanzando velocidades de hasta un gigabit por segundo, pero las velocidades de red más alta se encuentran en tan sólo un 10% aproximadamente de la velocidad media de la gestión de datos dentro de un PC común.

Suminist
energ

Tarjeta PCI

**4** Debe seleccionar una tarjeta de red que se adapte al bus de datos de su ordenador y al cable de red. El bus PCI (interfaz de componentes periféricos) ha surgido como estándar para las tarjetas de red. En el extremo del PC, teóricamente puede permitir un ratio de transferencia de datos de 133,33 Mbps. Envía datos a través de las 32 conexiones paralelas y los adaptadores LAN tienen que volver a empaquetar los datos en una corriente de datos en serie.

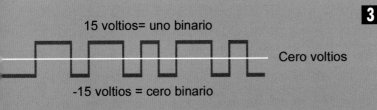

15 voltios= uno binario

Cero voltios

-15 voltios = cero binario

**3** Una técnica denominada codificación Manchester proporciona una forma de transmitir ceros y unos utilizando impulsos de voltaje de corriente directa que van de -15 a +15 voltios. Con esta técnica, un cambio en el nivel de voltaje de cero voltios a +15 voltios representa un 1 binario en la cadena del mensaje. Un cambio de cero voltios a -15 representa un cero binario. En el extremo receptor, los adaptadores LAN utilizan un dispositivo denominado bucle digital de bloqueo de fase, contenidos normalmente dentro de conjunto de chips, para traducir cada cambio en el nivel de voltaje como un bit en la corriente digital.

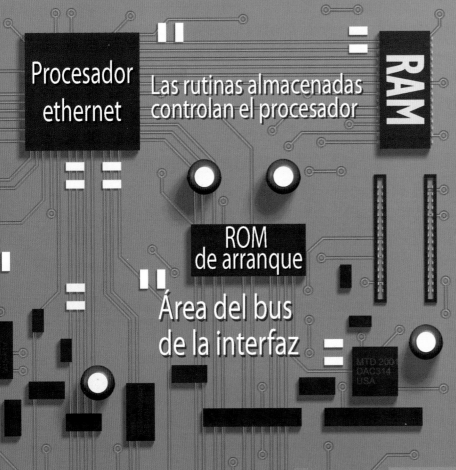

Procesador ethernet

Las rutinas almacenadas controlan el procesador

RAM

ROM de arranque

Área del bus de la interfaz

MTD 200
DAC314
USA

32 corrientes paralelas de datos

**5** La técnica que los adaptadores utilizan para controlar el acceso al cable y el tipo de conectores de cable son atributos de la arquitectura de red, como Ethernet o Token-Ring. Describiremos esas arquitecturas más en profundidad en las páginas siguientes, pero debería saber que tendrá que comprar adaptadores con los conectores adecuados y los protocolos pertinentes para acceder al cable de red.

**6** El procesador utiliza una serie de sus propias ubicaciones de almacenamiento temporal especializadas denominadas registros de desplazamiento para transformar los datos paralelos en una corriente de datos en serie. La corriente de datos en serie se empaqueta en grupos de una longitud específica (normalmente marcos de 1.518 bytes) que se transmiten a través del cable.

# Cómo funcionan los adaptadores de tarjeta

**1** Los ordenadores portátiles con frecuencia utilizan adaptadores LAN del tamaño de una tarjeta de crédito que encajan en ranuras de accesorios especiales. Los estándares para estos adaptadores han cambiado y los nombres de estos estándares se han modificado de forma drástica, por lo que en ocasiones resulta difícil seguirles la pista. PCMCIA son las iniciales de *Personal Computer Memory Card International Association* (Asociación Internacional de Tarjetas de Memoria para Ordenadores personales). PCMCIA es el estándar global para las ranuras de expansión en ordenadores portátiles, PDA y otros dispositivos de pequeño tamaño. Cardbus es una versión evolucionada de PCMCIA y casi todas las nuevas tarjetas de red se adaptan al estándar Cardbus. Bajo este estándar, las tarjetas Cardbus Tipo II (grosor único) pueden soportar la banda ancha hasta 50 Mbps, mientras que las tarjetas de Tipo III (doble grosor) soportan 100 Mbps de banda ancha. En comparación, las tarjetas PCMCIA estándar soportan sólo unos 8 Mbps. Las ranuras Cardbus son compatibles con tarjetas PCMCIA, pero las tarjetas Cardbus necesitan ranuras Cardbus para conseguir un rendimiento óptimo.

**2** Los dispositivos Cardbus y PCMCIA utilizan enchufes y conexiones de 68 pines para vincularse al dispositivo principal. Un controlador especializado dentro del dispositivo principal gestiona la ranura de la tarjeta y ayuda a identificar la tarjeta de forma que el sistema operativo pueda cargar los drivers adecuados.

Funda de la tarjeta

WiFi, AirPort 802,11b

Interfaz del bus

Combinado Ethernet/ Módem

Se comunica a través de radio digital a 2,4 GHz

Interfaz del bus

RAM

RAM

Procesador Inalámbrico

Interfaz de radio digital

Bluetooth

Interfaz del bus

RAM

Procesador Bluetooth

Interfaz de radio digital

Se comunica a través de radio digital a 2,4 GHz

**3** Los circuitos específicos de aplicación integrados en la tarjeta incluyen el control de potencia, la memoria, los registros de desplazamiento, el control de entrada/salida, y las capacidades de procesamiento de datos. Como muestra este ejemplo, el alto nivel de integración hace que sea posible combinar funciones como una tarjeta de red y un módem en el mismo adaptador. Este procesador recibe instrucciones de procesos que se ejecutan en el ordenador principal para recuperar datos procedentes de los contenidos de ubicaciones de memoria compartida específicas dentro del ordenador principal. Estas ubicaciones de memoria guardan datos empaquetados de acuerdo con protocolos específicos tales como TCP/IP. La tarjeta de red utiliza el bus de expansión rápida del ordenador para acceder a la memoria compartida como datos paralelos.

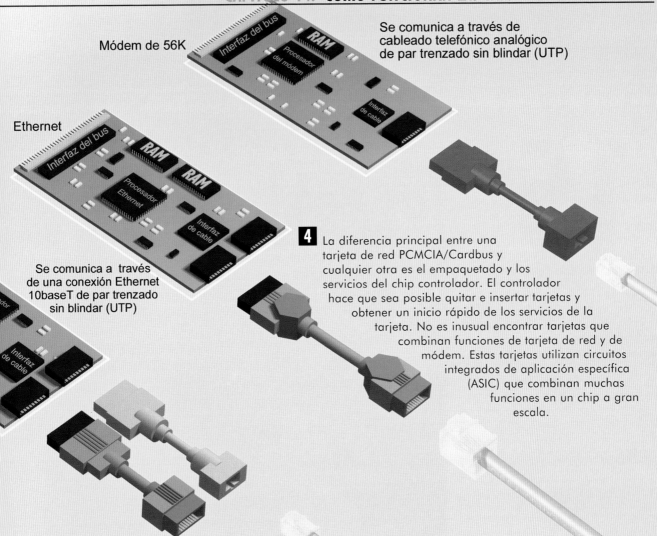

Módem de 56K

Se comunica a través de cableado telefónico analógico de par trenzado sin blindar (UTP)

Ethernet

Se comunica a través de una conexión Ethernet 10baseT de par trenzado sin blindar (UTP)

**4** La diferencia principal entre una tarjeta de red PCMCIA/Cardbus y cualquier otra es el empaquetado y los servicios del chip controlador. El controlador hace que sea posible quitar e insertar tarjetas y obtener un inicio rápido de los servicios de la tarjeta. No es inusual encontrar tarjetas que combinan funciones de tarjeta de red y de módem. Estas tarjetas utilizan circuitos integrados de aplicación específica (ASIC) que combinan muchas funciones en un chip a gran escala.

**5** Una de las cosas más interesantes sobre el empaquetado de los adaptadores PCMCIA/Cardbus es la forma en la que varias compañías manejan las conexiones de cable. Si el diseñador pone conectores de tamaño completo en la tarjeta, la segunda ranura está bloqueada para muchos tipos de tarjetas. Algunas compañías tienen jacks desplegables o extensiones de cable especiales que hacen posible que se tenga una conexión de cable y seguir disponiendo de la segunda ranura.

# Cómo funcionan los cables de red

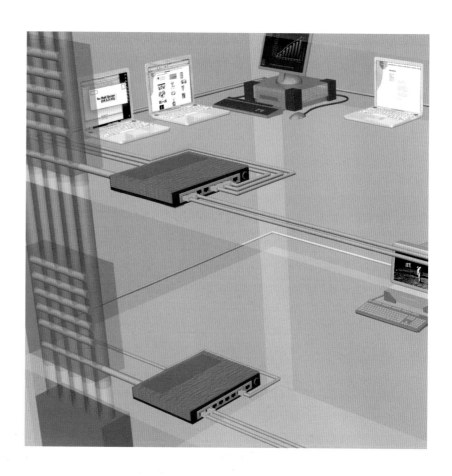

A mediados de los noventa, la industria de redes se decidió por Ethernet como el estándar común para las redes de área local. Antes de ese momento, ARCnet y Token-Ring competían con Ethernet. Todavía puede encontrar ARCnet en algunas tiendas y hay aplicaciones de alta fiabilidad como las de agencias de corredores de bolsa que utilizan Token-Ring. Curiosamente, han surgido nuevos estándares para el cableado que invalidan los estándares de cada esquema de redes. En las páginas siguientes mostramos las configuraciones clásicas de cableado asociadas con cada esquema, e ilustraremos asimismo el sistema de cableado estructurado que ha superado a las configuraciones clásicas.

El cable de red, o medio, es una única hebra de cobre o vidrio que une todos los nodos de la red, pero que sólo puede transportar las señales procedentes de una tarjeta de red cada vez. Cada arquitectura LAN necesita un esquema de control de acceso a medios (MAC) de forma que los adaptadores puedan hacer turnos al transmitir al cable.

En una red Ethernet, los adaptadores comparten el cable común escuchando antes de transmitir y transmitiendo sólo durante un descanso en el tráfico, cuando el canal está silencioso, una técnica denominada CSMA/CD (*carrier-sense multiple access with collision detection*, portador con acceso múltiple y detección de colisión). En la parte de detección de colisión del sistema, si dos estaciones empiezan a transmitir a la vez, se detectan, se detienen y vuelven a intentarlo.

Los adaptadores Token-Ring utilizan un esquema de control mucho más complejo que da paso de señales (*token-passing*). Los adaptadores Token-Ring necesitan permiso para transmitir en un sistema de cable que forma un bucle eléctrico completo. Bajo esta técnica, los adaptadores activos negocian para determinar un adaptador principal (master). El adaptador principal inicia un mensaje especial denominado señal libre. Cuando una tarjeta de red recibe una señal libre, la convierte en un paquete de datos y lo envía a la siguiente estación para que vuelva a colocarse. Después de que la tarjeta de red receptora recibe el mensaje y la convierte en la tarjeta de red originaria, la tarjeta inicia una nueva señal libre y el proceso vuelve a comenzar.

Los adaptadores ARCnet utilizan un esquema de control de alguna forma similar. Un adaptador principal, designado por el número más alto configurado en un adaptador, mantiene una tabla de todos los adaptadores activos e interrogan a cada adaptador por turno, dándole permiso para transmitir.

Hasta mediados de los noventa cada esquema de red tenía su propio tipo de cable especializado. Las nuevas instalaciones utilizan cables y conectores estándar. Ethernet prácticamente ha escamoteado la victoria sobre Token-Ring y ARCnet, pero todavía existen muchos esquemas más antiguos. Algunos adaptadores LAN que siguen en activo tienen conectores para varios tipos de cables. Las instalaciones Ethernet más antiguas usan cable coaxial y conectores T. Otros tienen conectores de tomas de 15 pines para transmisores-receptores externos más complejos, como los de fibra óptica. Los adaptadores Token-Ring tienen un conector de 9 pines para cable STP. Sin embargo, el cable UTP se ha convertido en el estándar para todas las instalaciones modernas, e incluyen un jack rectangular de plástico similar a los que se encuentran en los teléfonos.

Las instalaciones de cable modernas cumplen con las especificaciones de sistemas de cableado estructurados redactadas por Electronic Industries Association y Underwriters Laboratories. Esta arquitectura utiliza cable sin un protector externo de trenzado de cobre, pero cada par de cables está enroscado entre sí en aproximadamente seis cruces por pulgada. Estos giros cancelan las corrientes eléctricas, absorbidas desde los cables de potencia y otras fuentes externas, que pueden enmascarar las señales de red. Los sistemas de cableado estructurado mejoran la fiabilidad de la utilización de recorridos especializados de cable desde cada nodo al hub de cableado central. El hub o el switch desconecta de forma automática las tarjetas de red de mal funcionamiento y los recorridos de cable defectuosos de forma que no degraden el resto de la red.

Los sistemas de cable UTP están clasificados según categorías establecidas por la Electronic Industries Alliance/Telecommunications Industry Association (EIA/TIA) que describen la calidad de los componentes y las técnicas de instalación. La categoría 5 es la especificación mínima típica. Las especificaciones de las categorías 6 y 7 existen, pero no se instalan de forma genérica. Los adaptadores de red evolucionaron para hacer más con menos. Los adaptadores Gigabit modernos de Ethernet pueden utilizar de forma fiable cableado de categoría 5 en distancias razonables. Hoy en día, las opciones se encuentran entre cableado de categoría 5 o fibra. Se prefiere la fibra sólo en recorridos de más de cien metros y en entornos de edificios con ruido eléctrico extremo.

Estos estándares de cable describen el tamaño de los cables, el espaciado, la posición, el aislamiento y la construcción de los conectores. Estos factores controlan características eléctricas tales como la resistencia, la capacidad y la inductancia que, a su vez, afectan a la degradación de las señales a medida que viajan a través del cable. También controla la vulnerabilidad frente a superposición del sonido (corrientes eléctricas entre cables dentro del mismo cable) y a campos eléctricos externos causados por cables eléctricos, motores, relés, transmisores de radio y otros dispositivos.

Las tarjetas de red de fibra óptica leen los impulsos de luz láser. Son ya tan sofisticadas que pueden distinguir entre grupos de color, de forma que los diseñadores de redes pueden crear subredes en el mismo cable dividiéndolos en bandas de color.

El sistema operativo de red y las tarjetas de red pueden cambiarse en cuestión de horas. Sin embargo, el cambio del cableado necesita semanas de trabajo. La selección y la instalación del cable son pasos importantes en el diseño de una red que le sirva de forma económica y fiable durante años. Estudie las opciones y especifique detenidamente sus necesidades.

# Cable UTP

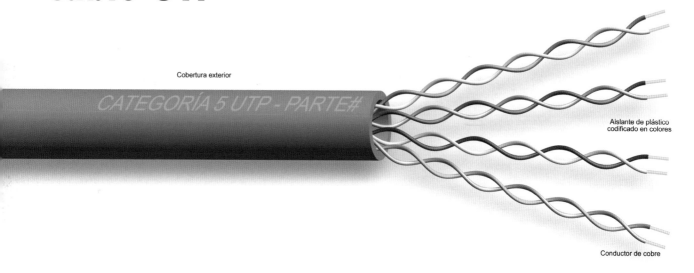

Cobertura exterior

CATEGORÍA 5 UTP - PARTE#

Aislante de plástico
codificado en colores

Conductor de cobre

El cable cruzado sin blindaje (UTP) combina típicamente cuatro pares de cable dentro de la misma
cubierta protectora. El par cruzado sin blindaje externamente se parece a un cable de teléfono normal, pero el cable de teléfono carece del cruce y de otras características necesarias para transportar
datos. Cada par está cruzado con un número de cruces distinto por pulgadas. El cruce cancela el
ruido eléctrico de los pares adyacentes y de otros dispositivos tales como motores, relés, transforma-
dores y reduce la cantidad de superposición de sonido o interferencia mutua procedente de señales
que viajan en pares de cable diferentes.

En instalaciones típicas Ethernet de 10 o 100 megabits por segundo, el par azul y blanco/azul y el
par verde y blanco/verde son los únicos utilizados. Cada adaptador de red transmite utilizando señales compuestas de más y menos voltajes impuestos en los cables naranja/verde y recibe señales de
voltajes impuestos en los cables blanco/verde y blanco/naranja. En la mayoría de las instalaciones, el
resto de los cables se utilizan como repuestos. Las instalaciones Ethernet Gigabit utilizan todos los
cables. El cable UTP atenúa las señales y no aísla del ruido de forma tan eficaz como los cables con
blindaje o el cable de fibra óptica, pero su campo de aproximadamente 100 metros cumple con la
mayor parte de las necesidades locales de red. UTP se produce en grandes cantidades sin caros
trenzados ni blindaje, por lo que es muy asequible.

Conector RJ-45

VELOCIDAD Y RENDIMIENTO

SUFICIENTEMENTE
RÁPIDOS

LONGITUD MÁXIMA DEL CABLE

CORTA

TAMAÑO DE MEDIOS Y CONECTOR

PEQUEÑO

PRECIO MEDIO POR NODO

EL MÁS
BARATO

# Cable coaxial

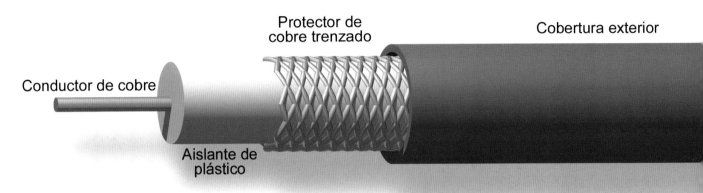

Protector de
cobre trenzado

Cobertura exterior

Conductor de cobre

Aislante de
plástico

El cable coaxial se denomina así porque los dos conductores, un cable central y un protector trenzado de cobre, comparten el mismo eje central, por lo que son coaxiales. Este cable se basa en la trenza de cobre para blindar el conductor central de las corrientes eléctricas externas. Un aislante de plástico grueso separa el conductor central del blindaje y mantiene a los dos conductores separados a una distancia específica. Una cubierta externa cubre la trenza de cobre.

Las especificaciones Ethernet y ARCnet incluyen cable coaxial, pero cada una requiere un tipo distinto de cable. Estos esquemas de señalización imponen señales como voltajes positivos y negativos entre el conductor central y el blindaje exterior. El cable coaxial es pesado, y utiliza una gran cantidad de materiales, pero se fabrica en cantidades tan grandes para su utilización en los sistemas de radio que el coste global es moderado. Dispositivos especiales denominados dispositivos de línea puede enviar datos a cientos de megabits por segundo en miles de centímetros por el cable coaxial. Esta técnica se utiliza para cruzar campus con redes informáticas y para extender servicios tales como DSL a los vecindarios. Como directriz general, el ratio máximo de datos es inversamente proporcional al cuadrado de la distancia: puede conseguir un cuarto del ratio de datos a dos veces la distancia.

Conector BNC

SUFICIENTEMENTE
RÁPIDOS

MEDIA

MEDIO

BARATÍSIMO

# Cable STP

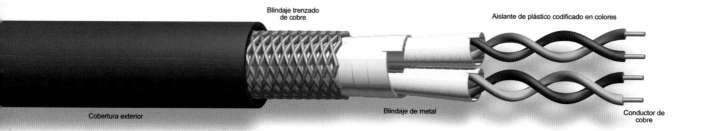

Blindaje trenzado de cobre

Aislante de plástico codificado en colores

Cobertura exterior

Blindaje de metal

Conductor de cobre

El diseño original del sistema de red Token-Ring tenía como objetivo una fiabilidad extremadamente alta. La especificación inicial llamada para el cable STP utiliza un trenzado de cobre, una envoltura de metal y un trenzado interno de pares para proporcionar un alto nivel de protección de la corriente eléctrica externa. Sin embargo, esta combinación crea un cable de alto coste. Los adaptadores Token-Ring más nuevos utilizan UTP y funcionan bien en todos los entornos, excepto en los entornos de ruido eléctrico más hostiles.

En el cable STP, las señales se mueven entre los cables en pares. El blindaje no es parte del circuito de señalización. STP necesita grandes conectores para acomodar la señal y para terminar de forma adecuada el blindaje. El rango de este cable está limitado por la especificación de red de la temporización de la señal, no por la atenuación de las señales por parte del cable. A causa del coste y la cantidad de STP, las conexiones de datos a larga distancia normalmente se llevan a cabo a través de fibra óptica o de cable coaxial.

Conector de datos IBM

**MUY RÁPIDOS**

**CORTA**

**GRANDE**

**CARO**

# Conector de fibra óptica

Material de refuerzo Kevlar

Cobertura exterior

Fibra de vidrio y revestimiento

Blindaje de plástico

El cable de fibra óptica consta de fibras Kevlar (por fuerza) y una capa de refuerzo de plástico que rodea un filamento de vidrio. Como las señales que transporta son impulsos de luz conducidos a través de hilos de vidrio, los cables de fibra óptica no se ven afectados por las corrientes eléctricas externas. Los conectores especiales crean una conexión óptimamente pura a la fibra de vidrio y proporciona una ventana para los transmisores láser y los receptores ópticos. Como están libres de interferencias, los impulsos de luz viajan grandes distancias sin pérdida apreciable de fuerza.

Cada hilo de vidrio pasa señales en una sola dirección, por lo que un cable tiene dos hilos en coberturas separadas. Los cables de fibra óptica pueden transportar datos a altas velocidades de señal en grandes distancias. Los diseñadores pueden reducir la velocidad por una mayor distancia, y los avances parecen venir con regularidad semianual, pero ahora es posible transmitir cientos de megabits por segundo a través de cientos de millas. El reto principal en la utilización de la fibra óptica es el coste de los conectores y la dificultad en fabricar las conexiones y uniones a causa de la necesidad de la alineación precisa de las fibras.

LOS MÁS RÁPIDOS

MUY LARGA

Conector de fibra óptica

MUY PEQUEÑO

EL MÁS CARO

# Cómo funcionan las redes Ethernet

Conector T
con terminador

Terminador

Conector T

Conector
BNC

**1** En una red Ethernet, los adaptadores comparten el mismo cable común escuchando antes de transmitir y transmitiendo sólo durante un descanso en el tráfico, cuando el canal está silencioso, una técnica denominada CSMA/CD. Las redes Ethernet pueden tener distintos esquemas de cableado diferentes. En la parte izquierda, puede ver ordenadores conectados por un cable que va de una tarjeta de red a otra tarjeta de red. El bus lineal o la configuración Thin de Ethernet ahorra cable y es fácil de instalar en pequeños grupos, pero si el cable se rompe en cualquier punto, crea problemas en el funcionamiento en red de todos los ordenadores de ese cable. Thin Ethernet utiliza un conector coaxial en forma de T en cada tarjeta de red. Cada extremo del cable coaxial tiene un terminador que absorbe las señales cuando alcanzan los extremos del cable y evitan su reflexión.

Conector T

**2** En un bus lineal, los ordenadores comparten el cable utilizando una técnica denominada CSMA. Si la tarjeta de red siente las señales en el cable, espera a que haya un periodo silencioso para transmitir. Como la naturaleza del tráfico de red es llevarse a cabo en ráfagas, la mayoría de los sistemas de cable tienen casi un 90% de momentos silenciosos, por lo que CSMA es un sistema adecuado en redes típicas.

Conector T

Cable coaxial
Thin Ethernet

**3** En la parte derecha, puede ver que cada estación de red tiene una conexión directa al punto central. Hasta finales de los noventa, este dispositivo central se denominada hub. El hub era simplemente un práctico dispositivo físico para crear conexiones. Si un cable se rompía o se acortaba, el hub podía aislarlo de la red para evitar una interrupción total. A mediados de los noventa, resultó económico utilizar switches en esta posición en lugar de simples hubs.

Tarjeta de red de PC

Hub

**4** A finales de los noventa, el coste de los dispositivos centralizados denominados switches cayó hasta el punto de que no tenía sentido comprar hubs. Los switches llevan a cabo un tráfico so-fisticado de los paquetes Ethernet basándose en la dirección de destino. Un switch denominado MAC dirige cada dispositivo conectado y envía un paquete al único dispositivo de destino. En consecuencia, la forma de compartir CSMA es menos importante y la carga global de la red disminuye de forma significativa. En este ejemplo, el switch se conecta al bus lineal Ethernet del cable coaxial y tiene una tira de conectores para el cable UTP.

Cable UTP utilizado en 10Base-T, 100Base-T, y cofiguraciones Ethernet de gigabits.

**5** La configuración Ethernet que utiliza cable UTP se conoce como 10BASE-T porque usa una velocidad de señal de 10 megabits por segundo (Mbps), corriente directa o banda base, señalización y par de cables trenzados. Esta configuración utiliza un hub con un circuito especial para aislar segmentos de mal funcionamiento de la red. El cable UTP utiliza un pequeño conector de plástico denominado conec-tor RJ-45 en cada extremo del cable. Las redes Ethernet Gigabit utiliza el mismo cableado UTP con hubs y adaptado-res mejorados.

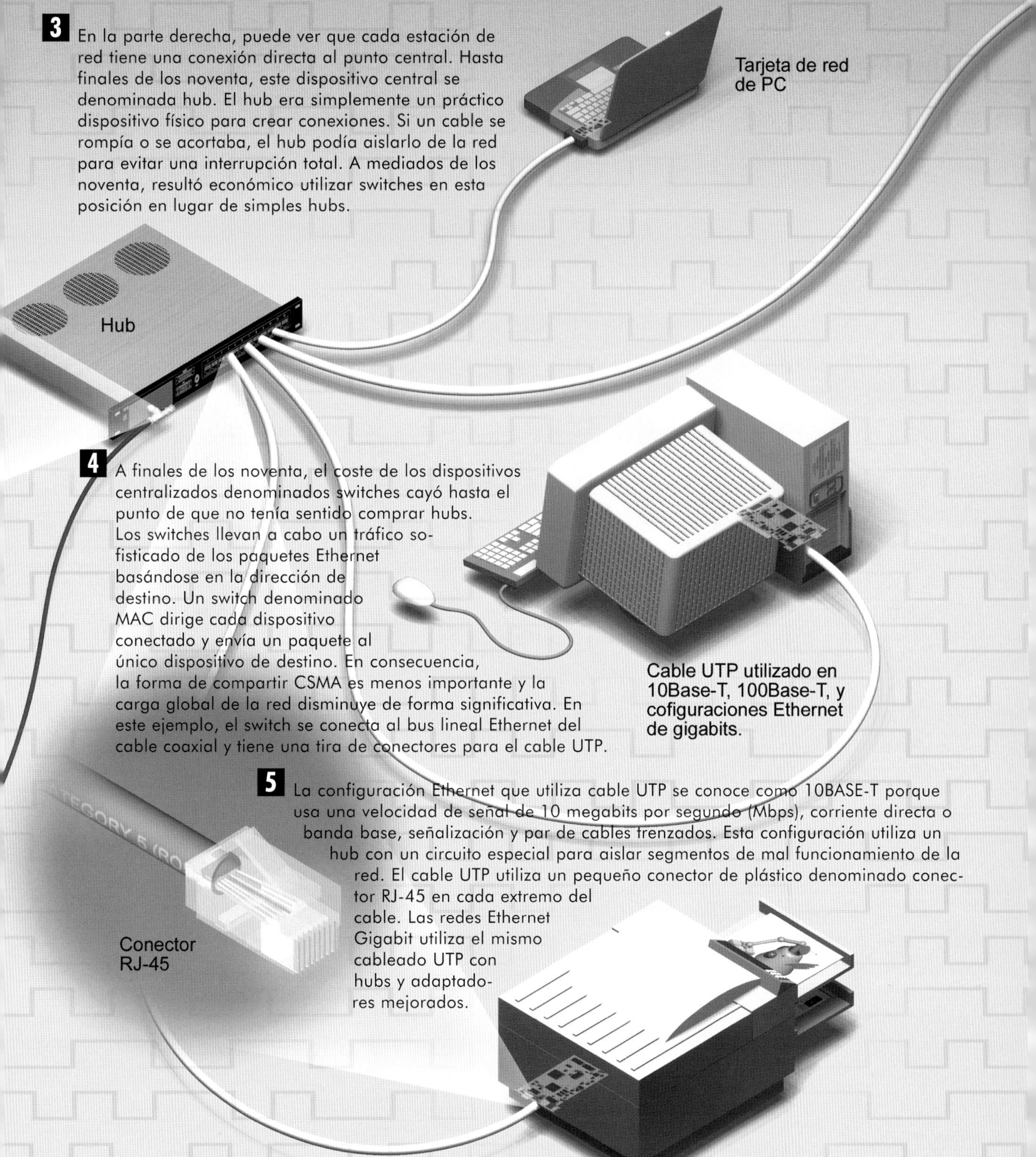

Conector RJ-45

# Cómo funcionan las redes Token-Ring

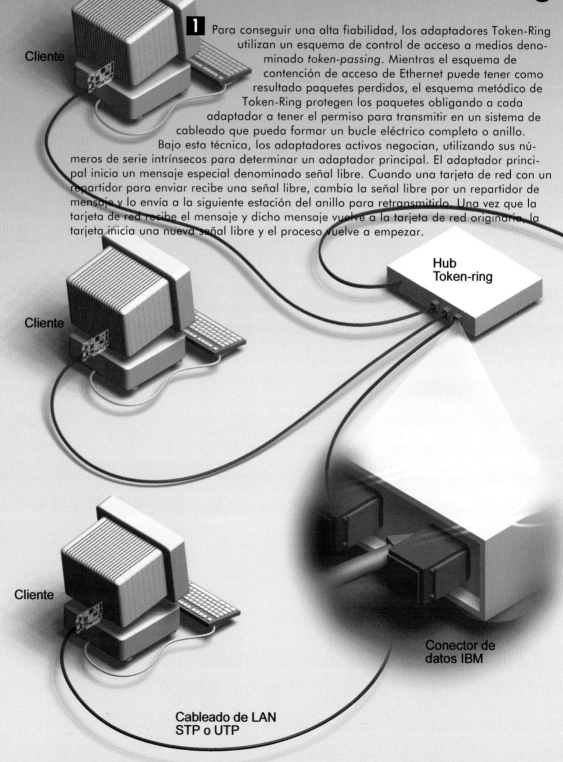

**1** Para conseguir una alta fiabilidad, los adaptadores Token-Ring utilizan un esquema de control de acceso a medios denominado *token-passing*. Mientras el esquema de contención de acceso de Ethernet puede tener como resultado paquetes perdidos, el esquema metódico de Token-Ring protegen los paquetes obligando a cada adaptador a tener el permiso para transmitir en un sistema de cableado que pueda formar un bucle eléctrico completo o anillo.

Bajo esta técnica, los adaptadores activos negocian, utilizando sus números de serie intrínsecos para determinar un adaptador principal. El adaptador principal inicia un mensaje especial denominado señal libre. Cuando una tarjeta de red con un repartidor para enviar recibe una señal libre, cambia la señal libre por un repartidor de mensaje y lo envía a la siguiente estación del anillo para retransmitirlo. Una vez que la tarjeta de red recibe el mensaje y dicho mensaje vuelve a la tarjeta de red originaria, la tarjeta inicia una nueva señal libre y el proceso vuelve a empezar.

Cliente

Cliente

Cliente

Hub
Token-ring

Conector de
datos IBM

Cableado de LAN
STP o UTP

**2** Esta red Token-Ring tiene una red con dos hubs de cableado físicamente separados. Los hubs, conectados por cable de fibra óptica, pueden estar a miles de metros de distancia. Los ordenadores y otros dispositivos en red, conectados por cables STP o UTP deben estar a aproximadamente 30 metros del hub de cableado. Los paquetes de datos se mueven de nodo a nodo en círculo, pero el cableado está en configuración de estrella. El anillo real en una red Token-Ring existe dentro de los hubs de cableado.

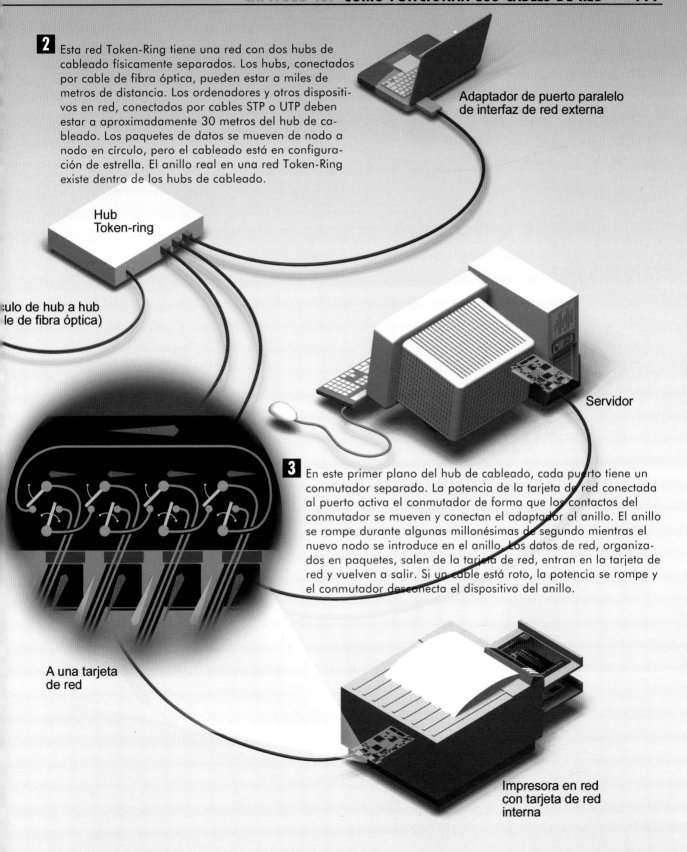

Adaptador de puerto paralelo de interfaz de red externa

Hub Token-ring

:ulo de hub a hub le de fibra óptica)

Servidor

**3** En este primer plano del hub de cableado, cada puerto tiene un conmutador separado. La potencia de la tarjeta de red conectada al puerto activa el conmutador de forma que los contactos del conmutador se mueven y conectan el adaptador al anillo. El anillo se rompe durante algunas millonésimas de segundo mientras el nuevo nodo se introduce en el anillo. Los datos de red, organizados en paquetes, salen de la tarjeta de red, entran en la tarjeta de red y vuelven a salir. Si un cable está roto, la potencia se rompe y el conmutador desconecta el dispositivo del anillo.

A una tarjeta de red

Impresora en red con tarjeta de red interna

# Cómo funcionan los sistemas de cableado estructurado

Armario de cableado

Router

Armario de cableado

Router

Armario de cableado

Router

Unidad de distribución central

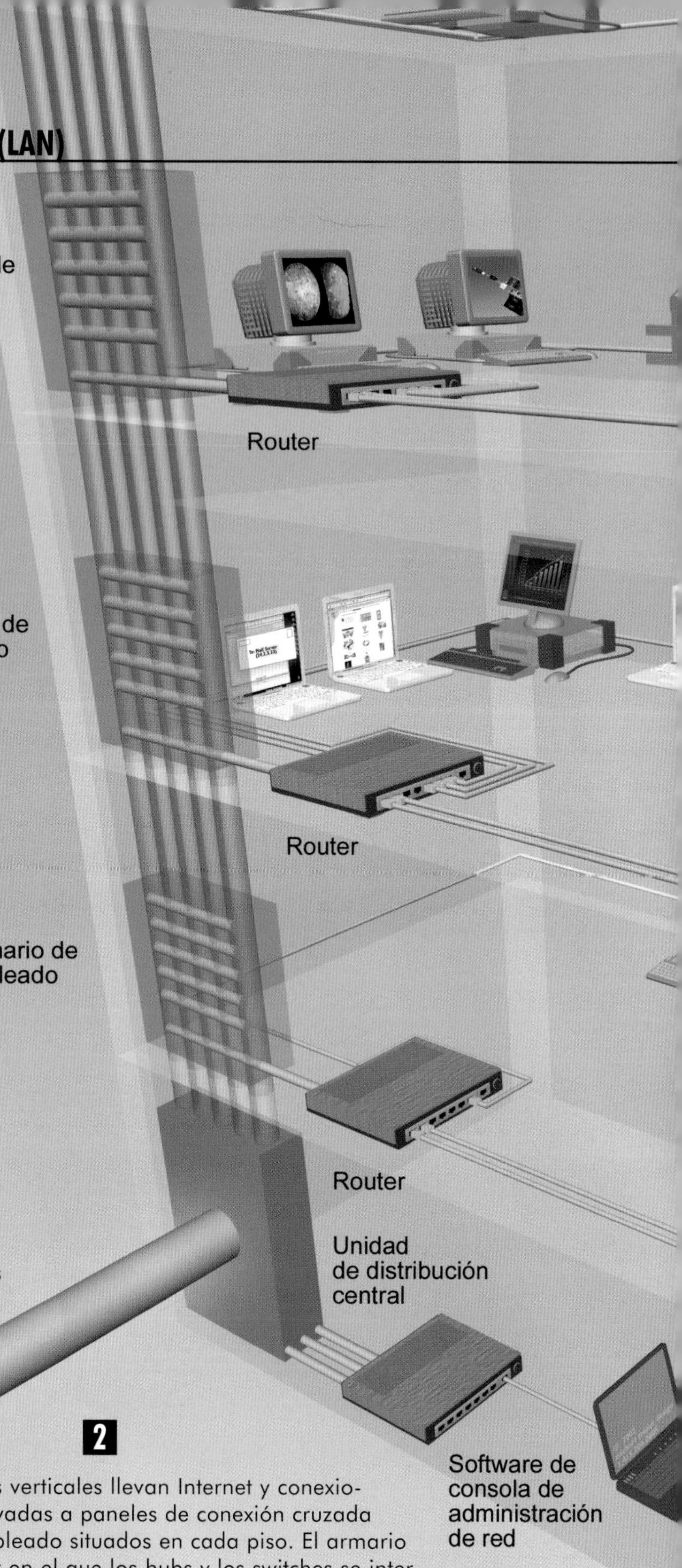

**1** Una red nunca es más fiable o más eficaz de lo que su sistema de cableado le permite ser. El trabajo y los materiales invertidos en un sistema de cable pueden hacer que sea la parte más cara de una red moderna. Todas las instalaciones de red de cualquier tamaño utilizan un sistema de cableado estructurado porque proporciona una forma estandarizada de cablear un edificio para todo tipo de redes. Si comprende cómo funciona este sistema estructurado, podrá entender mejor cómo su red se adecua a su edificio.

**3** La unidad de distribución principal (MDF) conecta todo el cableado interior del edificio y proporciona una conexión de interfaz a los circuitos procedentes de fuentes externas tales como el teléfono local y las empresas que suministran servicio de Internet. El punto de la interfaz está equipado con protectores de subidas de tensión para proteger el cableado del edificio.

**2**

Software de consola de administración de red

Los cables verticales llevan Internet y conexiones de red privadas a paneles de conexión cruzada en armarios de cableado situados en cada piso. El armario de cableado es el lugar en el que los hubs y los switches se interconectan con los cables horizontales que salen al suelo de la oficina. Los cables verticales que se conectan a los pisos del edificio necesitan tener una cobertura especial resistente a las llamas para estar protegidos del fuego y del humo y con frecuencia son cables de fibra óptica, por lo que tienen una mayor resistencia a interferencias eléctricas externas.

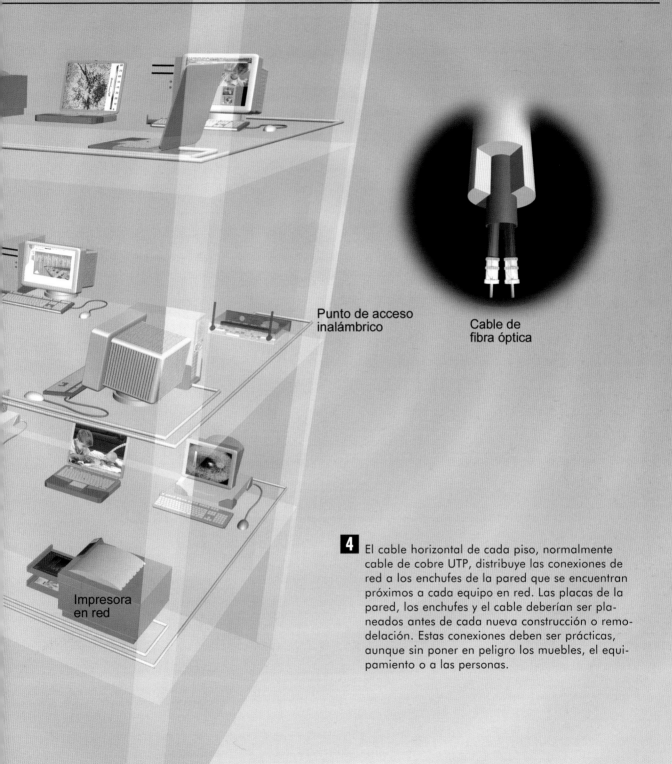

Punto de acceso
inalámbrico

Cable de
fibra óptica

Impresora
en red

**4** El cable horizontal de cada piso, normalmente cable de cobre UTP, distribuye las conexiones de red a los enchufes de la pared que se encuentran próximos a cada equipo en red. Las placas de la pared, los enchufes y el cable deberían ser planeados antes de cada nueva construcción o remodelación. Estas conexiones deben ser prácticas, aunque sin poner en peligro los muebles, el equipamiento o a las personas.

# Cómo funcionan los conectores UTP

El tipo de conectores RJ-45 utilizados en planes de cable UTP estructurado son los vínculos más débiles del sistema. Le resultará útil saber cuál es el aspecto de un conector adecuado. También será de utilidad poder distinguir un conector normal de un conector cruzado utilizado en un cable de interconexiones. Los conectores RJ-45 típicamente utilizados en planes de cableado estructurado siguen un esquema de color específico especificado por el estándar 568-B de la EIA. Cuando observa un conector con la pestaña en la parte más alejada de usted, el pin 1 está en la parte superior. El código del cable utiliza los términos "tip" y "ring" denominaciones que vienen de los primeros tiempos del teléfono. En la actualidad se refieren a los cables positivo (Tip) y negativo (Ring) de cada par. Ethernet de 10 Mbps utiliza los pares 1 y 3. Los pares restantes quedan libres y puede que no estén presentes en todos los cables.

## Conector en una estación de cable EIA 568-B estándar

El esquema correcto de color es:

Pin 1: Par 2 Tip blanco/naranja

Pin 2: Par 2 Ring naranja/blanco

Pin 3: Par 3 Tip blanco/verde

Pin 4: Par 1 Ring azul/blanco

Pin 5: Par 1 Tip blanco/azul

Pin 6: Par 3 Ring verde/blanco

Pin 7: Par 4 Tip blanco/marrón

Pin 8: Par 4 Ring Marrón/blanco

Puede que algunas conexiones de red necesiten una configuración diferente. Esto resulta particularmente cierto en conexiones directas que típicamente pasan a través de un switch, como entre dos ordenadores o entre un router y un ordenador. Estas conexiones realizadas sin hub o switch utilizan un cable cruzado. Como el nombre implica, los pares de cables se cruzan en un extremo del cable para mantener las conexiones de cables positivos y negativo adecuadas. La mayoría de los cables cruzados están marcados como tales en sus protecciones. Siempre puede distinguirlos comparando los conectores en cada extremo del cable. Si ambos conectores siguen el patrón estándar de color, se trata de un cable de estación normal. Pero, si los conectores del extremo tienen secuencias de color distintas entre sí, es probable que se trate de un cable cruzado. Puede observar rápidamente que el cable naranja está fuera de lugar.

## Conector en un cable cruzado

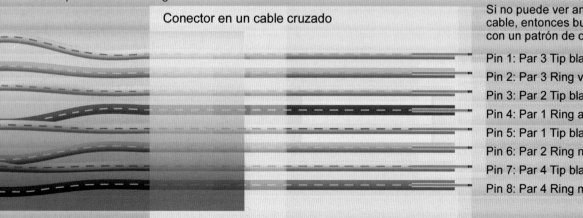

Si no puede ver ambos extremos del cable, entonces busque un conector con un patrón de cable como éste:

Pin 1: Par 3 Tip blanco/verde

Pin 2: Par 3 Ring verde/blanco

Pin 3: Par 2 Tip blanco/naranja

Pin 4: Par 1 Ring azul/blanco

Pin 5: Par 1 Tip blanco/azul

Pin 6: Par 2 Ring naranja/blanco

Pin 7: Par 4 Tip blanco/marrón

Pin 8: Par 4 Ring marrón/blanco

Con frecuencia es más económico y práctico crear nuestros propios cables y conectores. Muchas tiendas venden bolsas de conectores, cable en rollo y herramientas. Las tres herramientas que necesita son:

- Separador de cable.
- Cúter de cable.
- Crimpadora.

Éstos son los cables para crear su propia estación y cables cruzados:

Utilice un separador de cable para eliminar aproximadamente 2,5 centímetros de la cobertura exterior del cable.

Elimine la fibra de poliéster subyacente con el cúter de cable.

Separe y alise los pares de cable de forma que tenga ocho cables individuales, y organícelos de la forma correcta.

Recorte los cables de forma que salgan aproximadamente 1,5 cm de la cobertura del cable.

Coloque el conector RJ-45 encima de los cables de forma que permanezcan en el orden correcto. La cobertura del cable debería extenderse aproximadamente 0,5 cm en el conector.

Inserte el conector en la crimpadora sin permitir que ninguno de los cables salgan del conector.

Apriete la crimpadora con firmeza una vez y hágalo de nuevo una segunda vez.

# 16

# Cómo funcionan las redes inalámbricas

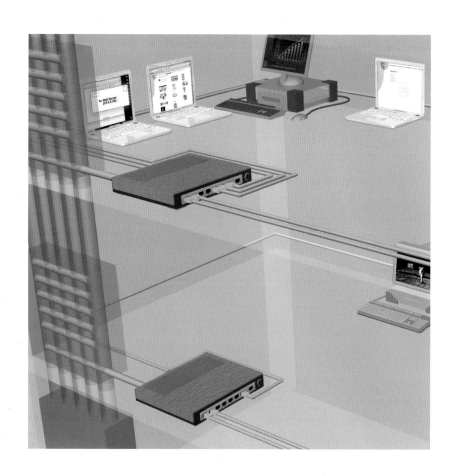

**LOS** ordenadores son cada año más pequeños, más ligeros, más portátiles y menos caros. Y cada año, los usuarios informáticos confían más en las redes, y en Internet en particular, como fuentes de información y comunicación. Para muchos usuarios domésticos y profesionales, la conexión de red ha pasado a tener tanta importancia como el propio ordenador.

Los ordenadores portátiles y las PDA actuales pueden funcionar durante muchas horas e incluso durante varios días con una batería, por lo que están libres de las limitaciones físicas del cable de corriente alterna. Pero hasta hace poco, los dispositivos informáticos portátiles con frecuencia permanecían atados a un lugar, puesto que su movilidad se veía limitada a la longitud del cable Ethernet.

Las redes inalámbricas han traído la libertad de utilizar su ordenador siempre y donde quiera. Los productos inalámbricos en red de hace sólo algunos años consumían mucha energía y eran lentos, caros y poco fiables. No resulta sorprendente que los primeros en adquirir estos productos fueran empresas y universidades.

Gracias a la enorme demanda por parte de los consumidores de redes inalámbricas mejores, los usuarios pueden ahora elegir entre una amplia variedad de productos inalámbricos baratos que ofrecen velocidades de conexión, seguridad y fiabilidad que resultan ser competencia directa de las ofrecidas por redes por cable. Las redes inalámbricas son tan omnipresentes que muchos portátiles y PDA vienen con adaptadores de red inalámbrica incluidos como equipamiento estándar, e Intel fabrica toda una línea de chips CPU de portátil con redes inalámbricas incorporadas.

Los primeros productos inalámbricos se diseñaron para proporcionar conexión en red a usuarios de ordenadores corporativos dentro de un área pequeña y bien definida (siendo lo más frecuente la conexión dentro de los límites de una sala de conferencias o de reuniones). Como suele ser el caso con las nuevas tecnologías, varios fabricantes ofrecieron sistemas de red inalámbricos, pero no compatibles, como competencia. Finalmente, los mayores fabricantes de equipamiento inalámbrico adoptaron un estándar común de interfuncionamiento denominado Wi-Fi (abreviatura de *Wireless Fidelity*).

Los primeros sistemas inalámbricos con frecuencia costaban 800 euros o más por sala, más 500 euros adicionales por ordenador para adquirir las tarjetas de red inalámbricas necesarias. A pesar de los altos costes, muchos usuarios domésticos descubrieron que las redes inalámbricas eran justo lo que necesitaban para compartir su conexión a Internet, sus archivos y sus impresoras entre varios ordenadores dentro de sus casas.

Los fabricantes de equipamiento rápidamente se dieron cuenta de que existía una enorme demanda de redes domésticas inalámbricas, y no sólo en usuarios de portátiles. Durante años, los principales fabricantes de equipamiento de red han tratado de entrar en el mercado doméstico, pero la dificultad y el gasto implícito en la colocación de cables Ethernet dificultaron las ventas de redes domésticas. Las redes inalámbricas no necesitan cables, por lo que se elimina un impedimento enorme para las ventas de redes domésticas. Además, como ventaja adicional, muchos usuarios informáticos corporativos ya tenían adaptadores inalámbricos para sus ordenadores portátiles que las empresas les habían proporcionado.

El resultado ha sido una avalancha de productos de red inalámbricos diseñados específicamente para el mercado doméstico. Muchos de estos productos son soluciones únicas que combinan un router/firewall para compartir la conexión a Internet, un pequeño switch Ethernet para conectar los ordenadores domésticos por cable, y un punto de acceso inalámbrico para conectar los portátiles y otros dispositivos inalámbricos. Estos productos están diseñados para que sean sencillos de configurar y operar, y son muy baratos, con frecuencia menos de 100 euros.

Ahora que lo inalámbrico ha llegado a nuestro lugar de trabajo y a nuestras casas, muchas compañías y organizaciones están extendiendo las redes inalámbricas al resto del mundo. Muchos aeropuertos, hoteles y cafeterías ofrecen en la actualidad conexiones de red inalámbricas. Algunas son gratuitas, otras tienen establecidas ciertas tarifas. No estamos seguros de cuál será el resultado económico de esta nueva oportunidad empresarial, pero sí estamos seguros de que el acceso inalámbrico público a Internet está aquí para quedarse.

La red de telefonía móvil original fue diseñada en AT&T durante la década de los sesenta, basándose en la tecnología de radio FM de la década de los treinta. Las primeras redes de móviles se desplegaron a principios de los ochenta, y la demanda de servicios de telefonía móvil excedió con mucho los pronósticos. Los fabricantes de equipamiento móvil respondieron a la demanda utilizando tecnologías de codificación digital. En comparación con la radio analógica FM, las tecnologías móviles digitales proporcionaban un servicio más claro y fiable a los usuarios. Estas tecnologías permitieron a los operadores de telefonía inalámbrica servir a más clientes con torres menos caras. Lo que es más importante, los servicios móviles digitales, proporcionan una mejor protección frente a la utilización fraudulenta y escuchas telefónicas que sus homólogos analógicos.

# Cómo funcionan las redes inalámbricas

**1** Los sistemas de red inalámbrica de área local (WLAN) van más allá del alcance de la red por cable para incluir portátiles o PDA inalámbricos dentro de una sala o edificio. Prácticamente todas las LAN inalámbricas funcionan utilizando uno de los varios estándares de la serie IEEE 802: 802.11a, 802.11b y 802.11g, colectivamente conocidos como estándares Wi-Fi. Estos estándares definen un método para transportar las señales de red Ethernet utilizando un vínculo de radio digital en vez de un cable Ethernet físico. Las LAN inalámbricas utilizan un dispositivo denominado punto de acceso que proporciona una cobertura inalámbrica para un área limitada. El punto de acceso proporciona un puente entre una LAN Ethernet existente y todos los ordenadores equipados con tecnología inalámbrica dentro del alcance del punto de acceso. Las redes Wi-Fi utilizan esquemas de codificación de datos complejos similares a los utilizados por los satélites GPS y las redes de telefonía móvil digital avanzada para enviar los datos a través del vínculo de la radio. Las radios en estos sistemas utilizan adaptaciones de cambio en la fase diferencial para imponer los datos a la señal de radio.

**Ordenador cliente**

**Dirección MAC: AA29**

**De acuerdo, ¡está en la lista!**

**3** Los puntos de acceso divulgan sus nombres e invitan a ordenadores clientes a unirse a ellos. Un solo punto de acceso puede conectarse a muchos clientes al mismo tiempo. Cada cliente tiene un único identificador denominado dirección MAC que permite al punto de acceso distinguir a los clientes. Si un cliente se encuentra dentro del alcance de varios puntos de acceso, elige el que tenga la mejor señal.

**2** El alcance de los puntos de acceso Wi-Fi varía, pero cada punto de acceso suele cubrir un radio de entre 60 y 70 metros, y con frecuencia mucho menos. Puede cubrir todo un edificio o campus utilizando múltiples puntos de acceso adscritos a la LAN.

**Punto de acceso inalámbrico**

**Clave de codificación**

**Clave aceptada**

**Conectado**

**Ordenador cliente**

**Corriente de datos codificados**

**5** La codificación de la red inalámbrica tiene dos formas: la antigua WEP (*Wired Equivalency Privacy*) y la novedosa WPA (*Wi-Fi Protected Access*). Ambas utilizan un algoritmo de codificación RC4, que se conoce como algoritmo de codificación de flujo. La codificación de flujo funciona utilizando operaciones matemáticas para crear una corriente de datos pseudoaleatoria desde una clave de 40 a 128 bits. El dispositivo de transmisión mezcla los datos de carga útil con la corriente pseudoaleatoria para producir una corriente de datos codificados. La codificación WEP tenía un punto débil en lo que se refiere a la seguridad que permitió que un hacker determinado descubriera la clave de codificación. WPA genera de forma automática un nueva y única clave de codificación de forma periódica para cada cliente, y lo hace varias veces por segundo. Esto hace que sea mucho más difícil acceder ilegalmente a una LAN inalámbrica protegida por WPA.

**Ordenador cliente**

**Ellos se comunican, yo espero**

**6** Como se puede deducir por el nombre, un repetidor inalámbrico extiende el alcance de una LAN existente. Lo hace escuchando todo el tráfico procedente de un punto de acceso específico mientras retransmite de forma simultánea los datos en otro canal. A la inversa, el repetidor escucha el tráfico procedente de los ordenadores clientes en un canal y retransmite los datos al punto de acceso en el propio canal del punto de acceso.

Punto de acceso
inalámbrico

**4** La seguridad a través de los vínculos inalámbricos es importante, por los que las LAN inalámbricas utilizan autentificación y codificación para mantener la seguridad. En la forma más sencilla y eficaz de autentificación, un punto de acceso se conectará sólo a clientes que tengan unos números de dirección MAC específicos. Las direcciones MAC se graban en los grupos de chips de la tarjeta adaptadora del cliente durante la fabricación, y son muy complicados de imitar. Esquemas más complicados de autentificación utilizan sistemas autentificación de clave pública, que incluyen tarjetas inteligentes y escaneos biométricos para confirmar la identidad del usuario.

Router/hub
de cableado

Límite de alcance
efectivo

**7** Los clientes comparten el espectro de radio de manera prácticamente exacta a como comparten el cable Ethernet: escuchando un canal abierto antes de transmitir.

Límite de alcance
efectivo

# Planear e instalar una LAN inalámbrica

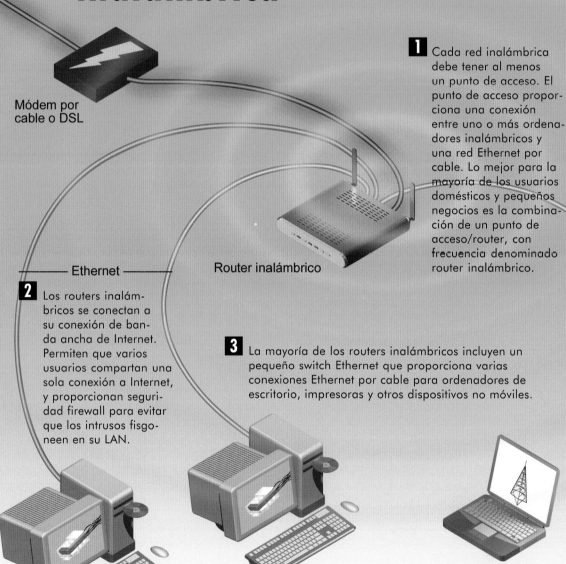

**1** Cada red inalámbrica debe tener al menos un punto de acceso. El punto de acceso proporciona una conexión entre uno o más ordenadores inalámbricos y una red Ethernet por cable. Lo mejor para la mayoría de los usuarios domésticos y pequeños negocios es la combinación de un punto de acceso/router, con frecuencia denominado router inalámbrico.

Módem por cable o DSL

Ethernet

Router inalámbrico

**2** Los routers inalámbricos se conectan a su conexión de banda ancha de Internet. Permiten que varios usuarios compartan una sola conexión a Internet, y proporcionan seguridad firewall para evitar que los intrusos fisgoneen en su LAN.

**3** La mayoría de los routers inalámbricos incluyen un pequeño switch Ethernet que proporciona varias conexiones Ethernet por cable para ordenadores de escritorio, impresoras y otros dispositivos no móviles.

Portátil Wi-Fi

Ordenador de escritorio

Ordenador de escritorio

Dispositivo Wi-Fi fuera de rango

...ea de cobertura
...outer inalámbrico
principal

Área de cobertura
del segundo
punto de acceso

Portátil Wi-Fi

**5** Las redes inalámbricas más grandes necesitan la
utilización de más de un punto de acceso. Es una
buena idea ubicar múltiples puntos de acceso de
forma que haya cierto solapamiento en el área de
cobertura de puntos de acceso adyacentes; esto
permite que los usuarios se muevan de un área a
otra sin pérdida de conexión.

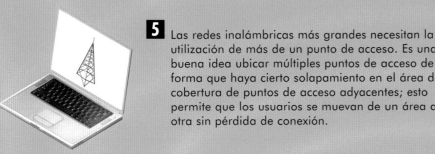

Portátil Wi-Fi

Ethernet

Punto de acceso

**4** Un solo punto de acceso proporciona conexión
inalámbrica para todos los ordenadores dentro
de un área limitada. El alcance de los puntos de
acceso inalámbricos y routers inalámbricos varía
ampliamente y puede verse afectado por objetos
cercanos.

Impresora
con adaptador
USB Wi-Fi

Portátil
Wi-Fi

# Cómo funciona la tecnología Bluetooth

**1** Con el nombre de un rey vikingo, Bluetooth es un nuevo sistema inalámbrico diseñado para conectar una amplia variedad de dispositivos dentro de un área muy pequeña, normalmente no más de 10 metros. Piense en Bluetooth como un sustituto de los cables que tiene en su oficina y en la funda de viaje de su ordenador. Entre las aplicaciones más comunes de esta tecnología se incluye la conexión de un teléfono móvil o PDA a un portátil, pero Bluetooth tendrá otros usos en cocinas, salas de recreo y automóviles.

Soy un teléfono ¿Puedo conectarme a Internet?

**Teléfono móvil GSM**

**2** Como es probable que un edificio de oficinas o incluso un avión en vuelo tengan muchos dispositivos Bluetooth funcionando de forma simultánea, el sistema tiene que incluir técnicas para reconocer cada dispositivo dentro de su propia red privada, y para gestionar los efectos de la congestión de la frecuencia de radio. Bluetooth utiliza una técnica de transmisión por radio denominada saltos de frecuencia de amplio espectro centrada en una frecuencia de 2,45 GHz. Esa misma banda de frecuencia es la utilizada por muchos dispositivos portátiles como monitores de bebés y teléfonos móviles. Un dispositivo Bluetooth cambia entre cualquiera de las 79 frecuencias individuales aleatoriamente escogidas 1.600 veces por segundo. Esto significa que incluso si dos o más dispositivos saltan a la misma frecuencia, su colisión durará sólo algunas milésimas de segundo. Las técnicas de software permiten que los dispositivos reconstruyan datos perdidos en las colisiones y eviten frecuencias que podrían estar atascadas por señales de radio procedentes de teléfonos portátiles, altavoces portátiles y otros dispositivos de radio que no utilizan Bluetooth.

**Soy un fax**

**3** Cuando los dispositivos equipados con Bluetooth entran en el ámbito de otro, pasan una información de identificación denominada códigos de acceso de búsqueda (IAC). Los usuarios y los fabricantes pueden configurar los dispositivos con una variedad de esquemas de reconocimiento. En la forma más básica, un dispositivo puede configurarse como generalmente disponible, disponible de forma limitada y no disponible. Los dispositivos con disponibilidad general responderán a cualquier código de acceso de búsqueda, pero los dispositivos limitados responderán a IAC procedentes de unidades específicas. Si los dispositivos se reconocen entre sí, intercambian estado y control de información y se sincronizan en un piconet. Los miembros del piconet cambian frecuencias al unísono de forma que evitan otros piconets que puedan estar funcionando en la misma área. Los dispositivos sincronizados también están de acuerdo respecto al tipo de transmisión de datos que se van a utilizar.

**Soy un PC**

**Ordenador portátil con tarjeta Bluetooth**

**Auriculares**

Puedo enviar y recibir
archivos de audio

**4** Para la voz, Bluetooth puede enviar datos en dos sentidos
a 64 Kbps. Esta velocidad permite varias conversaciones
simultáneas. Si, como es lo normal, el sistema está mo-
viendo muchos datos en una dirección, Bluetooth puede
adaptarse para transmitir a velocidades de hasta 721 Kbps
en recepción y de 57,6 Kbps en transmisión.

**5** Dentro del piconet, distintos nodos
adoptan distintos papeles para suavi-
zar el flujo de transmisión. Bajo
ciertas condiciones de flujo de datos,
una estación principal puede asumir
el control y designar cuándo pueden
transmitir las estaciones secundarias.
Los papeles principal/secundario son
temporales y están basados en el
orden de entrada en la red y en el
trabajo que debe llevarse a cabo.

**Tengo una LAN y
conexión a Internet**

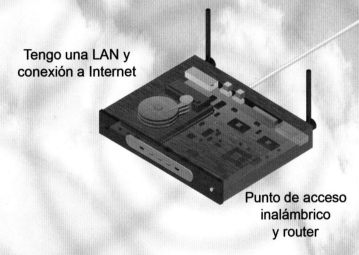

**Punto de acceso
inalámbrico
y router**

uedo hacer
presiones
en color

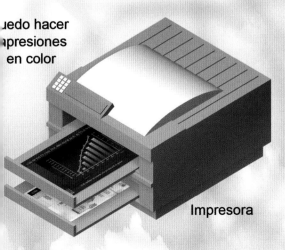

**6** Los dispositivos que se encuentran dentro del mismo piconet
intercambian información adicional sobre sus capacidades y
funciones denominadas *Service Class ID*. Las cámaras tienen
ciertos tipos de información que transmiten, los coches tienen
un paquete de información diferente, las máquinas de bebi-
das cuentan con un paquete distinto, etc. Los miembros del
piconet Bluetooth se informan entre sí y se adaptan de esta
forma.

**Impresora**

# Cómo funcionan los teléfonos inalámbricos

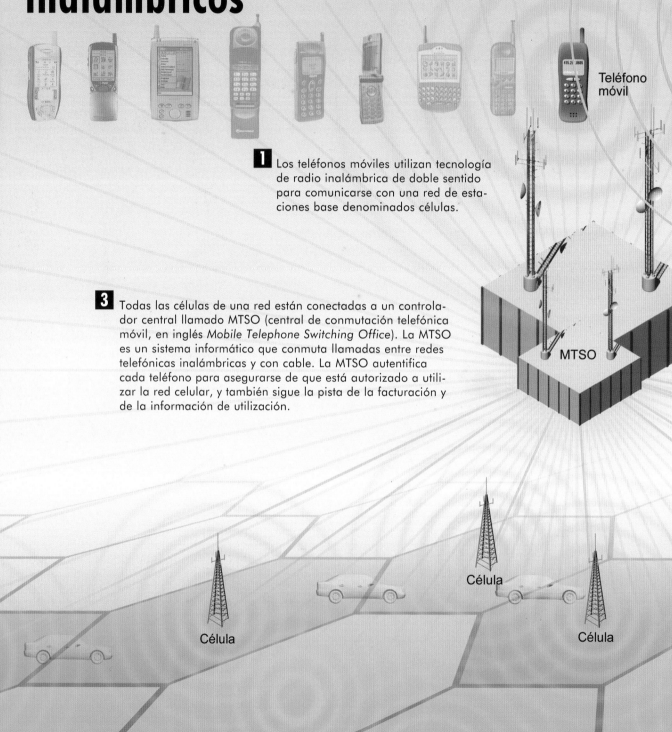

**1** Los teléfonos móviles utilizan tecnología de radio inalámbrica de doble sentido para comunicarse con una red de estaciones base denominados células.

**3** Todas las células de una red están conectadas a un controlador central llamado MTSO (central de conmutación telefónica móvil, en inglés *Mobile Telephone Switching Office*). La MTSO es un sistema informático que conmuta llamadas entre redes telefónicas inalámbricas y con cable. La MTSO autentifica cada teléfono para asegurarse de que está autorizado a utilizar la red celular, y también sigue la pista de la facturación y de la información de utilización.

Teléfono móvil

MTSO

Célula

Célula

Célula

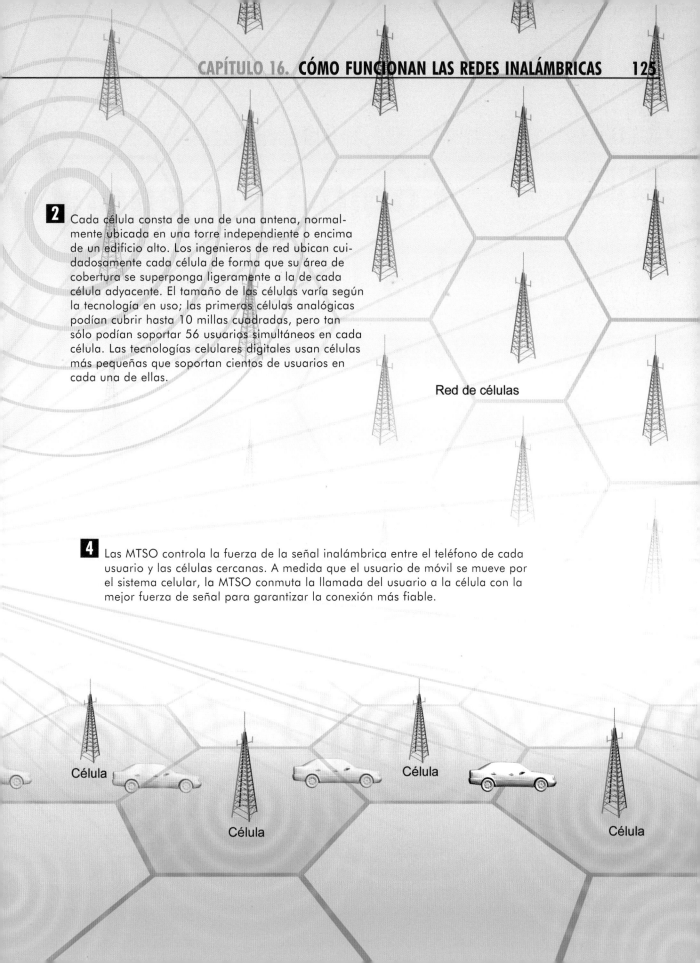

**2** Cada célula consta de una de una antena, normalmente ubicada en una torre independiente o encima de un edificio alto. Los ingenieros de red ubican cuidadosamente cada célula de forma que su área de cobertura se superponga ligeramente a la de cada célula adyacente. El tamaño de las células varía según la tecnología en uso; las primeras células analógicas podían cubrir hasta 10 millas cuadradas, pero tan sólo podían soportar 56 usuarios simultáneos en cada célula. Las tecnologías celulares digitales usan células más pequeñas que soportan cientos de usuarios en cada una de ellas.

Red de células

**4** Las MTSO controla la fuerza de la señal inalámbrica entre el teléfono de cada usuario y las células cercanas. A medida que el usuario de móvil se mueve por el sistema celular, la MTSO conmuta la llamada del usuario a la célula con la mejor fuerza de señal para garantizar la conexión más fiable.

Célula

Célula

Célula

Célula

Célula

CAPÍTULO

# 17

# Cómo funcionan las **LAN** basadas en servidor

¿GUARDA usted todos los huevos en una cesta o los coloca en distintas ubicaciones seguras? Las consolidadas y distribuidas filosofías de la gestión de recursos tienen sus propios beneficios. La agrupación de recursos permite que se tenga un estricto control sobre ellos, pero también los hace vulnerables a un único desastre. Su distribución hace que sean menos vulnerables como grupo, pero más vulnerables de forma individual. La agrupación puede limitar el crecimiento, mientras que la distribución puede limitar el control de calidad. Además, cada filosofía tiene sus propios factores de coste únicos.

Éstos son argumentos que se esconden detrás de dos importantes escuelas de pensamiento en el tema de las redes. Por una parte, tenemos una filosofía que se conoce como informática basada en servidor, basada en redes o basada en la Web; sólo hay diferencias de distancia entre estos términos. Por otra parte, existe la filosofía conocida como informática de punto a punto (P2P). P2P saca partido de la ampliamente inutilizada potencia de los ordenadores domésticos, y está creciendo en importancia. En este capítulo describiremos los enfoques de la informática centrada en el servidor. En el capítulo siguiente hablaremos de los sistemas punto a punto.

Funcionalmente, hay cuatro tipos de servidores: servidores de archivo, servidores de impresión, servidores de aplicación y servidores de comunicaciones. Puede que se esté preguntando qué pasa con un servidor Web, pero un servidor Web es simplemente una combinación de un servidor de aplicación respaldado por un servidor de archivo. En instalaciones más grandes, los servidores Web están físicamente divididos justo de esa forma. Hoy en día, los routers son la forma más común de servidor de comunicaciones.

En el despliegue exhaustivo de la informática basada en el servidor, los ordenadores clientes necesitan un poder de procesamiento modesto y poca capacidad de almacenamiento local de datos. Un teléfono o una PDA equipados con Web es un buen ejemplo. Los servidores de archivo guardan los datos, los servidores de aplicación ejecutan las aplicaciones, y los clientes sólo tienen que presentar los resultados. Entre las ventajas de esta organización se incluyen unos costes de equipamiento y gestión inferiores para el cliente y un control centralizado sobre datos valiosos. La falacia de esta organización es que todos los clientes se hacen más poderosos y menos caros de forma simultánea. En consecuencia, la mayoría de las redes reales utilizan un almacenamiento y aplicaciones centralizados donde procede a la vez que mantienen la capacidad de ejecutar muchos programas y almacenar muchos datos en clientes de escritorio locales.

La informática basada en Web es una extensión de la informática basada en el servidor que se aprovecha de la generalizada disponibilidad de Internet. En este concepto, los archivos y los programas son elementos que los usuarios comparten y arriendan de la utilidad de información central. En efecto, la informática basada en Web es una aplicación de marketing de la tecnología informática basada en servidor.

# Cómo funcionan las LAN basadas en servidor

**1** Un sistema informático grande y poderoso es el núcleo de una red basada en servidor. Los ordenadores cliente en red utilizan los servicios de archivo, impresión y comunicaciones del servidor central. Este diagrama muestra una configuración típica para una red pequeña de hasta varias docenas de clientes. En redes más grandes, el ordenador único podría ser un grupo de procesadores que comparten un sistema de almacenamiento de datos agrupado. La arquitectura es robusta, poderosa y compleja, y acarrea un coste de instalación significativo.

Servidor

**3** Este ordenador, diseñado para actuar como servidor central, está equipado con múltiples unidades de disco duro para conseguir una alta fiabilidad y una unidad de cinta para la copia de seguridad de los datos. Utiliza un sistema operativo multitarea especializado y ejecuta varios programas de gestión y control además de los servicios de archivo e impresión. En redes más grandes, varios usuarios compartirán un sistema de almacenamiento de datos centralizado que tiene su propia subred.

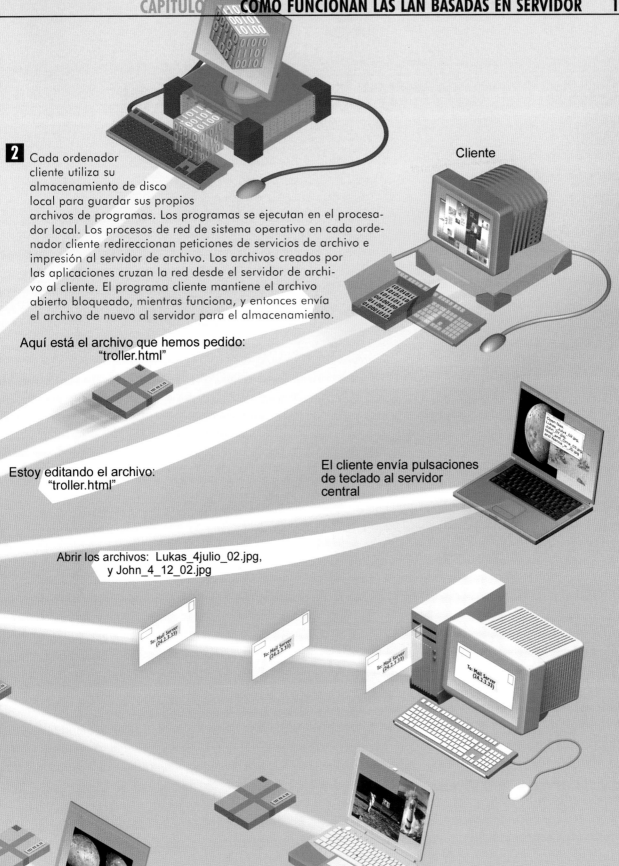

**2** Cada ordenador cliente utiliza su almacenamiento de disco local para guardar sus propios archivos de programas. Los programas se ejecutan en el procesador local. Los procesos de red de sistema operativo en cada ordenador cliente redireccionan peticiones de servicios de archivo e impresión al servidor de archivo. Los archivos creados por las aplicaciones cruzan la red desde el servidor de archivo al cliente. El programa cliente mantiene el archivo abierto bloqueado, mientras funciona, y entonces envía el archivo de nuevo al servidor para el almacenamiento.

Cliente

Aquí está el archivo que hemos pedido: "troller.html"

Estoy editando el archivo: "troller.html"

El cliente envía pulsaciones de teclado al servidor central

Abrir los archivos: Lukas_4julio_02.jpg, y John_4_12_02.jpg

# Cómo funcionan los thin clients

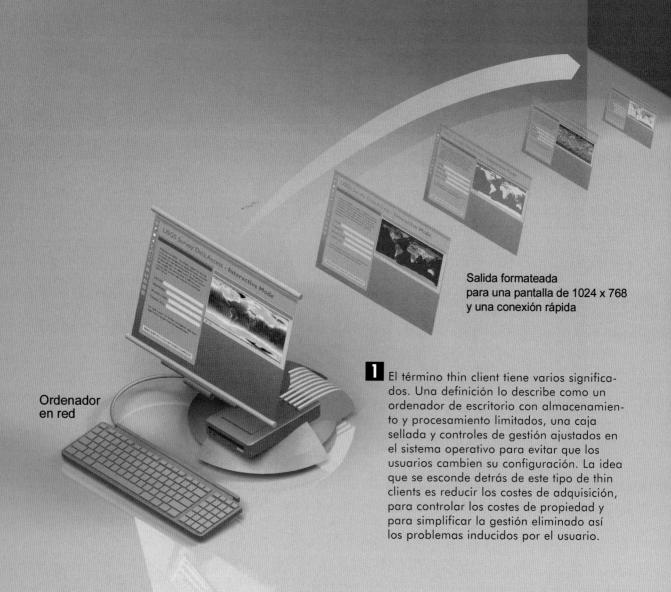

Salida formateada
para una pantalla de 1024 x 768
y una conexión rápida

Ordenador
en red

**1** El término thin client tiene varios significados. Una definición lo describe como un ordenador de escritorio con almacenamiento y procesamiento limitados, una caja sellada y controles de gestión ajustados en el sistema operativo para evitar que los usuarios cambien su configuración. La idea que se esconde detrás de este tipo de thin clients es reducir los costes de adquisición, para controlar los costes de propiedad y para simplificar la gestión eliminado así los problemas inducidos por el usuario.

**3** Los servidores especializados procesan peticiones para la información y formatean las respuestas para ajustarse a la pantalla, el teclado, la memoria y las capacidades de comunicaciones de cada cliente. Los servidores pueden analizar sintácticamente texto en 40 líneas de caracteres, eliminar gráficos y cambiar menús para adecuarse a las capacidades del dispositivo específico del cliente.

Salida formateada
para una pantalla pequeña
y una conexión lenta

**2** El término también se utiliza para dispositivos que tienen una pequeña cantidad de poder de procesamiento, una memoria limitada y la única capacidad de ejecutar un explorador y un motor Java. Una PDA o un teléfono móvil equipado con Web es un buen ejemplo de este tipo de thin client. Estos dispositivos están limitados por su tamaño y su fuente de potencia. A causa de sus limitaciones de procesamiento y de sus pequeños teclados y pantallas confían en servidores especializados para procesar y empaquetar datos en formas que pueden manejar.

Teléfono GSM

# Cómo funciona la informática basada en servidor

**1** La informática basada en servidor es un sistema que ejecuta aplicaciones de escritorio (desde procesamiento de texto a programas personales) en un servidor central compartido. El ordenador cliente ejecuta sólo un programa sencillo que acepta las pantallas producidas por el servidor compartido. Esta organización facilita la gestión y actualización de aplicaciones, mientras aplica de forma central seguridad, protección antivirus y otras funciones.

Servidor

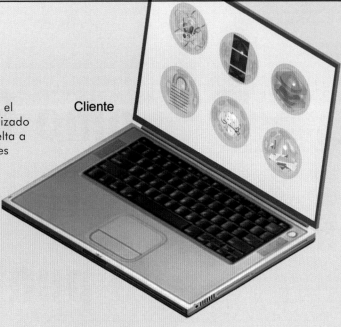

**3** El servidor ejecuta las aplicaciones bajo el control de software compartido especializado y envía las imágenes de pantalla de vuelta a su software de cliente en los ordenadores cliente.

Cliente

**2** El cliente envía pulsaciones de teclado al servidor central.

**4** Los ordenadores finales tienen el poder de un conjunto completo de software de aplicación instalado en sus ordenadores, pero el software reside en el servidor.

**5** El procesamiento de textos, las bases de datos y otros programas comunes de escritorio se ejecutan en este servidor compartido bajo el control de software especializado.

CAPÍTULO

# 18

# Cómo funcionan las redes de punto a punto

**EN** el capítulo anterior describimos las redes basadas en servidor que tienen papeles y configuraciones específicos para cada dispositivo. Hay clientes, servidores y conexiones. En este capítulo hablaremos de las ventajas y desventajas de las redes de punto a punto (P2P) que no se basan en servidores estrictamente definidos. La estrategia P2P comparte el poder de procesamiento y la capacidad de almacenamiento de los ordenadores en red incluso mientras ejecutan programas de aplicación.

Las redes de punto a punto tienen sentido porque los ordenadores personales parecen desafiar las leyes de la gravedad; su potencia aumenta mientras sus precios disminuyen, o al menos se mantienen. La mayoría de los ordenadores pasan la mayor parte del tiempo sin hacer nada, así que, ¿por qué no compartir esa potencia de procesamiento?

Napster, el servicio de música compartida, fue el primer sistema P2P que captó la atención del público, pero la idea ha estado presente durante algún tiempo. La informática distribuida se ha utilizado para realizar búsquedas en bases de datos de señales de radio para encontrar señales extraterrestres o para aclarar los códigos genéticos de plantas y animales.

La mayoría de los sistemas P2P tienen forma de control central, pero otros no. Si hay un gran número de nodos, más de algunas docenas, es más eficaz un servidor de denominación central para asignar a los nodos de distribución con el trabajo que hay que realizar. En el modelo de servidor de denominación, los nodos contribuyentes registran información en el servidor de denominación que muestra los recursos disponibles para compartir y una dirección de red. Después de hacer una coincidencia a través del servidor de denominación, los nodos se emparejan y hacen una conexión directa a través de la red o de Internet para intercambiar archivos o procesar aplicaciones. Esta organización permite compartir ad hoc una amplia población.

En otros sistemas P2P, es necesario que los nodos sepan la dirección de red de los demás por adelantado. Esta técnica es muy útil para redes corporativas o empresariales. Este tipo de forma de compartir P2P puede llevarse a cabo entre un grupo de ordenadores portátiles utilizando una red inalámbrica en un sitio de trabajo o en caso de emergencia. Podría utilizarse también para implementar un grupo de trabajo que comparten y colaboran dentro de una compañía para personas que utilizan distintos dispositivos.

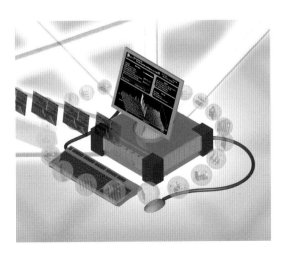

# Cómo funcionan las redes punto a punto con un servidor de denominación

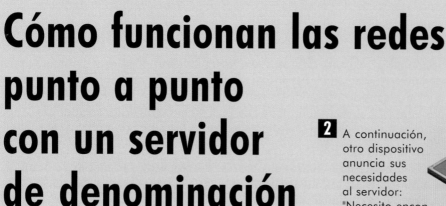

**2** A continuación, otro dispositivo anuncia sus necesidades al servidor: "Necesito encontrar potencia de procesamiento para descodificar una secuencia de genes".

**1** En primer lugar, un dispositivo inscrito en un servidor de denominación en grupo enumera sus servicios en el servidor: "Servidor, soy 150.10.10.1 y tengo potencia que compartir."

**Se ejecutan pequeños programas cliente P2P en cada ordenador**

150.10.10.1

**4** Los puntos comparten el servidor nombre/contenido para servicios específicos. Consiguen la dirección de red de un punto y establece una conexión directa. Los dispositivos podrían compartir la potencia de procesamiento, intercambiar archivos, ver el mismo documento de forma simultánea, intercambiar información respecto a la posición y el estado, o llevar a cabo muchas otras tareas corporativas. Las redes P2P de gran tamaño y las redes públicas P2P se benefician del modelo de servidor nombre/contenido.

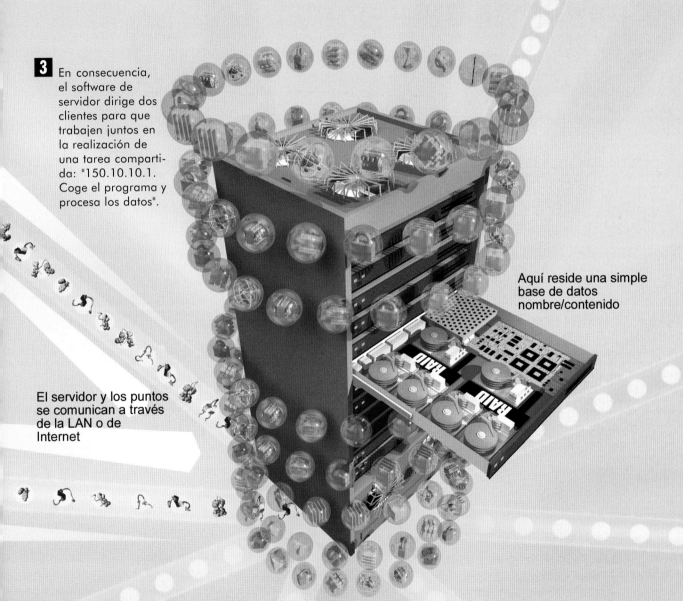

**3** En consecuencia, el software de servidor dirige dos clientes para que trabajen juntos en la realización de una tarea comparti- da: "150.10.10.1. Coge el programa y procesa los datos".

Aquí reside una simple base de datos nombre/contenido

El servidor y los puntos se comunican a través de la LAN o de Internet

Se pueden almacenar y compartir muchos tipos diferentes de aplicaciones informáticas distribuidas con puntos según sea necesario

# Cómo funcionan las redes punto a punto sin servidor

**1** Los nodos anuncian sus capacidades y necesidades de forma regular. Aquí, un nodo con una capacidad pregunta a un nodo dentro del grupo P2P que previamente anunció una necesidad dentro del grupo: "Nodo 110.10.2.1, ¿estás ahí? Tengo potencia de procesamiento para compartir".

Nodo 110.10.2.2

**3** Después del procesamiento, el nodo más poderoso completa la tarea: "Nodos 110.10.2.2 y 110.10.2.5, aquí hay una imagen y la información de estado procedentes de 110.10.2.3".

Nodo 110.10.2.3

Estoy ocupado inténtalo más tarde

Nodo 110.10.2.4

**2** Como resultado de la oferta, el nodo pequeño envía una tarea al dispositivo más poderoso. El software P2P de cada nodo coopera para llevar a cabo una tarea compartida: "110.10.2.3, coge estos datos, procésalos, y envíalos a los otros miembros del grupo en forma de imagen".

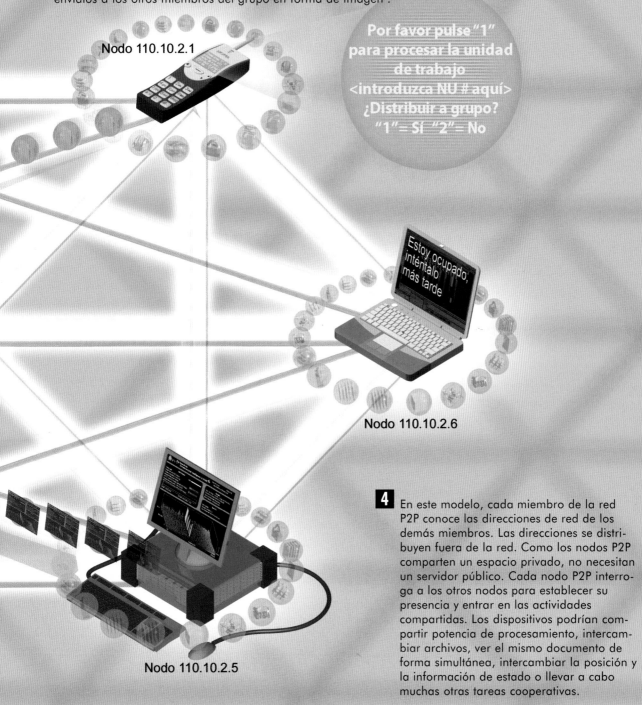

Nodo 110.10.2.1

Por favor pulse "1" para procesar la unidad de trabajo <introduzca NU # aquí> ¿Distribuir a grupo? "1"= Sí  "2"= No

Estoy ocupado, inténtalo más tarde

Nodo 110.10.2.6

Nodo 110.10.2.5

**4** En este modelo, cada miembro de la red P2P conoce las direcciones de red de los demás miembros. Las direcciones se distribuyen fuera de la red. Como los nodos P2P comparten un espacio privado, no necesitan un servidor público. Cada nodo P2P interroga a los otros nodos para establecer su presencia y entrar en las actividades compartidas. Los dispositivos podrían compartir potencia de procesamiento, intercambiar archivos, ver el mismo documento de forma simultánea, intercambiar la posición y la información de estado o llevar a cabo muchas otras tareas cooperativas.

# 19

# Cómo funcionan los sistemas en red empresariales

GENERALMENTE utilizamos el término red empresarial para hacer referencia a sistemas con más de aproximadamente 500 usuarios activos. El tamaño físico de las redes hace que sean difíciles de gestionar con eficacia. Además del tamaño, otra característica distintiva de una red empresarial es la importancia concedida a la organización. Si una red empresarial funciona de forma incorrecta, la organización sufre serias dificultades de funcionamiento.

Las redes empresariales deben satisfacer las necesidades estratégicas de la organización, las necesidades tácticas de los usuarios y las necesidades prácticas de las personas encargadas de la red. Deben ser seguras, fuertes y asequibles. Deben ser fáciles de utilizar y prácticas a la hora de gestionarse.

La base de una red fuerte y duradera es el almacenamiento en red. Las aplicaciones pueden volver a cargarse y ejecutarse en muchos servidores, pero los datos de la organización son normalmente irreemplazables. Las redes de área de almacenamiento pueden proporcionar la fiabilidad necesaria para satisfacer las necesidades de muchas organizaciones.

Los usuarios necesitan una forma de navegar por la red. Las personas encargadas de grandes redes necesitan una forma de ver y controlar los dispositivos sin tener que tocarlos realmente. Entre las herramientas que ayudan a los usuarios y a los encargados se incluyen el control y la gestión del funcionamiento de la red, los servicios de directorio y el acceso único. Estas herramientas contribuyen a reducir los costes de personal y de formación al mismo tiempo que construyen la infraestructura necesaria en las organizaciones modernas.

Los sistemas de gestión de red incluyen muchas funciones tales como el control de rendimiento, el registro de inventario, la consolidación de la información y la capacidad de llevar a cabo cambios en la configuración de forma rápida. Los pequeños programas de control de rendimiento, conocidos como agentes, funcionan en servidores, switches, routers y en herramientas de control especial repartidas por la red. Los programas de control de inventario toman una instantánea de un ordenador cuando se inicia y se informa de cualquier cambio. El protocolo SNMP (*Simple Network Management Protocol*) establece el estándar para las operaciones de gestión y la información. Bajo la arquitectura SNMP, los agentes controlan sus dispositivos y acumulan información estadística en un formato conocido como MIB (*management information base*; base de información de gestión). Un programa de consola de gestión central interroga a los agentes de forma regular y descarga los contenidos de la MIB. Los programas de consola de gestión compilan los datos descargados de la MIB y los convierten en información útil en forma de diagramas de sistema, gráficos e informes. Los programas de consola comparan las estadísticas con los estándares preestablecidos y, si es necesario, emiten alertas e informes sobre posibles condiciones inusuales. Los programas de consola pueden marcar un número de teléfono y emitir alertas a través de buscas. Los encargados de la red pueden utilizar los programas de consola para reiniciar e incluso apagar dispositivos remotos.

En muchos aspectos, las redes de gran tamaño son una amalgama de redes de área local más pequeñas. Las LAN individuales con frecuencia se encuentran dentro de grupos de trabajo funcionales o en sucursales. La mayoría de la actividad del trabajo, de las peticiones de archivo y de las peticiones de impresión permanecen dentro del grupo de trabajo o de la oficina. El sistema combinado comparte recursos tales como el acceso de alta velocidad a la red corporativa o a Internet, dispositivos de seguridad especializados para la protección y la autorización, el almacenamiento y las copias de seguridad centrales, extensiones a dispositivos inalámbricos o portátiles, y servicios de directorio diseñados para facilitar la vida de los usuarios.

Las grandes redes empresariales se benefician de un servicio de red compartida denominado acceso único (en inglés, el término es *single sign-on*). El objetivo del acceso único es simplificar la vida de todos los usuarios y encargados de la red. En la mayoría de las redes, los usuarios tienen que acceder al sistema del ordenador, del servidor de archivos, del servidor de impresión y quizá incluso del firewall de seguridad. Después de eso, tienen que acceder a las aplicaciones que utilizan a diario. Si a esto añadimos las compras online, cuentas de correo electrónico adicionales y un corredor de bolsa, cada persona puede estar haciendo malabarismos con una docena de contraseñas.

Una de las personas encargadas de la gestión de la red puede automatizar algunas de estas interacciones con un *script* de acceso, pero entonces ¿cómo acceden los usuarios a cualquier cosa si no se encuentran en sus propios ordenadores? La capacidad de conseguir tener un acceso único disponible desde cualquier lugar es un objetivo para los usuarios y los gestores de red, pero no es fácil conseguirlo.

Entre los componentes de un sistema de acceso único se incluyen la autorización, para comprobar la identidad de cada usuario y un servicio de directorio, para proporcionar a cada usuario el acceso a cada recurso adecuado. Como describe nuestro diagrama, el componente de autorización identifica al usuario, el componente de codificación y certificación de clave pública verifica el usuario al servicio de directorio, y este servicio de directorio conecta el usuario con el recurso.

Mientras los servicios de directorio identifican recursos, los servicios de certificación y la infraestructura de clave pública (PKI) garantizan que serán utilizados por las personas adecuadas. Piense en la gestión de confianza de PKI como en el gobierno cuando concede un pasaporte, o en Tráfico cuando expide un carné de conducir. En ambos casos, la entidad de confianza emite un documento que identifica a una persona y algunos derechos asociados. Siempre que crea en la entidad de confianza, puede creer en el individuo.

Una organización denominada autoridad de certificación actúa como entidad de confianza para identificar a los individuos o a las empresas y emite un certificado digital vinculado a dichas entidades. Cuando un individuo establece identidad con una autoridad de certificación, el servidor de dicha autoridad genera una clave de forma única y pares de clave de codificación en forma de certificados que incluyen el nombre del individuo. El certificado contiene una clave privada de autoridad de certificación para establecer la autenticidad.

¿Cómo puede probar quién es usted cuando esté en cualquier lugar? La prueba depende de los servicios de autorización personal. Los servicios de autorización personal utilizan pares de nombre de usuario/contraseña, respuestas a preguntas simbólicas, biometrías u otros dispositivos para garantizar una identificación positiva.

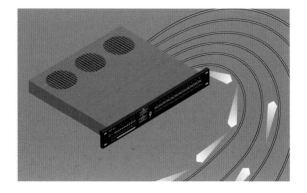

Los mecanismos de pregunta-reto/respuesta basados en hardware utilizan dispositivos de tarjeta electrónica para generar códigos únicos de un solo pase. Cuando se emiten las tarjetas, se asocian con un identificador que desencadena la petición de una contraseña. Proporcionan una autorización excelente, pero en cierto modo cara.

Una amplia área de la tecnología denominada biometría utiliza versiones codificadas de su voz, ojo, cara o atributos de la mano para identificarle de forma única. El proceso de instalación asocia su identificación con sus atributos biológicos. El sistema utiliza esos atributos para verificar su identidad.

Crear un acceso único desde cualquier lugar no es sencillo, pero es valioso. Pronto proporcionaremos a los individuos una burbuja de identificación electrónica que los identifique de cara a cualquier recurso, desde un cajero automático a una bomba de gas o un teléfono móvil. Pero, una vez que los usuarios corporativos son identificados y autorizados, ¿qué ven? ¿Cómo se proporciona un acceso sencillo a las aplicaciones una vez que haya pasado la fase de acceso?

Un servicio de directorio es clave para encontrar y acceder al servicio a través de una red grande. Crear un servicio de directorio es un gran proyecto. Necesita ser planeado con mucha atención, porque cambiar una estructura de nombre de directorio es más difícil que configurarla por primera vez. El servicio de directorio interactúa entre el servicio de autorización y las aplicaciones para asegurarse de que las personas adecuadas tienen acceso a los datos, archivos y dispositivos adecuados en el momento adecuado. Se trata de un sistema complejo, pero hace que la vida del usuario sea significativamente más sencilla.

Los sistemas de almacenamiento empresarial actuales constan de una subred completa dentro de la red. Las redes de área de almacenamiento (SAN) están compuestas por múltiples dispositivos de almacenamiento especializados con sus propias interconexiones. Los diseñadores pueden agrupar dispositivos de almacenamiento en un área física y conectarlos con redes extremadamente rápidas, de un gigabit o incluso de 10. O pueden distribuir los dispositivos de almacenamiento en distinta ubicaciones físicas para mejorar su resistencia. En cualquier caso, el almacenamiento aparece como un beneficio local contiguo a las aplicaciones que utilizan los datos.

Los sistemas de almacenamiento distribuido mejoran la supervivencia en caso de que se den desastres o interrupciones empresariales. Como las redes de área de almacenamiento pueden tener partes distribuidas en distintas ubicaciones físicas, el sistema total es menos vulnerable a las pérdidas. Las acciones de restauración empresariales son más sencillas cuando la organización puede hacer negocios desde cualquier lugar desde el que tenga acceso a la red de área de almacenamiento.

Cuando esté planificando una red empresarial, vale la pena adoptar una perspectiva a largo plazo. La recompensa por la inversión lleva años, pero una gestión y unos servicios de acceso adecuados pueden proporcionar de forma inmediata una productividad y una eficacia más altas.

# Cómo funcionan las redes de área de almacenamiento

**1** La red de área de almacenamiento (SAN) tiene muchos sub-elementos que funcionan juntos para almacenar datos económicamente a la vez que hace que estén disponibles de forma rápida.

**2** La SAN utiliza conexiones internas con velocidades de 1-10 gigabits. Los servidores de aplicación acceden a la SAN a través de switches especiales de alta velocidad.

**Switch SAN de alta velocidad**

SAN

**3** Los vínculos SAN extienden las funciones de las SAN a diferentes áreas geográficas.

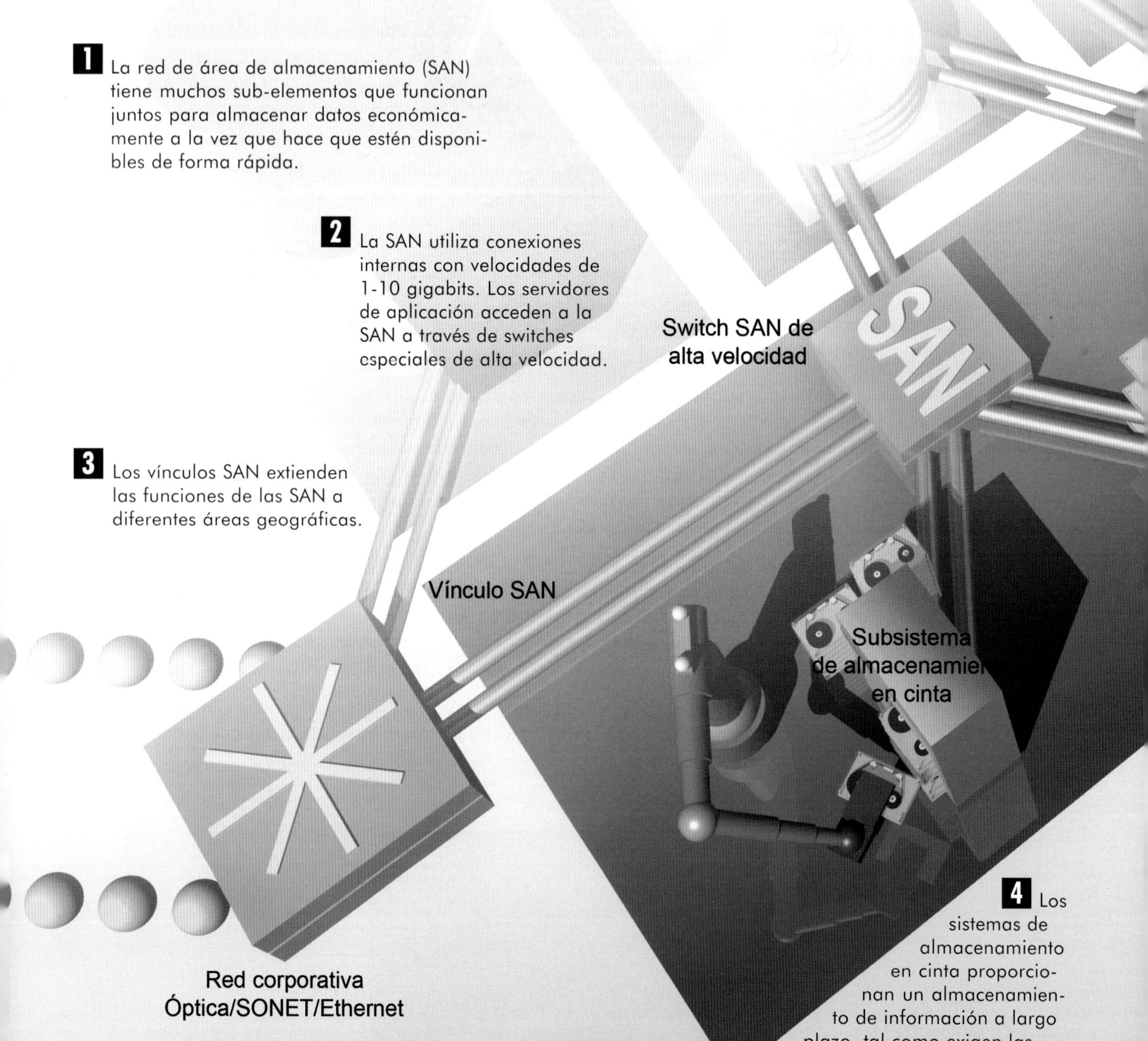

**Vínculo SAN**

**Subsistema de almacenamiento en cinta**

**4** Los sistemas de almacenamiento en cinta proporcionan un almacenamiento de información a largo plazo, tal como exigen las leyes y regulaciones.

**Red corporativa Óptica/SONET/Ethernet**

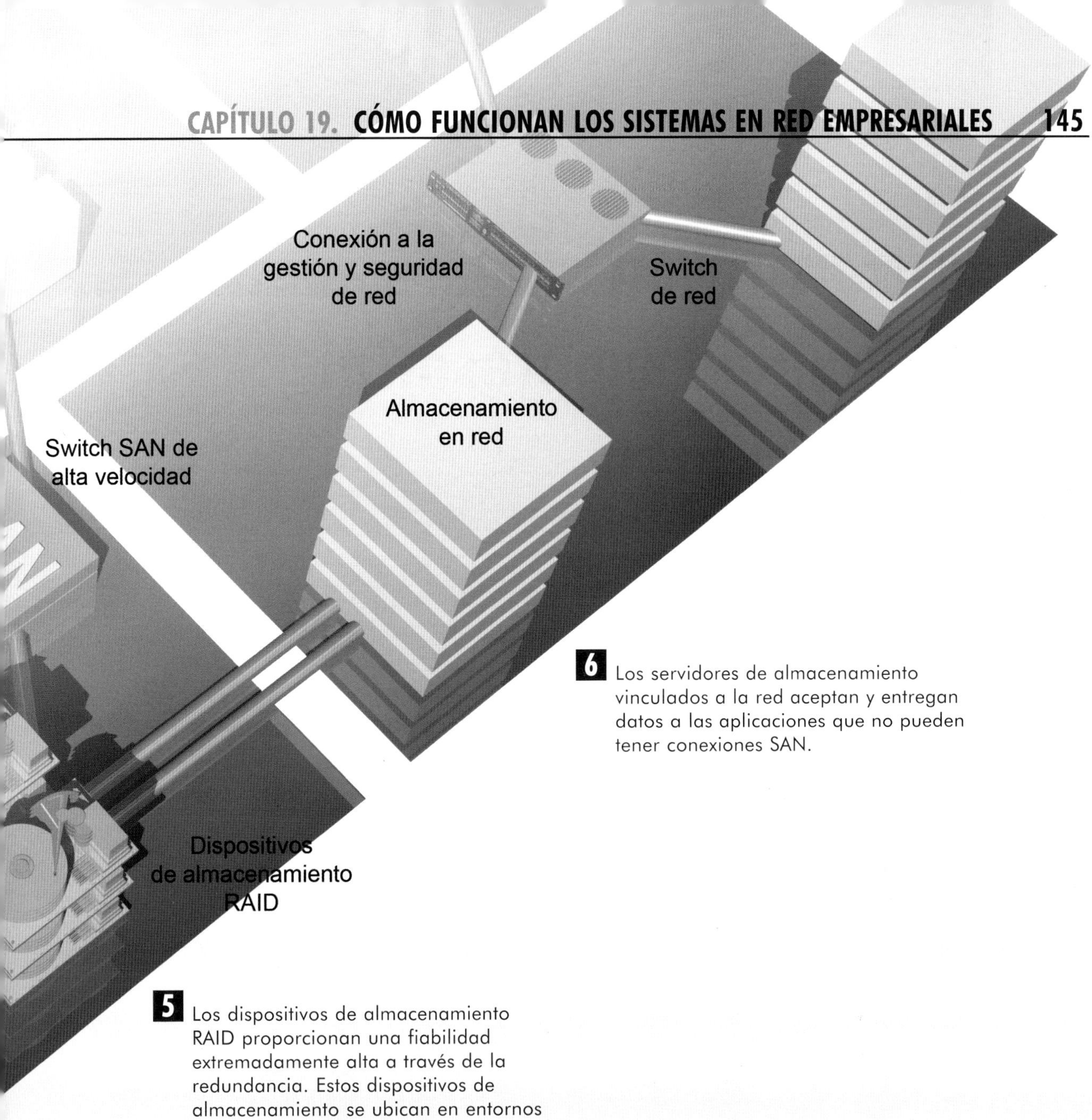

Conexión a la
gestión y seguridad
de red

Switch
de red

Almacenamiento
en red

Switch SAN de
alta velocidad

**6** Los servidores de almacenamiento
vinculados a la red aceptan y entregan
datos a las aplicaciones que no pueden
tener conexiones SAN.

Dispositivos
de almacenamiento
RAID

**5** Los dispositivos de almacenamiento
RAID proporcionan una fiabilidad
extremadamente alta a través de la
redundancia. Estos dispositivos de
almacenamiento se ubican en entornos
físicos rigurosamente controlados.

# Cómo construyen la continuidad empresarial las redes de área de almacenamiento

Optimización del servidor de aplica

Acceso móvil inalámbrico

Cac

Servidor D

Operaciones

Voz sobre IP

Centro de datos secundarios

Unidad

SAN

**4** El sistema de almacenamiento del centro de datos secundarios es parte de la SAN global. Los elementos de datos son replicados de forma automática según su antigüedad y actividad.

Red corporativ
Óptica/SONET/Eth

**1** El extremo frontal de la red contiene elementos de seguridad y conexiones especiales como las inalámbricas y las móviles.

## Centro de datos primarios

**2** Los servidores de aplicación ejecutan varios programas, entre los que se incluyen las aplicaciones de bases de datos que acceden a elementos de la red de área de almacenamiento.

**3** La SAN en el centro de datos primarios tienen sus propias conexiones internas de alta velocidad. La SAN se comunica con sus elementos.

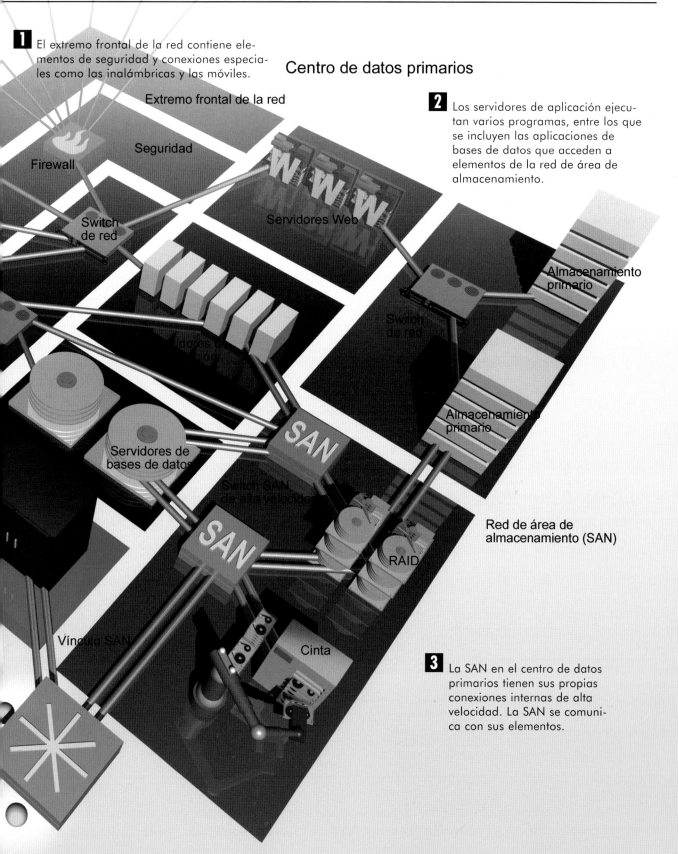

# Cómo funcionan los sistemas de gestión de red

**1** Un programa de gestión utiliza mensajes que cumplen con el protocolo SNMP para interrogar a los programas agente que se ejecutan en varios dispositivos de red. Cuando los agentes responden, el programa de consola SNMP añade la información y la presenta gráficamente.

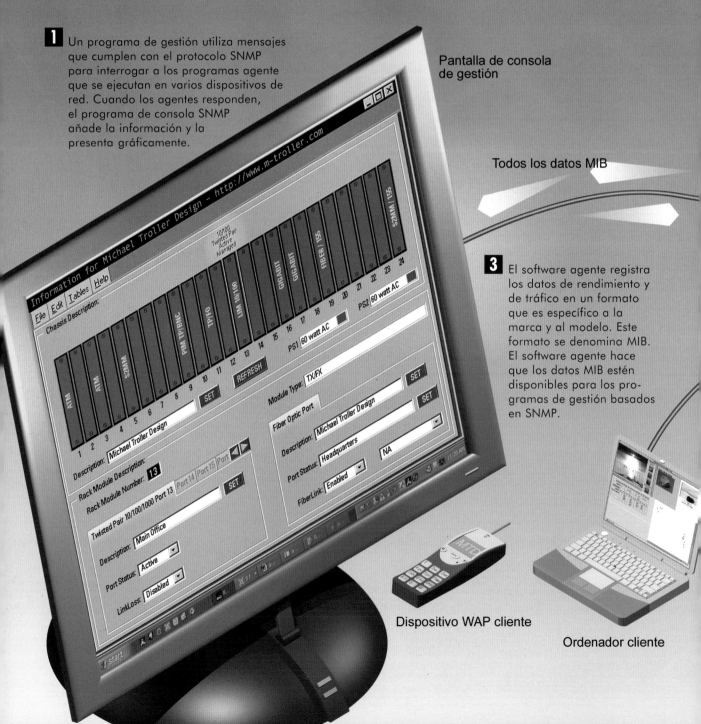

Pantalla de consola de gestión

Todos los datos MIB

**3** El software agente registra los datos de rendimiento y de tráfico en un formato que es específico a la marca y al modelo. Este formato se denomina MIB. El software agente hace que los datos MIB estén disponibles para los programas de gestión basados en SNMP.

Dispositivo WAP cliente

Ordenador cliente

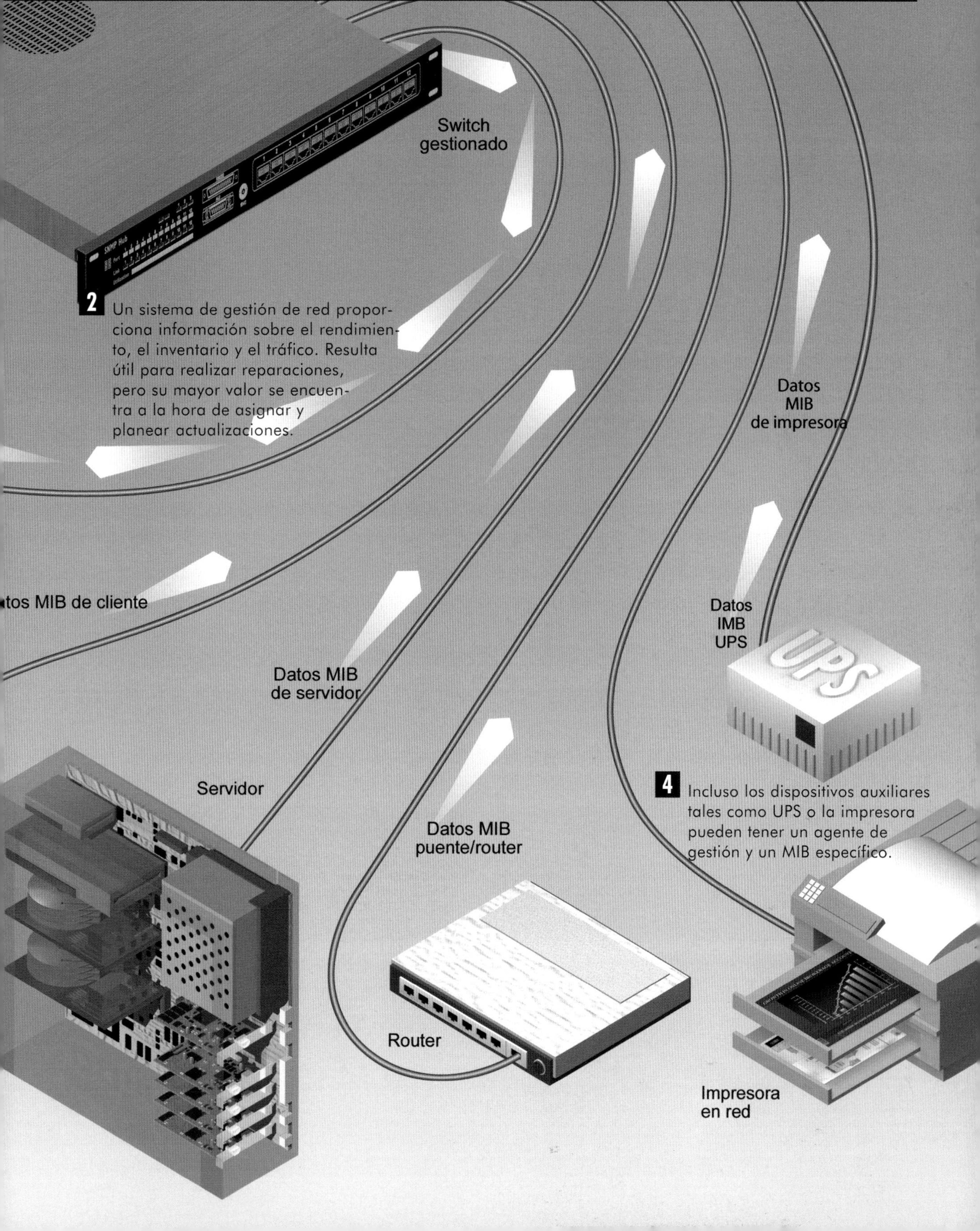

Switch
gestionado

**2** Un sistema de gestión de red proporciona información sobre el rendimiento, el inventario y el tráfico. Resulta
útil para realizar reparaciones,
pero su mayor valor se encuentra a la hora de asignar y
planear actualizaciones.

Datos
MIB
de impresora

tos MIB de cliente

Datos
IMB
UPS

Datos MIB
de servidor

Servidor

**4** Incluso los dispositivos auxiliares
tales como UPS o la impresora
pueden tener un agente de
gestión y un MIB específico.

Datos MIB
puente/router

Router

Impresora
en red

# Cómo funcionan los sistemas de red empresariales

**7** Todas las aplicaciones llevan a cabo comprobaciones con el servidor de seguridad central y con los servicios de directorio relacionados con éste para proporcionar el nivel adecuado de acceso a los usuarios indicados.

**1** Ubicado en un centro de datos seguros y protegidos física y ambientalmente, el complejo de servidor centralizado contiene equipamiento redundante con características de control y gestión de alta calidad. Los servidores del grupo de trabajo y de las sucursales replican y actualizan las bases de datos compartidas que se encuentran en los servidores centrales.

Complejo de servidor centralizado

Switch

Almacenamiento y copia de seguridad centralizados

**2** Un complejo de almacenamiento y copias de seguridad descentralizado almacena los archivos que se utilizan con menos frecuencia y mantiene una copia de seguridad habitual de los archivos más utilizados. Esta red de área de almacenamiento es un almacenamiento compartido por todos los ordenadores centrales.

**3** Los programas que se ejecutan en ordenadores de LAN de grupos de trabajo pueden acceder al servidor local para los archivos comúnmente utilizados, pero se extiende a través de la red corporativa para los archivos almacenados de forma central y para servicios especializados.

Router

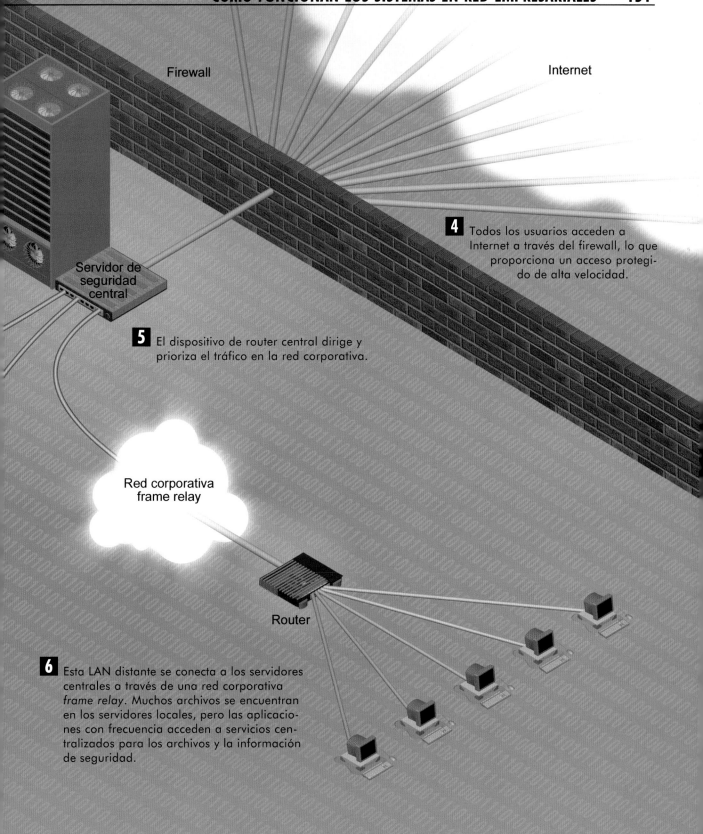

Firewall

Internet

Servidor de seguridad central

**4** Todos los usuarios acceden a Internet a través del firewall, lo que proporciona un acceso protegido de alta velocidad.

**5** El dispositivo de router central dirige y prioriza el tráfico en la red corporativa.

Red corporativa frame relay

Router

**6** Esta LAN distante se conecta a los servidores centrales a través de una red corporativa *frame relay*. Muchos archivos se encuentran en los servidores locales, pero las aplicaciones con frecuencia acceden a servicios centralizados para los archivos y la información de seguridad.

# Cómo funciona el acceso único empresarial

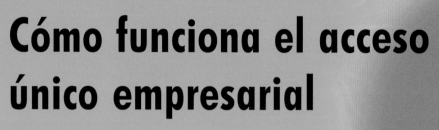

**1** Los individuos prueban quiénes son a través de una estricta autorización que combina lo que saben (contraseña) con lo que tienen (tarjeta inteligente) o con lo que son (medidas biométricas).

Contraseñas

123-456-789-012

Biometrías

Datos personales

**4** Este certificado codificado dice "¡Yo soy yo y estos tipos lo verifican!".

Certificado codificado

Certificado emitido a:
Michael D. Troller
Verificación de suma de control:
4852014395710319

**2** La información de autorización va a un servidor de seguridad central.

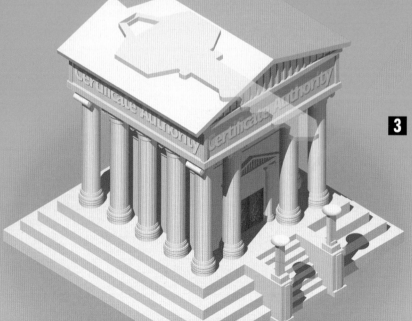

**3** El servidor de seguridad es una autoridad de certificación. Esta autoridad emite un certificado codificado para el usuario.

Aplicación de
bases de datos

Servicio de
archivos

ID: ?
Contraseña: ?

ID: ?
Contraseña: ?

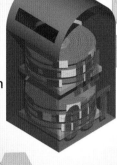

Programación
de e-mail

ID: mtroller
Contraseña: xxxx xx xxx

**5** El servidor de
directorio com-
prueba el certifi-
cado y lo acepta
si es auténtico.

Servicio de directorio y
software de seguridad

**6** El servidor de directorio se comunica con
las aplicaciones y servicios para proporcionar un acceso adecuado al usuario.

Certificado emitido a:
Michael D. Troller
Verificación de suma
de control:
4852014395710319

# 4

# Vínculos entre redes de área local

**LA** información es la material prima, el inventario y el producto derivado de muchas organizaciones modernas. Las redes informáticas son la línea de producción, el sistema de distribución e incluso el punto de venta para los productos de información generados por muchas organizaciones y negocios. Las redes corporativas actúan como sistemas de distribución local, regional e internacional para el comercio moderno.

Si las redes de área local (LAN) son similares a las líneas de producción internas de plantas de fabricación, las redes informáticas que cubren distancias entre ciudades y países son las carreteras y las vías de ferrocarril de los negocios actuales. Las redes de datos de larga distancia, denominadas redes de área metropolitana (MAN), y las redes de área extensa (WAN) son equivalentes a los sistemas de transporte mediante camiones, trenes, barcos y el transporte aéreo necesarios para apoyar a la industria pesada.

Como muchas organizaciones tienen que transportar una gran cantidad de datos en distancias que superan los cientos de metros, la industria desarrolló varias técnicas para ampliar y vincular las LAN. Las técnicas que se eligen para vincular segmentos de LAN dependen de la distancia y de la velocidad necesarias, los protocolos de comunicación de red que se utilicen, y la filosofía de su empresa en lo que respecta al alquiler frente a la propiedad de instalaciones.

Igual que hay empresas que tienen sus propios camiones y furgonetas mientras que otras contratan todos los servicios de transporte, algunas organizaciones tienen sus propias instalaciones MAN y WAN mientras que otras alquilan estos servicios especializados a través de proveedores comerciales. Muchas organizaciones configuran sus propios sistemas de transmisión por microondas, haces de luz o fibra óptica para llevar los datos por un área metropolitana o campus. Las organizaciones pueden utilizar túneles de transporte bajo muchas ciudades para instalar sus propios sistemas de cable de fibra óptica entre sus oficinas o almacenes y los clientes y suministradores principales. Las empresas de teléfono metropolitano y de televisión por cable también proporcionan conexiones de LAN a LAN siguiendo varios tipos de organización empresarial. Sin embargo, cuando las conexiones van más allá del área metropolitana, las organizaciones normalmente alquilan circuitos de proveedores tales como empresas telefónicas de largo recorrido.

A la hora de alquilar circuitos para unir distintas LAN existen muchas opciones. Las tres categorías técnicas generales de servicios de alquiler son de conmutación de circuitos, de periodo completo y de conmutación de paquetes. Los servicios de conmutación de circuito son los que tienen un tono de marcado, por ejemplo, servicios digitales de conmutación de 56 y la Red Digital de Servicios Integrados (RDSI). El equipamiento marca una conexión, transfiere datos y cuelga cuando ha completado la transacción. Los servicios de periodo completo como las líneas telefónicas alquiladas, le proporcionan un circuito dedicado a su utilización a tiempo completo. Los sistemas de conmutación de paquetes permiten conexiones multipunto para ráfagas de paquetes cortos. Las redes de conmutación de paquetes se denominan también redes X.25 por un antiguo estándar de conmutación de paquetes; en la actualidad, estas redes normalmente utilizan un estándar más novedoso denominado *frame relay*.

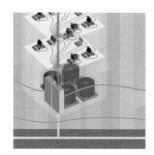

El alquiler de un circuito para unir segmentos de LAN normalmente le costará miles de euros al mes. El precio viene determinado por la velocidad de señal máxima deseada y en ocasiones por la distancia. En consecuencia, tiene sentido invertir en dispositivos de portal de red que puedan utilizar la máxima eficacia del caro circuito para ambos extremos del vínculo.

El tráfico de red sigue normalmente rutas específicas y viaja dentro de un grupo de personas con intereses empresariales comunes, un grupo de trabajo. Sin embargo, también existe tráfico entre grupos de trabajo. Poner todos los grupos de trabajo en el mismo cable y dejar que se comuniquen sin restricciones consume los recursos disponibles del cable. Las organizaciones cuyas redes tienen mucho tráfico pueden utilizar unos dispositivos de portal de red denominados puentes que unen las LAN de un grupo de trabajo a la vez que discriminan el tráfico que pasa entre ellas.

Un router es un dispositivo de portal más complejo que un puente y tiene una mayor capacidad para examinar y dirigir el tráfico que transporta. Los routers son de alguna forma más caros a la hora de adquirirlos, y necesitan más atención que los puentes, pero tienen características más sólidas que hacen de ellos la mejor opción para servir de portal entre la LAN y el vínculo a larga distancia.

Un router lee la dirección de destino del paquete de red y determina si está en el mismo segmento de cable de red que la estación originaria. Si la estación de destino se encuentra en el otro lado del puente, el puente ordena el paquete en el tráfico en ese segmento de cable.

Los routers leen información de dirección más compleja en el paquete o en la señal y pueden añadir más información para hacer que el paquete se desplace por la red. Por ejemplo, un router podría envolver una petición de servicio de red en un "sobre" de datos que contiene la información de ruta y de transmisión para llevar a cabo la transmisión a través de una red de conmutación de paquetes X.25. Cuando el sobre de datos sale del otro extremo de la red X.25, el router receptor coge los datos X.25, los formatea para Ethernet, y los ordena en su segmento LAN adscrito.

Los routers crean conexiones muy inteligentes entre los elementos de redes complejas. Los routers pueden elegir distintas rutas redundantes entre los segmentos de la LAN y pueden vincular los segmentos de la LAN utilizando esquemas de empaquetado de datos y de acceso a medios muy distintos.

Una nueva tecnología, el modo de transferencia asíncrono (ATM) es cada vez más importante a medida que el tráfico de red va incluyendo vídeo más sensible a la temporización y datos de sonido digitalizados. ATM utiliza paquetes muy pequeños. Si se pierde un paquete, se olvida. No se invierte tiempo alguno en el reenvío de datos perdidos.

Todas estas técnicas y dispositivos se combinan para crear las redes corporativas actuales, las redes utilizadas para el entretenimiento y las finanzas e Internet global.

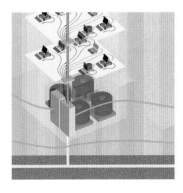

# 20

# Cómo funcionan los routers, los switches y los firewalls

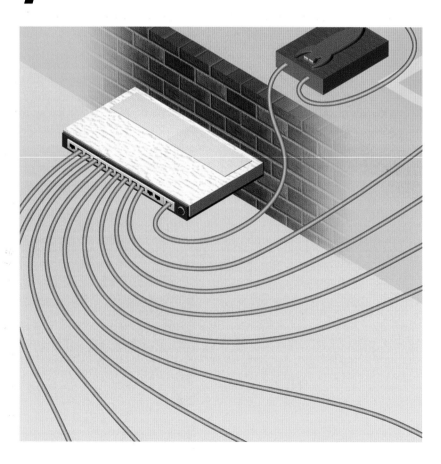

**DE** la misma forma que las plantas de fabricación tienen salas de correo y dársenas para el transporte, las redes de área local tienen lugares específicos en los que se encuentran los servicios locales con los de largas distancias. Los puentes, los routers y los switches son herramientas que se utilizan para conectar las redes de área local con redes de área extensa, como Internet.

**Puentes Ethernet.** Los puentes son dispositivos sencillos que se utilizan normalmente para conectar dos LAN con un vínculo de comunicaciones privadas. Los puentes leen la dirección de destino de cada paquete Ethernet, el sobre más exterior que envuelve los datos, para determinar dónde se dirigen los datos, pero no miran dentro del paquete o bloque para leer las direcciones IP. Si la dirección de destino no está en la LAN local, el puente cede los datos a la LAN que se encuentra en el otro extremo del vínculo de comunicaciones.

**Routers IP.** Los routers son dispositivos más complejos que se utilizan generalmente para conectar una LAN a una red más grande. A diferencia de los puentes, los routers excavan más profundamente en los sobres que rodean los datos para encontrar el destino del paquete de datos. El router lee la información contenida en cada paquete o bloque, utiliza los procedimientos de dirección de red compleja para determinar el destino de red adecuado, descarta el paquete o bloque exterior y a continuación vuelve a empaquetar y transmitir los datos.

Los routers actúan como barrera de seguridad entre los segmentos de red y con frecuencia contienen servicios de firewall para proteger las LAN de piratas informáticos, fisgones y otros intrusos.

**Switches Ethernet.** Las primeras redes Ethernet utilizaban unos dispositivos sencillos denominados hubs para conectar varios ordenadores en una LAN. Un hub tiene múltiples conexiones Ethernet, una para cada dispositivo conectado a la LAN. Cuando un hub recibe datos de cualquiera de los dispositivos de la LAN, vuelve a transmitir los datos a todos los demás dispositivos de la red de área local. Este enfoque resulta efectivo pero ineficaz.

Los switches se parecen mucho a los hubs, tanto por su aspecto como por su forma de funcionar, pero usan la banda ancha de la LAN de forma más eficaz. Utilizan lógica sencilla para detectar el destino de un paquete y envían el paquete a un puerto específico del switch, en lugar de a cada uno de los puertos del switch. Esta simple acción aumenta la velocidad de rendimiento de la LAN y reduce en gran medida la congestión de la misma.

Hay dos tipos principales de switches. Los switches de capa 2 funcionan examinando la dirección Ethernet de los paquetes de datos, mientras que los switches de capa 3, más sofisticados, examinan la dirección IP de destino de los datos.

**Traducción de dirección de red.** Como ya hemos dicho, cada dispositivo conectado a Internet debe tener una dirección IP única. Pero asignar una dirección única a cada ordenador de la LAN puede ser caro y requerir una gran cantidad de tiempo. DHCP ayuda a conservar direcciones asignando direcciones sobre la marcha, a medida que los ordenadores se conectan a y desconectan de la LAN. La Traducción de dirección de red (NAT) va un paso más allá permitiendo que muchos ordenadores compartan una dirección IP pública única. NAT se utiliza de forma generalizada en pequeños routers diseñados para mercados domésticos y pequeñas oficinas.

NAT proporciona además una defensa de primera línea entre una LAN privada e Internet pública. Como los ordenadores en una LAN NAT no están directamente conectados a Internet, están protegidos de piratas informáticos y otros intrusos. Las redes NAT típicamente utilizan direcciones IP especiales que están reservadas para las redes privadas.

**Firewalls.** A menos que haya pasado los últimos años en una isla desierta, probablemente habrá leído noticias de piratas informáticos que entran en ordenadores para robar datos o corromper páginas Web. Aunque es inevitable apuntar como culpables de estas situaciones a medidas de seguridad poco estrictas o a un oscuro defecto en el sistema operativo de la red, el problema real se encuentra en el propio protocolo IP.

IP fue diseñado para ser un protocolo abierto que permita que cualquier dispositivo IP se conecte libremente con otro. En los primeros tiempos de Internet, era una práctica común que los usuarios dejaran sus archivos abiertos para compartirlos en Internet. Esta práctica tenía sentido en aquel momento, porque la mayoría de los usuarios de Internet eran profesores de instituto, estudiantes e investigadores que compartían datos de investigación y la información a través de Internet.

A medida que Internet pasó a formar parte de la vida empresarial y personal de millones de usuarios, la seguridad se convirtió en un asunto primordial. En inglés, el término *firewall* hace referencia a una pared afianzada y resistente al fuego diseñada para contener el fuego dentro de un edificio. En el mundo de Internet, un firewall es un tipo de router especial diseñado para mantener a los intrusos alejados de su red privada a la vez que permite un flujo libre y sin restricciones de datos autorizados a y desde una red.

# Cómo funcionan los hubs y los switches

**1** Los hubs Ethernet son simples y baratos, y funcionan bien en pequeñas redes. Los hubs contienen varios puertos Ethernet que están conectados de forma eficaz entre sí.

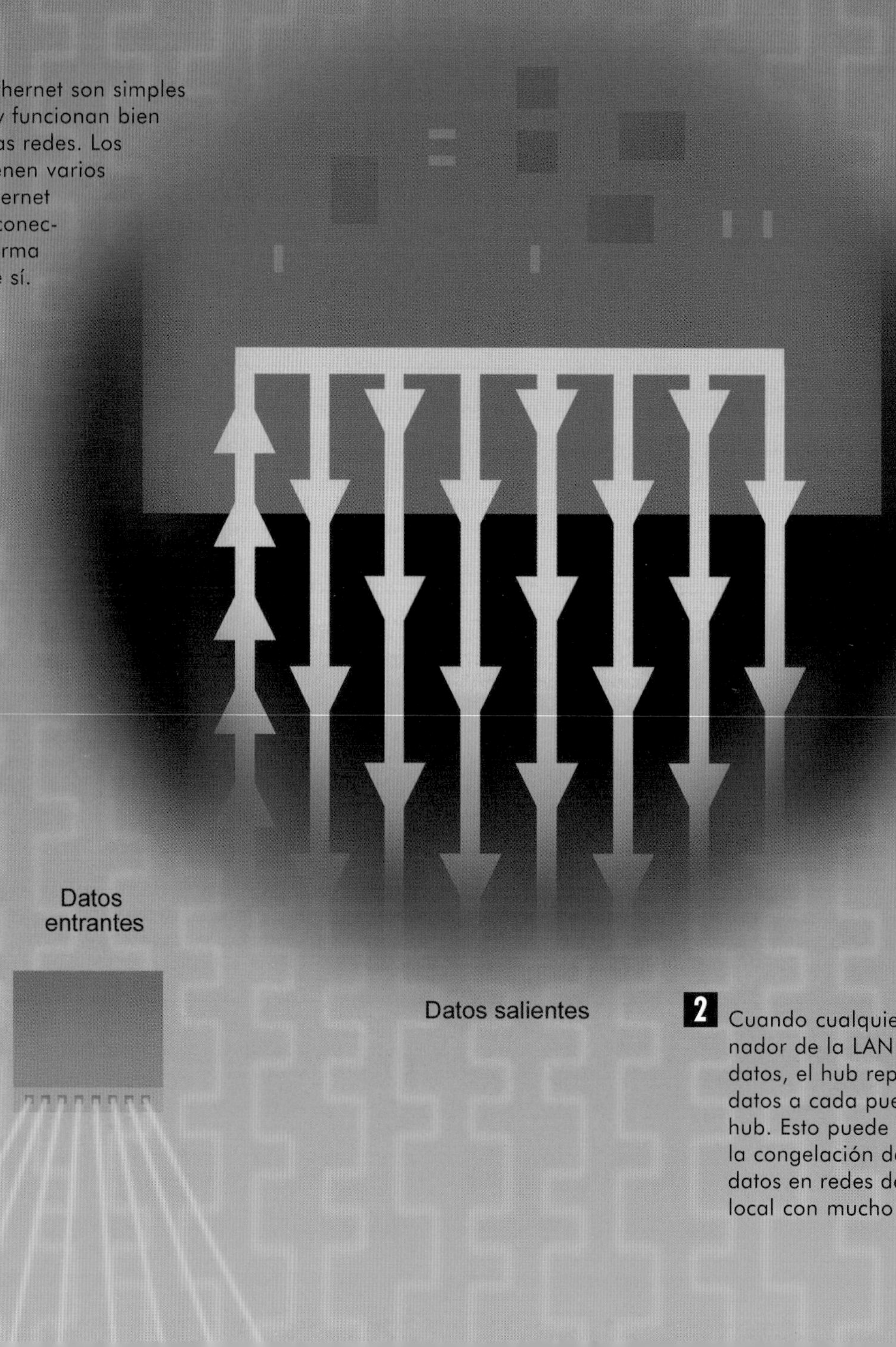

Datos entrantes

Datos salientes

**2** Cuando cualquier ordenador de la LAN transmite datos, el hub repite esos datos a cada puerto del hub. Esto puede llevar a la congelación de los datos en redes de área local con mucho tráfico.

**3** Como los hubs, los switches también muestran múltiples puertos Ethernet. Pero los switches contienen además cierta inteligencia que les permiten tomar decisiones sobre dónde enviar el tráfico de la LAN.

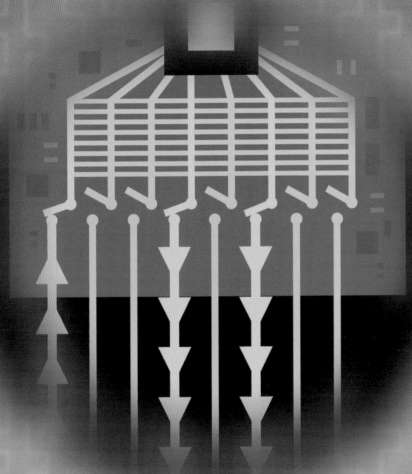

Datos
entrantes

Datos salientes

**4** A medida que cada ordenador transmite los datos, el switch examina la dirección de destino de los datos. El switch envía los datos al puerto adecuado del switch, sin enviar los mismos datos al resto de los ordenadores conectados al switch.

# Cómo funcionan los routers

**1** Los routers tienen una enorme variedad de tamaños, que van desde pequeñas unidades diseñadas para su uso doméstico a grandes unidades diseñadas para cientos de usuarios. Los routers pequeños, como el que se muestra aquí, con frecuencia incluyen un switch Ethernet. Los routers incluyen además uno o más puertos Ethernet (denominados puertos WAN) para la conexión a Internet o a una red IP privada.

**4** El router actúa como puerta de entrada para el tráfico que se da entre la LAN y la red IP externa. Los routers NAT (como el que se muestra aquí) utilizan una dirección IP única pública para todas las comunicaciones externas. A medida que el tráfico saliente pasa a través del router, el router NAT elimina la dirección de origen del PC cliente y la sustituye por su propia dirección pública. El router sigue la pista de todo el tráfico y redirige el tráfico entrante de nuevo al PC cliente adecuado.

Servidor DHCP/Router NAT

**2** La mayoría de los routers incluyen un servidor DHCP para asignar de forma automática direcciones IP a los ordenadores conectados a la LAN.

Cable o DSL

IP pública
4.47.16.1

IP pública
4.47.16.1

IP privada
192.168.0.6

**3** Los routers NAT utilizan DHCP para asignar una dirección IP privada a los clientes, mientras que los routers que no son NAT asignan a cada cliente una dirección IP pública.

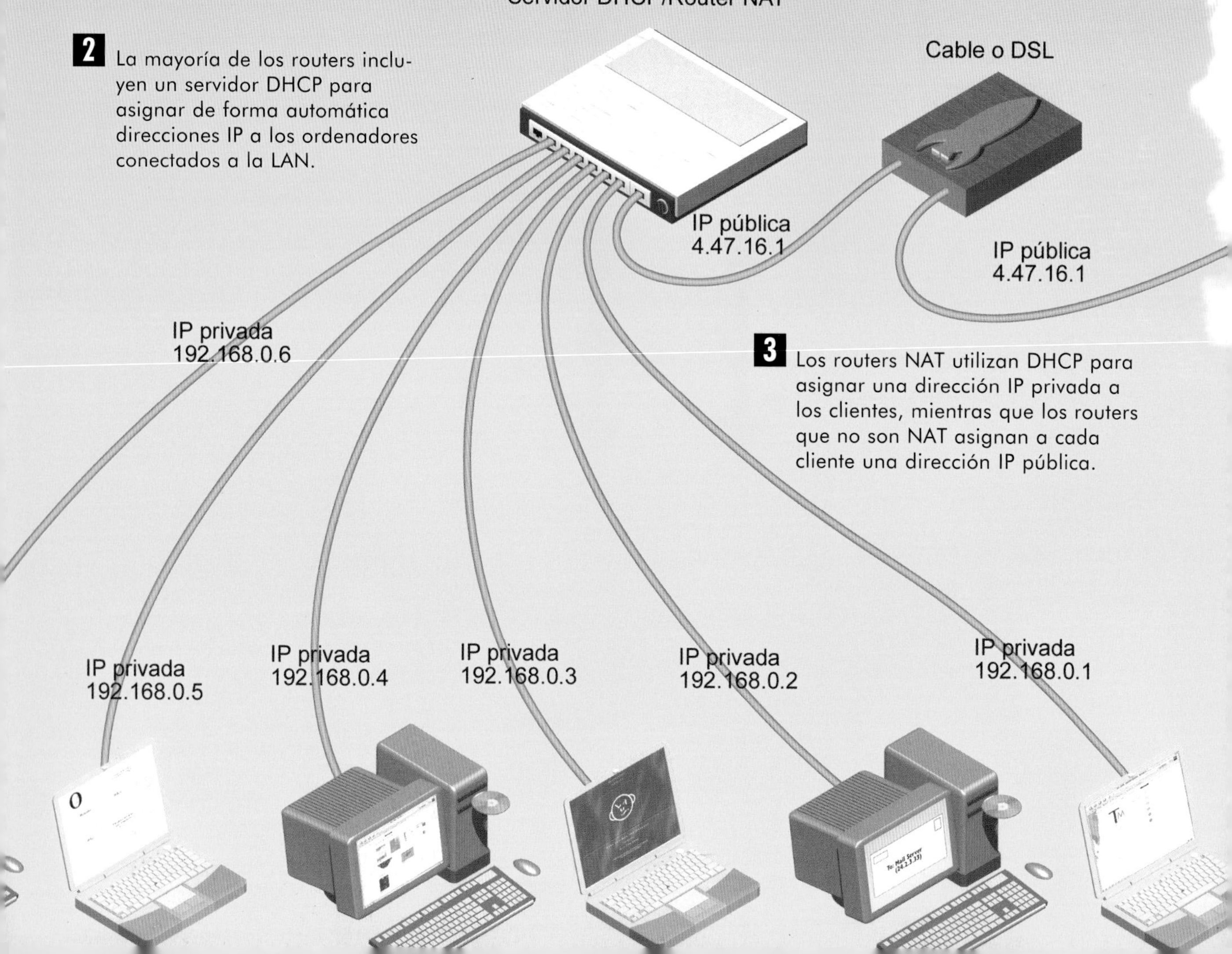

IP privada
192.168.0.5

IP privada
192.168.0.4

IP privada
192.168.0.3

IP privada
192.168.0.2

IP privada
192.168.0.1

**5** NAT consigue de forma eficaz que los PC clientes de la LAN sean invisibles para otros ordenadores en Internet, mientras que permite que los clientes se conecten libremente a los recursos de Internet tales como servidores Web y de correo electrónico.

Servidor Web

Servidor de correo

Internet

Servidor Web

Pirata informático

**6** Los piratas informáticos que tratan de conectarse al router o a un PC conectado al router no verán nada, porque el router bloquea todo tráfico entrante no esperado.

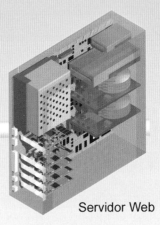

# Cómo funcionan los firewalls

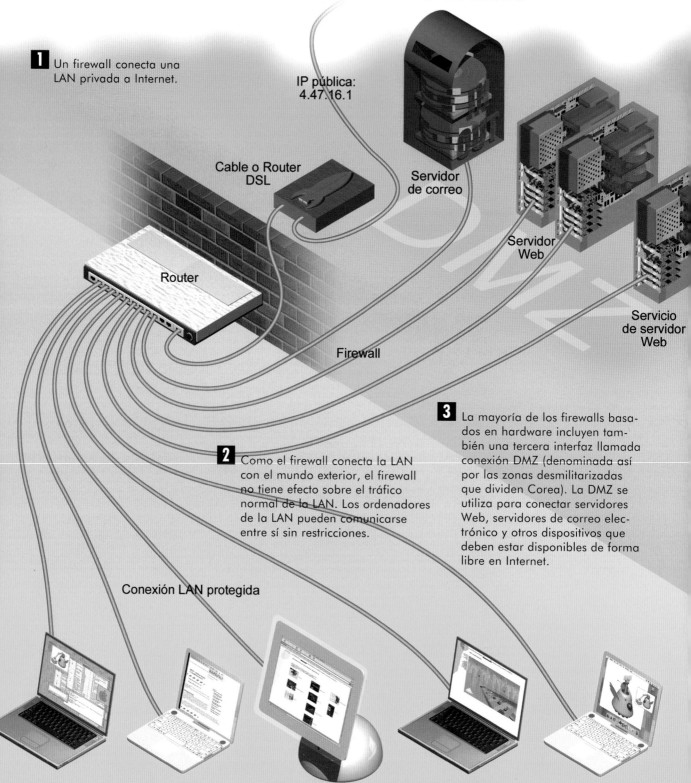

**1** Un firewall conecta una LAN privada a Internet.

IP pública:
4.47.16.1

Cable o Router DSL

Servidor de correo

Servidor Web

Router

Servicio de servidor Web

Firewall

**2** Como el firewall conecta la LAN con el mundo exterior, el firewall no tiene efecto sobre el tráfico normal de la LAN. Los ordenadores de la LAN pueden comunicarse entre sí sin restricciones.

**3** La mayoría de los firewalls basados en hardware incluyen también una tercera interfaz llamada conexión DMZ (denominada así por las zonas desmilitarizadas que dividen Corea). La DMZ se utiliza para conectar servidores Web, servidores de correo electrónico y otros dispositivos que deben estar disponibles de forma libre en Internet.

Conexión LAN protegida

Internet

**4** Los clientes que se encuentran en la LAN protegida pueden acceder a los recursos de Internet como servidores Web y servidores de correo, siempre que ese acceso esté permitido por los ajustes establecidos en el firewall. Los administradores de red pueden programar el firewall para que bloquee ciertos tipos de tráfico tales como los programas de mensajes instantáneos, de archivos compartidos y de juegos en red.

**5** Los ordenadores clientes en Internet pueden acceder a servidores Web y de correo electrónico conectados al puerto DMZ del firewall. A medida que el tráfico llega desde Internet, el firewall inspecciona cada paquete y permite el tráfico al firewall sólo si un ordenador cliente de la LAN protegida lo pide.

Servidor Web

Cliente Web

Pirata informático

Acceso denegado

**6** El tráfico no requerido procedente de Internet es ignorado. Un pirata informático que trate de conectarse a la LAN protegida por firewall puede obtener el acceso a servidores públicos sólo en los puertos DMZ.

CAPÍTULO

# 21

# Cómo funcionan las redes de área metropolitana

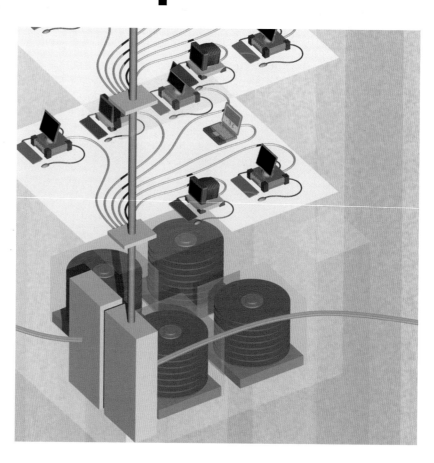

**LAS** redes de área local (LAN) son, por definición, locales; aproximadamente en un límite de 300 metros. Pero, en la actualidad, ningún negocio hace negocios sólo en un lugar. Una red de área metropolitana (MAN) es un servicio proporcionado prácticamente por cualquier empresa de comunicaciones que puede vincular negocios dentro de una ciudad y que proporciona puertas de entrada a tráfico de datos nacionales e internacionales. Una MAN puede ser una parte pequeña o grande de una red corporativa privada. La MAN puede unir diferentes ubicaciones dentro de una empresa o unir empresas que están haciendo negocios en una extranet empresarial.

Las MAN utilizan normalmente un cable de fibra óptica y las empresas de comunicaciones se benefician de cualquier acceso que puedan obtener para sus cables. En Chicago, utilizan viejos túneles diseñados para carros de carbón y en algunas ciudades conectan los cables de fibra óptica a cables de potencia masiva para usar el derecho de paso de la potencia existente. Los sistemas MAN con frecuencia configuran la fibra en anillos duales utilizando el estándar FDDI (*Fiber Distributed Data Interface*; Interfaz de Datos Distribuidos por Fibras ópticas). La configuración de anillo dual permite que el tráfico fluya en ambos sentidos, de forma que si la fibra se rompe en un lugar el tráfico puede fluir en la otra dirección para mantener el servicio. El estándar 802.6 describe un tipo de servicio de utilidad metropolitana.

Encontrará varios tipos de empresas de comunicaciones que proporcionan servicios MAN, como ILCE (*incumbent local exchange carrier*), CLEC (*competitive local exchange carriers*) y compañías de televisión por cable. Las compañías locales de telecomunicaciones utilizan servicios de líneas de abonado digital para conexiones a la MAN de más alta velocidad. Las empresas de comunicaciones de larga distancia como AT&T y WorldCom también ofrecen servicios metropolitanos.

En ocasiones no resulta práctico conseguir el derecho de paso para la instalación de un cable de fibra óptica en un edificio. En estos casos, muchas compañías de comunicaciones ofrecen varios tipos de conectividad de alta velocidad a través de lo que se denominan conexiones inalámbricas de punto fijo. Los sistemas inalámbricos de punto fijo, también conocidos como microondas digitales, han estado disponibles durante años. Hay varios problemas de licencia que tienen que resolverse en los EE.UU., pero el número de instalaciones inalámbricas de punto fijo fuera de los EE.UU. crecerá con rapidez. En algunos casos, las antenas para estos sistemas tienen el tamaño de un libro. En otros casos, necesitan una pequeña antena en el tejado de un edificio. Los vínculos inalámbricos típicos pueden proporcionar velocidades de conexión de hasta 1,5 megabits por segundo (un servicio T1).

Los servicios MAN más modernos usan paquetes IP en sus instalaciones, lo que proporciona conexiones directas a routers y switches. Hay temas de seguridad relacionados con la utilización generalizada de IP en redes que están siempre conectadas, por lo que cualquier conexión MAN IP debería estar protegida por un firewall de seguridad.

# Cómo funciona la red de área metropolitana

**1** Las sucursales que se encuentran en la ciudad tienen conexiones dedicadas de alta velocidad con la oficina central a través de MAN de fibra óptica. Estas conexiones permiten que las aplicaciones compartan archivos y servicios centralizados, como la seguridad.

**2** Cuando las sucursales o los socios comerciales no se encuentran dentro del área en la que funciona una MAN de fibra óptica, los sistemas de microondas digitales con frecuencia pueden llevar a cabo la tarea. Las microondas digitales pueden proporcionar conexiones rápidas sin la necesidad de tener un derecho de paso físico para el acceso por cable.

**3** La red en la oficina principal proporciona un punto central para el almacenamiento y copia de seguridad de los datos, la gestión de red y servicios tales como la seguridad y el acceso a Internet. El almacenamiento de datos centralizado es una nueva aplicación principal para las MAN.

Bucle de fibra

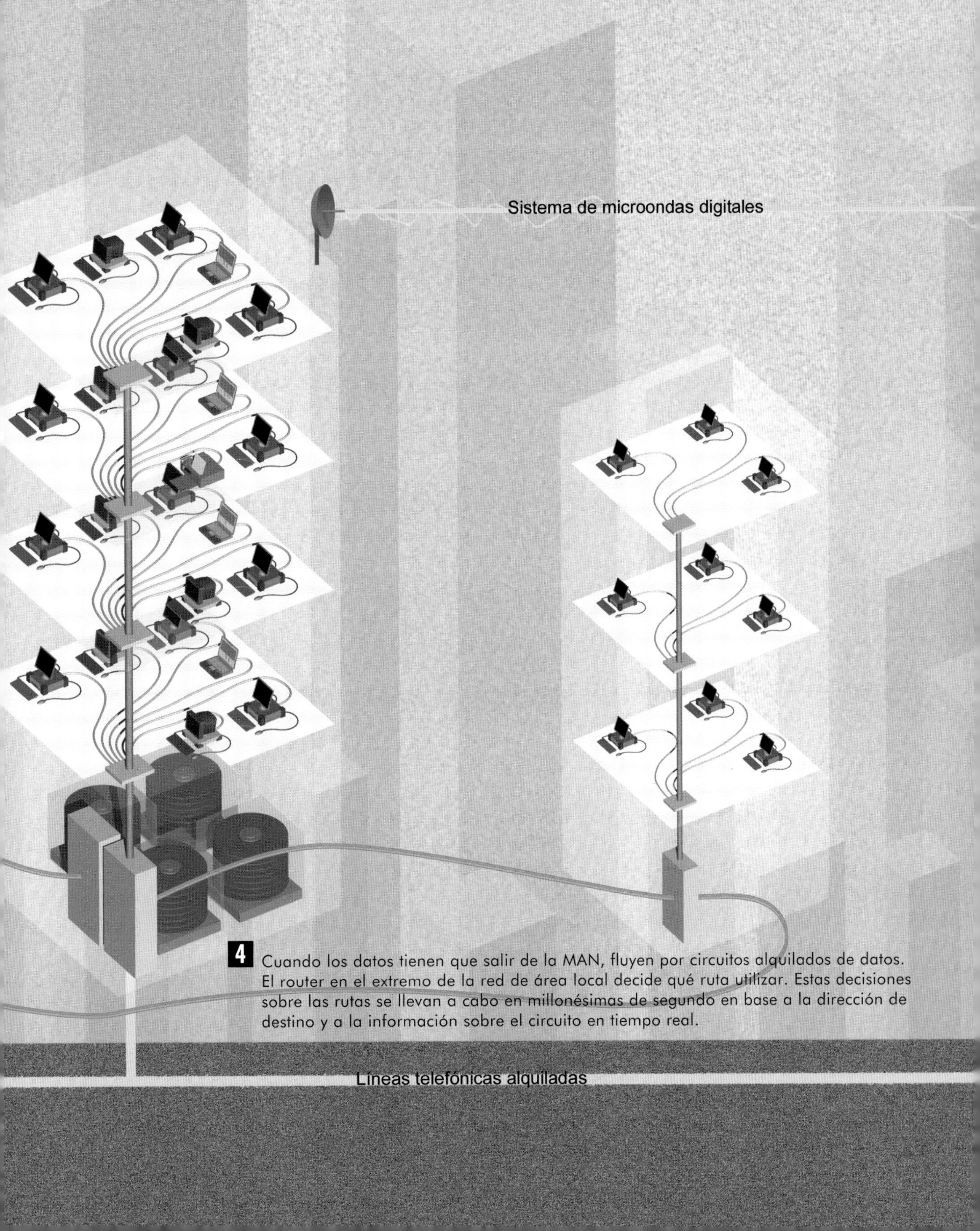

Sistema de microondas digitales

**4** Cuando los datos tienen que salir de la MAN, fluyen por circuitos alquilados de datos. El router en el extremo de la red de área local decide qué ruta utilizar. Estas decisiones sobre las rutas se llevan a cabo en millonésimas de segundo en base a la dirección de destino y a la información sobre el circuito en tiempo real.

Líneas telefónicas alquiladas

# 22

# Cómo funcionan las redes digitales de conmutación de circuitos

**PUEDE** tener varios tipos de vínculos en su red privada. La red puede combinar circuitos dedicados a tiempo completo denominados líneas alquiladas, circuitos virtuales o conexiones de marcado. Las líneas alquiladas a tiempo completo y los circuitos virtuales tienen la ventaja de estar siempre conectados. Pero esta característica se paga mensualmente. Además, las conexiones que siempre están activadas se hacen más vulnerables respecto a los intrusos.

En lugar de pagar por conexiones de LAN a LAN a tiempo completo, puede acceder a las conexiones digitales mediante marcado cuando las necesite. Los circuitos en los que se marca para llevar a cabo la conexión se denominan servicios digitales de conmutación de circuitos. En general, un servicio digital de conmutación de circuitos es más económico que un servicio de línea alquilada si necesita conexiones de entre tres y ocho horas al día o menos. Los servicios digitales de conmutación de circuitos son perfectos para conectar servidores de correo electrónico en LAN diferentes con el fin de llevar a cabo tareas tales como actualizar el inventario y pedir informes de la base de datos de una red a otra al final de cada día. Además, cuando una conexión de marcado está desconectada, no hay forma de que un intruso pueda entrar en la red desde el exterior.

Las partes principales de los sistemas telefónicos públicos son completamente digitales. Gestionan la voz y los datos como una corriente de ceros y unos en vez de tonos analógicos. Sólo las últimas millas de cable transportan datos en forma analógica. La única diferencia entre la conexión de voz por conmutación de circuito y las conexiones de datos de conmutación de circuitos se encuentra en el cable que une la terminación. Los circuitos de voz utilizan un tipo de sistema de cableado más antiguo cuya finalidad era eliminar la distorsión de la voz. Los módems para circuitos de voz convierten datos en tonos que atraviesan algunas millas de cable hasta que se vuelven a convertir en datos en la oficina central. Cuando las compañías telefónicas instalan servicios digitales de conmutación, los nuevos sistemas de cableado transportan los datos en forma digital durante todo el trayecto, por lo que no existe la necesidad de módems.

Los vendedores de servicios de conmutación de circuitos ofrecen circuitos de marcado capaces de transportar ratios máximos de señal de 56, 64 y 384 kilobits por segundo y 1,544 megabits por segundo. Los circuitos de conmutación de datos siguen el mismo esquema de precios que los circuitos de conmutación de voz. Se paga el equipo y la instalación, una cantidad mensual por el servicio y cada llamada por minuto según la distancia. En algunas áreas, el servicio de conmutación 56 no cuesta más que el servicio de voz.

La Red Digital de Servicios Integrados (RDSI) es un servicio digital de conmutación de circuitos. El marketing RDSI hace hincapié en las aplicaciones combinadas de voz y datos, pero empresas como Lucent y Cisco comercializan prácticos routers RDSI para servicios de LAN a LAN. Estos dispositivos establecen prácticas conexiones digitales de conmutación de servicios entre LAN apropiadas cuando aparece el tráfico, y después interrumpen la conexión cuando ya no se necesita.

El servicio RDSI más popular para unir redes locales es la interfaz de acceso básico (BRI). Este servicio proporciona dos canales de datos capaces de transportar 64 kilobits por segundo en cada uno de estos canales, denominados canales B o canales portadores, y un canal independiente de 16 kilobits por segundo, denominado canal de datos, o canal D. En canal D se utiliza para indicar a los ordenadores del sistema de conmutador telefónico que generen llamadas, reinicien llamadas y reciban la información relativa a las llamadas entrantes, incluyendo la identificación del emisor.

Los servicios digitales de conmutación de circuitos pueden proporcionar prácticas y económicas conexiones entre redes de área local. Son una útil alternativa a las conexiones metropolitanas y de larga distancia entre redes de área local.

# Cómo funcionan las redes digitales de conmutación de circuitos

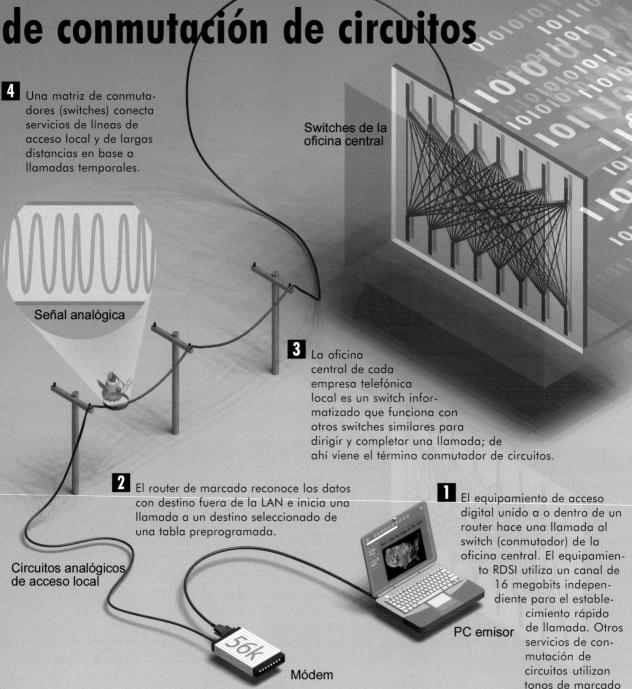

**4** Una matriz de conmutadores (switches) conecta servicios de líneas de acceso local y de largas distancias en base a llamadas temporales.

Switches de la oficina central

Señal analógica

**3** La oficina central de cada empresa telefónica local es un switch informatizado que funciona con otros switches similares para dirigir y completar una llamada; de ahí viene el término conmutador de circuitos.

**2** El router de marcado reconoce los datos con destino fuera de la LAN e inicia una llamada a un destino seleccionado de una tabla preprogramada.

**1** El equipamiento de acceso digital unido a o dentro de un router hace una llamada al switch (conmutador) de la oficina central. El equipamiento RDSI utiliza un canal de 16 megabits independiente para el establecimiento rápido de llamada. Otros servicios de conmutación de circuitos utilizan tonos de marcado estándar.

Circuitos analógicos de acceso local

PC emisor

56k

Módem

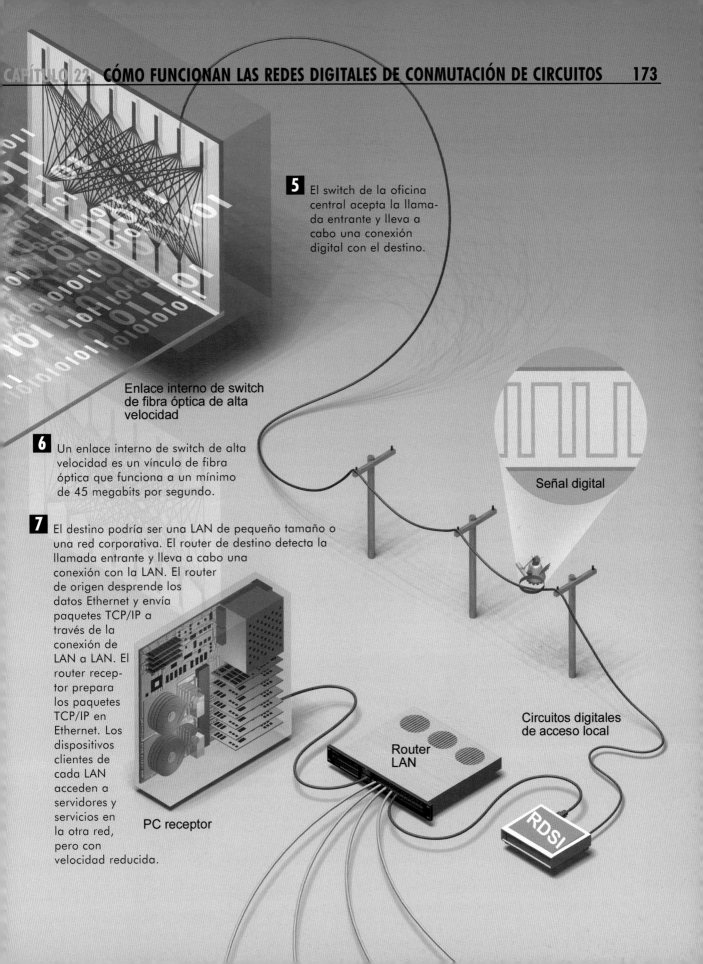

**5** El switch de la oficina central acepta la llamada entrante y lleva a cabo una conexión digital con el destino.

Enlace interno de switch de fibra óptica de alta velocidad

Señal digital

**6** Un enlace interno de switch de alta velocidad es un vínculo de fibra óptica que funciona a un mínimo de 45 megabits por segundo.

**7** El destino podría ser una LAN de pequeño tamaño o una red corporativa. El router de destino detecta la llamada entrante y lleva a cabo una conexión con la LAN. El router de origen desprende los datos Ethernet y envía paquetes TCP/IP a través de la conexión de LAN a LAN. El router receptor prepara los paquetes TCP/IP en Ethernet. Los dispositivos clientes de cada LAN acceden a servidores y servicios en la otra red, pero con velocidad reducida.

PC receptor

Router LAN

Circuitos digitales de acceso local

RDSI

# Cómo funciona RDSI

Internet

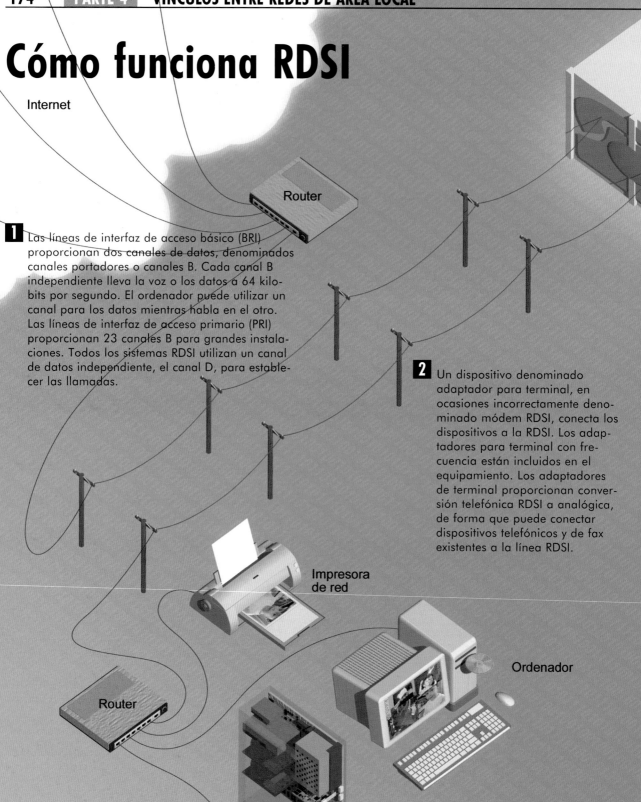

Router

**1** Las líneas de interfaz de acceso básico (BRI) proporcionan dos canales de datos, denominados canales portadores o canales B. Cada canal B independiente lleva la voz o los datos a 64 kilobits por segundo. El ordenador puede utilizar un canal para los datos mientras habla en el otro. Las líneas de interfaz de acceso primario (PRI) proporcionan 23 canales B para grandes instalaciones. Todos los sistemas RDSI utilizan un canal de datos independiente, el canal D, para establecer las llamadas.

**2** Un dispositivo denominado adaptador para terminal, en ocasiones incorrectamente denominado módem RDSI, conecta los dispositivos a la RDSI. Los adaptadores para terminal con frecuencia están incluidos en el equipamiento. Los adaptadores de terminal proporcionan conversión telefónica RDSI a analógica, de forma que puede conectar dispositivos telefónicos y de fax existentes a la línea RDSI.

Impresora
de red

Ordenador

Router

Servidor

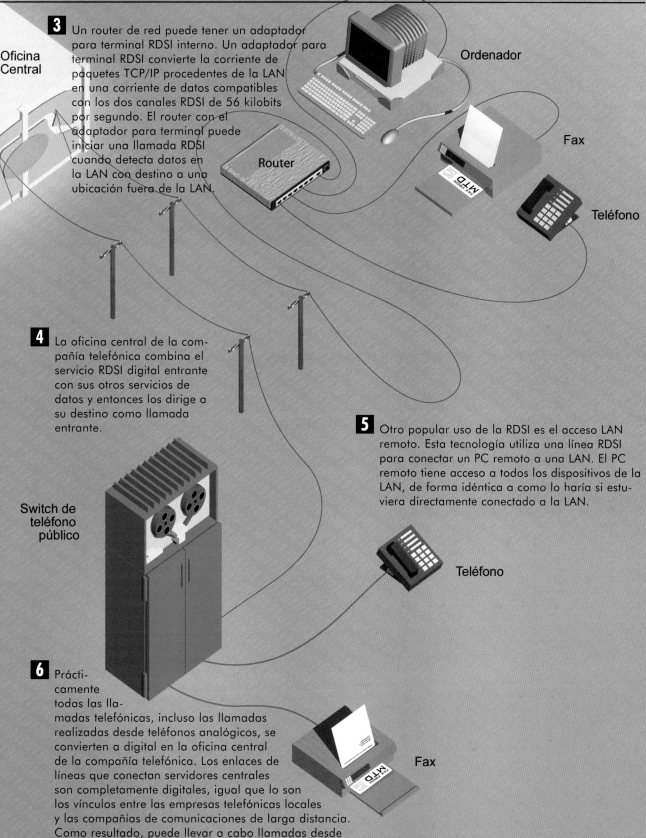

**3** Un router de red puede tener un adaptador para terminal RDSI interno. Un adaptador para terminal RDSI convierte la corriente de paquetes TCP/IP procedentes de la LAN en una corriente de datos compatibles con los dos canales RDSI de 56 kilobits por segundo. El router con el adaptador para terminal puede iniciar una llamada RDSI cuando detecta datos en la LAN con destino a una ubicación fuera de la LAN.

Oficina Central

Ordenador

Router

Fax

Teléfono

**4** La oficina central de la compañía telefónica combina el servicio RDSI digital entrante con sus otros servicios de datos y entonces los dirige a su destino como llamada entrante.

**5** Otro popular uso de la RDSI es el acceso LAN remoto. Esta tecnología utiliza una línea RDSI para conectar un PC remoto a una LAN. El PC remoto tiene acceso a todos los dispositivos de la LAN, de forma idéntica a como lo haría si estuviera directamente conectado a la LAN.

Switch de teléfono público

Teléfono

**6** Prácticamente todas las llamadas telefónicas, incluso las llamadas realizadas desde teléfonos analógicos, se convierten a digital en la oficina central de la compañía telefónica. Los enlaces de líneas que conectan servidores centrales son completamente digitales, igual que lo son los vínculos entre las empresas telefónicas locales y las compañías de comunicaciones de larga distancia. Como resultado, puede llevar a cabo llamadas desde un teléfono RDSI a un teléfono analógico, y viceversa.

Fax

CAPÍTULO

# 23

# Cómo funcionan las redes de conmutación de paquetes

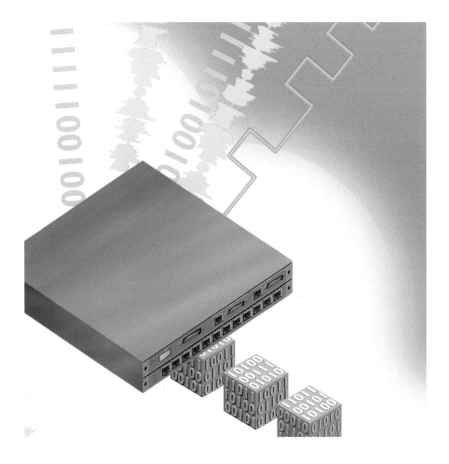

**LA** alternativa más popular para una conexión de LAN a LAN es la conmutación de paquetes. La conmutación de paquetes es una gran categoría que incluye servicios denominados X.25, *frame-relay* y tecnologías *cell-relay*. La conmutación de paquetes ha sido más popular en Europa y en Asia que en EE.UU. porque muchas organizaciones norteamericanas prefirieron mantener los servicios de línea alquilada familiares. Sin embargo, el agresivo precio de *frame relay* ha hecho que sea popular también en EE.UU.

El principal atractivo de los servicios de conmutación de paquetes radica en sus flexibles capacidades multipunto. Las LAN situadas en distintas ubicaciones pueden intercambiar datos con una ubicación central y entre sí. Los portales LAN pueden utilizar distintas velocidades de señal y la red de conmutación de paquetes prepara los datos. Las redes de conmutación de paquetes comerciales también se denominan redes de datos públicas (PDN) o redes de valor añadido (VAN) a causa del control de errores, la preparación de datos y la conversión de protocolos que proporcionan.

Aunque otras alternativas típicas de LAN a LAN incluyen normalmente tarifas planas mensuales determinadas por la distancia y la velocidad, las redes de conmutación de paquetes son sensibles a la utilización. Esto significa que se paga un precio mensual por el servicio básico y una cuota basada en la cantidad de datos recibidos por cada uno de los puertos de su red. La facturación dependiendo de la autorización puede hacer que las redes de conmutación de paquetes sean más atractivas que las líneas alquiladas a tiempo completo cuando sus aplicaciones transfieran datos sólo algunas veces al día.

Las conexiones a tiempo completo con red de conmutación de paquetes estás disponibles a través de su dispositivo de portal de red, y normalmente funcionan a velocidades de 56 kilobits a 1,544 megabits por segundo. La empresa de comunicaciones que elija puede llevar a cabo toda la preparación del servicio y cargar los gastos en una factura.

Hasta mediados de los años 90, un protocolo denominado X.25 dominó las redes de conmutación de paquetes. Este protocolo utiliza un diseño de correas de alta fiabilidad para garantizar la entrega y la integridad de los datos que viajan por la red. Las redes que utilizan circuitos digitales fiables no necesitan todos los cálculos y comprobaciones proporcionados por el protocolo X.25, por lo que los diseñadores eliminaron muchas de las funciones de X.25, redujeron el encabezado y desarrollaron un servicio denominado *frame relay*.

Los nuevos avances en los sistemas de conmutación de paquetes se centran en tecnologías de conmutación de células. Como el paquete X.25 y el *frame relay* son variables en longitud, la red debe ajustarse constantemente al flujo y la temporización de los mensajes. Si los paquetes de datos son todos del mismo tamaño, los diseñadores de red pueden tensar la operación, obteniendo más eficacia y reduciendo la complejidad del sistema. Una tecnología denominada *cell relay* y un estándar *cell-relay* en evolución denominado ATM (modo de transferencia asíncrono) están diseñados para cargas de datos muy pesadas. Funcionando a velocidades entre 1,544 megabits por segundo y 1,2 gigabits por segundo, las celdas ATM constan de 48 bytes de información de aplicación más 5 bytes para el encabezado. El equipamiento de red puede dirigir y mover rápidamente estos paquetes de datos con tamaño uniforme.

ATM es óptimo para transportar señales de voz digitalizada y vídeo porque las pequeñas células ofrecen un pequeño retraso (una característica denominada latencia baja) cuando se transportan por la red. ATM es una de las tecnologías fundamentales de Internet global.

Los sistemas de conmutación de paquetes ofrecen fiabilidad y flexibilidad para las conexiones de LAN a LAN. Hay poco coste inicial, y puede tener el servicio donde y cuando lo necesite, y sólo durante el tiempo que sea necesario.

# Cómo funcionan las redes de conmutación de paquetes

**1** Los dispositivos de interfaz de red de paquetes, con frecuencia incluidos en los routers, preparan los datos desde la LAN en paquetes adecuados al tipo específico de red. Cada paquete está etiquetado con el destino del conmutador (switch) de paquete más cercano que lo moverá en dirección a su destino.

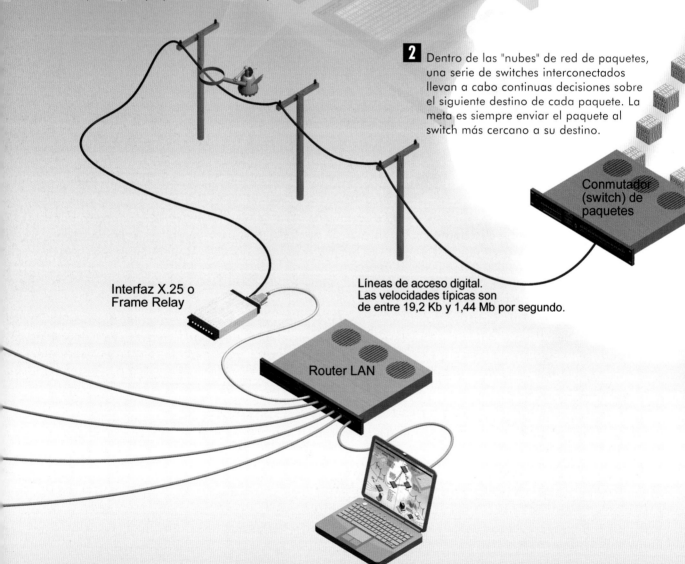

**2** Dentro de las "nubes" de red de paquetes, una serie de switches interconectados llevan a cabo continuas decisiones sobre el siguiente destino de cada paquete. La meta es siempre enviar el paquete al switch más cercano a su destino.

Conmutador (switch) de paquetes

Interfaz X.25 o Frame Relay

Líneas de acceso digital. Las velocidades típicas son de entre 19,2 Kb y 1,44 Mb por segundo.

Router LAN

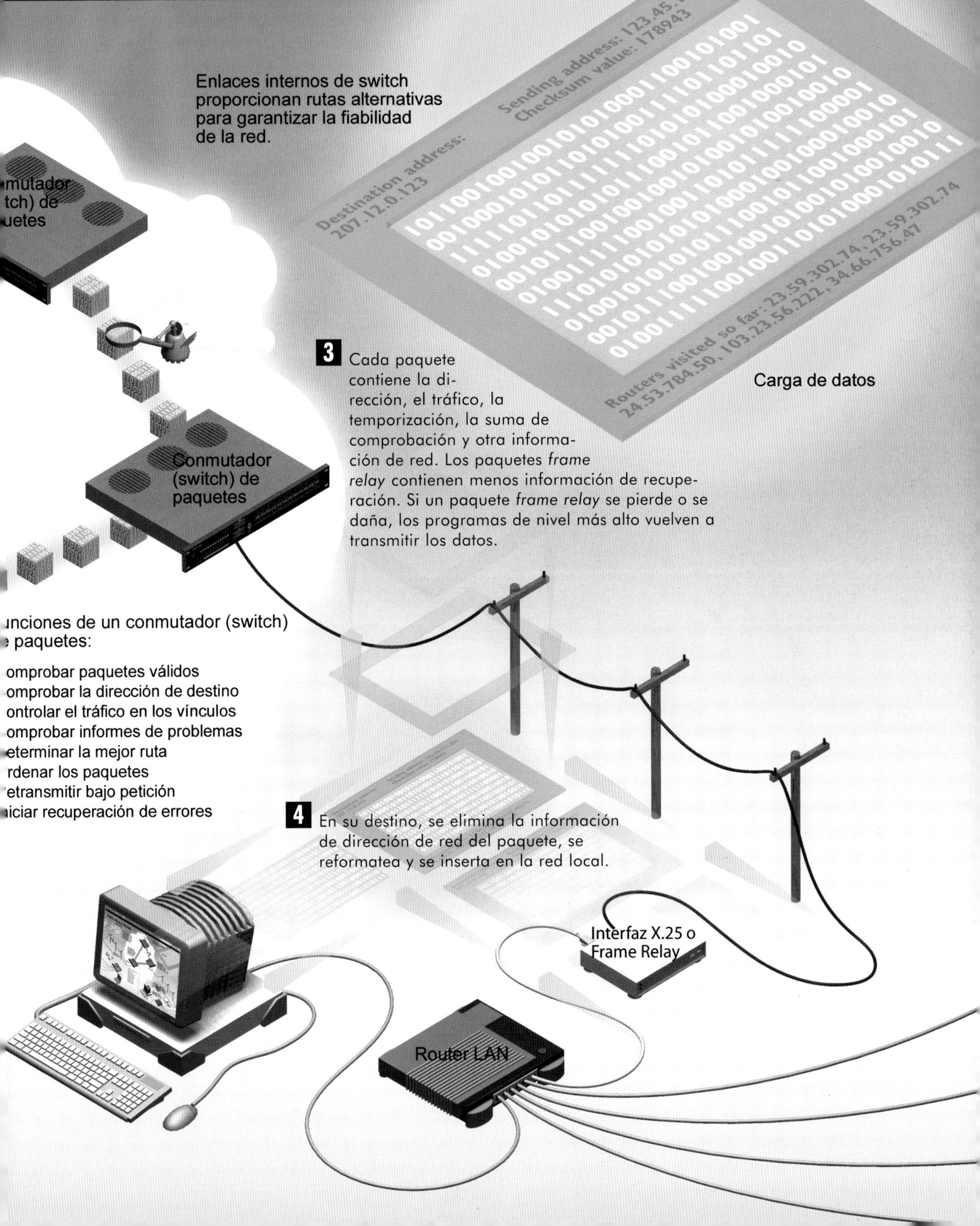

Enlaces internos de switch proporcionan rutas alternativas para garantizar la fiabilidad de la red.

Sending address: 123.45...
Checksum value: 178943

Destination address: 207.12.0.123

Routers visited so far: 23.59.302.74, 23.59.302.74
24.53.784.50, 103.23.56.222, 34.66.756.47

Carga de datos

mutador
tch) de
uetes

**3** Cada paquete contiene la dirección, el tráfico, la temporización, la suma de comprobación y otra información de red. Los paquetes *frame relay* contienen menos información de recuperación. Si un paquete *frame relay* se pierde o se daña, los programas de nivel más alto vuelven a transmitir los datos.

Conmutador (switch) de paquetes

nciones de un conmutador (switch)
 paquetes:

omprobar paquetes válidos
omprobar la dirección de destino
ontrolar el tráfico en los vínculos
omprobar informes de problemas
eterminar la mejor ruta
rdenar los paquetes
etransmitir bajo petición
iiciar recuperación de errores

**4** En su destino, se elimina la información de dirección de red del paquete, se reformatea y se inserta en la red local.

Interfaz X.25 o Frame Relay

Router LAN

# Cómo funciona un switch ATM

Teléfono

Audio

Video y audio

Router

Ordenador
equipado
con ATM

**1** Los datos de audio y vídeo digitalizados entran en un adaptador ATM a
través de conexiones adecuadas y
son segmentados en pequeñas células según reglas de dirección de
aplicación ATM específicas.

Tramas LAN

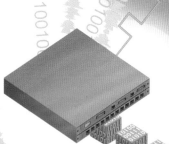

**2** Los datos LAN entran en un adaptador
ATM a través de la conexión LAN y el
adaptador los segmenta en células ATM
utilizando reglas de dirección de aplicación para datos LAN.

**3** Los adaptadores dentro de
los switches ATM transfie-
ren las células a y las
acepta de funciones de
dirección de switch.

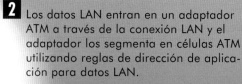
Células ATM

# Cómo convierte paquetes en células un switch ATM

Petición de servicio
Típicamente un máximo de 534 bytes en 8 bits

Control de error
Longitud
Tipo de paquete
Petición de
servicio

**1** Los datos procedentes de una aplicación se encuentran típicamente en un bloque de menos de 1.000 bytes.

Paquete Netware IPX típicamente de 534 bytes en 8 bits

**2** Están empaquetados con información de red que va a ser gestionada por los servidores dentro de una LAN. Esto podría añadir otros 600 bytes.

Control de error
Longitud
Tipo de paquete
Red de destino
Central de destino
Conexión de destino
Red de origen
Central de origen
Conexión de destino
Campo de datos

Cada célula ATM es siempre de 53 bytes en 8 bits

Información de tráfico:
5 bytes en 8 bits

Carga de datos -
48 bytes en 8 bits

Segmentación ATM y proceso de reensamblaje

**3** El switch ATM utiliza una compleja fórmula para dividir los datos de red en células de 8 bits. La pérdida de una o dos células no destruirá la inteligencia del bloque de datos.

Células ATM

Célula mala

Célula mala

Célula mala

Célula mala

Célula mala

# 5

# Internet

**CON** las enormes dimensiones que tiene Internet, es sólo la manifestación más visible de la adopción a nivel mundial de un estándar de red. Y con lo libre y sencilla que parece ser, Internet tiene antecedentes autoritarios.

Internet actual tiene sus raíces directas en el trabajo llevado a cabo a expensas del Departamento de Defensa americano. Este Departamento de Defensa necesitaba una arquitectura de comunicación para sus sistemas de órdenes y control que fuera autocorrector, fiable y universal. El requisito era que ordenadores de distintas marcas, modelos y sistemas operativos pudieran comunicarse a través de una red con un amplio alcance de aplazamiento, rendimiento y pérdida de paquetes. A finales de los sesenta, la *Defense Advanced Research Projects Agency* (Agencia de proyectos de investigación avanzada de defensa), trabajando en colaboración con empresas y universidades, puso en marcha una red que era simultáneamente una herramienta y una prueba. Esta red, la ARPAnet, fue el terreno de desarrollo de protocolos y técnicas utilizadas para la comunicación en Internet actual.

En los años ochenta, la *Defense Communications Agency* (Agencia de comunicaciones de defensa) del Departamento de Defensa actuó como guardián de los estándares, pero en la década de los noventa los papeles de desarrollador, ingeniero y guardián de la Internet emergente pasaron a la ISOC (*Internet Society*; Sociedad de Internet), una organización independiente. La ISOC tiene varios grupos de trabajo filiales, entre los que se incluyen IEFT (*Internet Engineering Task Force*; Grupo de Trabajo de Ingeniería sobre Internet) e IRTF (*Internet Research Task Force*; Grupo de Trabajo de Investigación sobre Internet). Si sigue las noticias sobre informática y comunicaciones, con frecuencia oirá hablar de ISOC e IEFT y de sus intentos de optimizar Internet y su papel en los negocios y la cultura modernos.

La ISOC mantiene una gran biblioteca de documentos online, y sería imposible escribir un libro de este tipo sin hacer una referencia frecuente a ellos. La ISOC utiliza peticiones de comentario (RFC) y estándares (STD) para describir conceptos y estándares. Las RFC con frecuencia contienen propuestas procedentes de distintos comerciantes y algunas de ellas son incluso intencionadamente cómicas. Los STD contienen descripciones coordinadas y aceptadas sobre cómo deberían funcionar las cosas: los protocolos. Diríjase a `http://www.isoc.org` donde encontrará una lista completa de páginas y vínculos.

Las RFC y los STD van más allá de la conectividad básica y describen la gestión de red, el correo electrónico, las transferencias de archivos y otras funciones utilizadas en Internet y en otras redes IP. La IAB ha creado y está expandiendo un entorno informático completo basado en protocolos flexibles en capas. En un sistema de comunicaciones informáticas, el software y el firmware están diseñados para adecuarse a protocolos específicos. Éste es un punto importante que merece la pena expresar de otra forma: el software implementa protocolos, por lo que protocolos tales como TCP/IP no son software. Los programadores utilizan protocolos y estándares para diseñar software. Saber la relación que existe entre los protocolos y el software puede evitar confusión en muchos debates.

Como es de esperar, el software que implementa un protocolo complejo como TCP/IP es en sí mismo muy complejo. Los programadores de protocolos generalmente diseñan software en piezas modulares, por lo que un cambio en una parte del software no tiene un efecto no deseado en otra parte del software. La funcionalidad elaborada en el software está diseñada en capas, basada en el modelo de siete capas OSI (*Open Systems Interconnect*; interconexión de sistemas abiertos).

El modelo OSI identifica y clasifica siete niveles distintos de funcionalidad. La conexión física de hardware, un cable trenzado, por ejemplo, en la capa más baja del modelo, y los programas de aplicación del usuario final, los navegadores Web y los programas de correo electrónico, se encuentran en la capa más alta.

Los datos se mueven hacia arriba y hacia abajo por las capas, y cada capa sirve para proporcionar una interfaz común a la capa que se encuentra encima mientras se llevan a cabo tareas que son específicas de un procesador, sistema operativo o dispositivo periférico. El software de drivers, que reside en la capa inferior de un sistema operativo como Windows, mueve datos a y desde dispositivos tales como adaptadores LAN, puertos USB y de serie y adaptadores de comunicaciones.

Las capas inferiores de software siguen las reglas del protocolo preparando los datos procedentes del programa de aplicación en paquetes. Puede pensar en cada paquete como un sobre estandarizado para los datos, que se completa con su propia dirección y el equivalente al código postal, el nombre de la calle y el número de la casa.

El sobre del paquete de datos contiene información específica como la identificación del nodo que origina el paquete, el tamaño del paquete, y su dirección de destino. Como es probable que su mensaje esté compuesto de muchos paquetes, y como es fácil que puedan entregarse desordenados, también están etiquetados como primero, segundo, tercero, etc.

Una de las principales obligaciones del protocolo TCP es reorganizar los paquetes recibidos en su ordenador antes de presentarlos como un mensaje cohesivo en su programa de aplicación. Tanto el formato del paquete como su información introductoria siguen reglas específicas para dicho protocolo.

Mediante la utilización de un protocolo común, los ordenadores con sistemas operativos y hardware de procesador completamente diferentes pueden intercambiar datos que las aplicaciones pueden utilizar. Esa ubicuidad es la atracción magnética de Internet y de la World Wide Web. En las páginas siguientes le mostraremos cómo los complejos elementos de Internet funcionan para hacer que parezca sencillo reunir información, intercambiar correo electrónico y llevar a cabo otras complejas funciones.

CAPÍTULO

# 24

# Cómo funcionan las conexiones a Internet

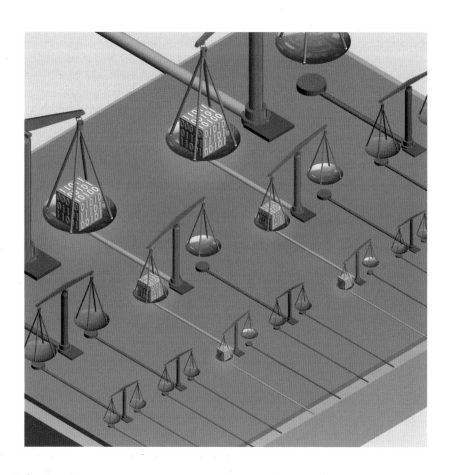

**INTERNET** es una palabra compuesta que describe un inmenso número de acuerdos, disposiciones y conexiones. Internet es literalmente una red de redes. De hecho, es típicamente una red de redes de área local. Una buena analogía sería comparar Internet con un sistema de puentes que unan millones de islas de distintos tamaños. Cada isla tiene sus propios recursos y capacidades, y cada una de ellas tiene su propio dominio y un nombre de dominio. Para propósitos de transporte y entrega, los nombres de dominio tienen direcciones afiliadas. De forma similar, cada recurso de Internet tiene un nombre de dominio y una dirección IP. En nuestro sistema de islas, como en Internet, muchas empresas diferentes construyen puentes que conectan los dominios de las islas, y algunos sistemas de puentes son un poco más amplios o robustos que otros, pero, en conjunto, el sistema al completo le proporciona todo un mundo para viajar.

Algunas islas son privadas. Puede establecer una intranet para su organización que proporcione servicios similares a los de Internet, pero sólo para sus empleados o para los miembros de su grupo. Si desea ampliar el acceso a sus socios empresariales más cercanos, tales como proveedores, minoristas o contables, puede establecer una extranet de acceso limitado. Una intranet o una extranet podrían tener sólo un pequeño puente a Internet.

Los servicios de Internet hacen que aparezcan como cosas diferentes a personas diferentes. Podría pensar en la parte World Wide Web de Internet como en un lugar en el que se puede investigar y pedir productos. Probablemente estará familiarizado asimismo con los servicios de correo electrónico de Internet o de su intranet. Existen docenas de servicios diferentes que trabajan en Internet para proporcionar actividades tales como chats de teclado a teclado, conversaciones de voz a tiempo real y la transferencia, el almacenamiento y la recuperación de archivos.

Técnicamente, Internet es una red interconectada basada en la familia de protocolos TCP/IP. TCP (*Transmisión Control Protocol*; Protocolo de Control de Transmisión) e IP (*Internet Protocol*; Protocolo de Internet) son dos protocolos o grupos de reglas que controlan cómo se comunican los ordenadores entre sí. Ha surgido un grupo de protocolos afiliados en torno a TCP/IP, y toda la familia está regulada y mantenida por la IEFC. Juntos, determinan cómo los ordenadores se conectan entre sí y cómo intercambian información de forma fiable. Una parte importante del protocolo IP es la dirección IP. El estándar de dirección IP (cuatro números entre 1 y 256 separados por puntos) define un mecanismo para proporcionar una dirección única para cada ordenador en Internet.

Protocolos adicionales definen las actividades que dos ordenadores conectados pueden llevar a cabo. Por ejemplo, el POP (*Post Office Protocol*; Protocolo de oficina de correos) controla el correo electrónico, y el HTTP (*Hypertext Transfer Protocol*; Protocolo de transferencia de hipertexto) es la base de la World Wide Web. Existen docenas de protocolos, pero todos los protocolos de Internet funcionan sobre protocolos TCP/IP.

Hoy en día, cualquiera puede suscribirse a un proveedor de servicios de Internet o ISP. Un ISP típicamente alquila una conexión de alta velocidad a la red central de Internet, y proporciona acceso con una velocidad inferior a muchos usuarios. El ISP también proporciona una variedad de servicios de valor añadido tales como el correo electrónico y las páginas Web con contenido local. La conexión al ISP se lleva a cabo utilizando un módem, RDSI u otro servicio como un módem por cable, y el ISP lleva sus paquetes TCP/IP a y desde Internet.

En las páginas siguientes describiremos de forma visual los distintos elementos del gran sistema interconectado denominado Internet. Empezaremos por el eje principal de Internet y las conexiones ISP y después le mostraremos cómo funcionan los protocolos más importantes.

# Cómo se mueve el tráfico por Internet

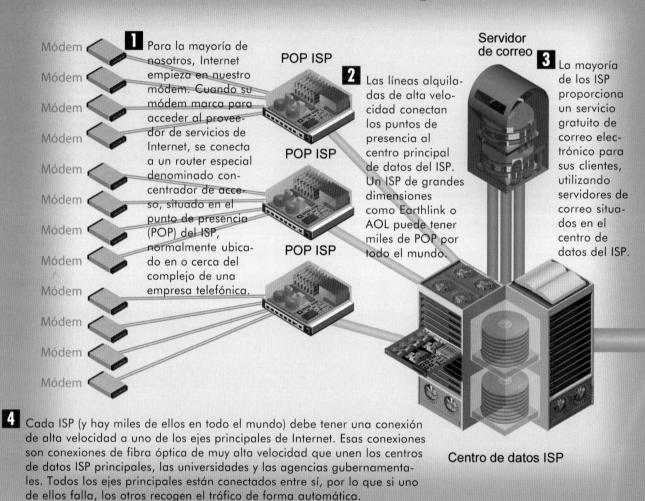

Módem

**1** Para la mayoría de nosotros, Internet empieza en nuestro módem. Cuando su módem marca para acceder al proveedor de servicios de Internet, se conecta a un router especial denominado concentrador de acceso, situado en el punto de presencia (POP) del ISP, normalmente ubicado en o cerca del complejo de una empresa telefónica.

POP ISP

**2** Las líneas alquiladas de alta velocidad conectan los puntos de presencia al centro principal de datos del ISP. Un ISP de grandes dimensiones como Earthlink o AOL puede tener miles de POP por todo el mundo.

Servidor de correo

**3** La mayoría de los ISP proporciona un servicio gratuito de correo electrónico para sus clientes, utilizando servidores de correo situados en el centro de datos del ISP.

Centro de datos ISP

**4** Cada ISP (y hay miles de ellos en todo el mundo) debe tener una conexión de alta velocidad a uno de los ejes principales de Internet. Esas conexiones son conexiones de fibra óptica de muy alta velocidad que unen los centros de datos ISP principales, las universidades y las agencias gubernamentales. Todos los ejes principales están conectados entre sí, por lo que si uno de ellos falla, los otros recogen el tráfico de forma automática.

Agrupación centralizada de servidores

Eje principal de Internet

Router

**8** Internet no sería muy interesante sin contenido, y la mayor parte de ese contenido procede de servidores Web. Los ISP con frecuencia proporcionan servicios gratuitos de hospedaje para sus usuarios, y muchos negocios establecen sus propios sitios Web. Pero las organizaciones con mucho tráfico de servidor Web a menudo subcontratan sus servicios Web dejándolos en manos de un proveedor de hospedaje Web especializado. Estos proveedores utilizar ordenadores muy resistentes como servidores conectados a conexiones de datos de alta velocidad para proporcionar un elevado nivel de servicio y fiabilidad.

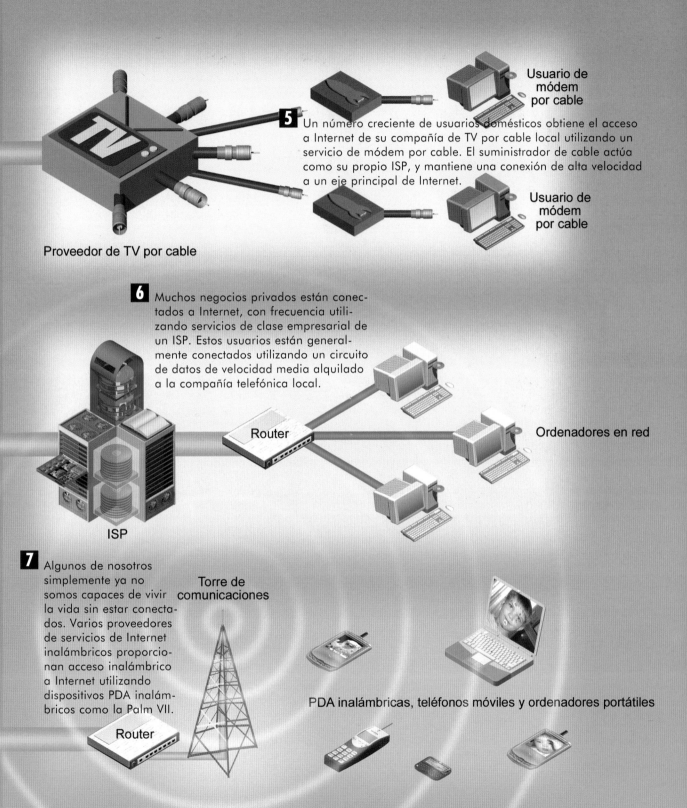

**Usuario de módem por cable**

**5** Un número creciente de usuarios domésticos obtiene el acceso a Internet de su compañía de TV por cable local utilizando un servicio de módem por cable. El suministrador de cable actúa como su propio ISP, y mantiene una conexión de alta velocidad a un eje principal de Internet.

**Usuario de módem por cable**

Proveedor de TV por cable

**6** Muchos negocios privados están conectados a Internet, con frecuencia utilizando servicios de clase empresarial de un ISP. Estos usuarios están generalmente conectados utilizando un circuito de datos de velocidad media alquilado a la compañía telefónica local.

Router

Ordenadores en red

ISP

**7** Algunos de nosotros simplemente ya no somos capaces de vivir la vida sin estar conectados. Varios proveedores de servicios de Internet inalámbricos proporcionan acceso inalámbrico a Internet utilizando dispositivos PDA inalámbricos como la Palm VII.

Torre de comunicaciones

PDA inalámbricas, teléfonos móviles y ordenadores portátiles

Router

# Cómo funcionan los servidores Web

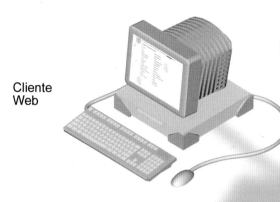

Cliente
Web

Cliente
Web

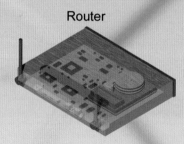

Router

**1** Los clientes se conectan a un servidor Web abriendo el software de su explorador y haciendo clic en un vínculo, o de forma manual, introduciendo una dirección Web como `http://www.pcmag.com`.

**2** Los servidores Web comerciales están normalmente conectados a Internet con vínculos de comunicaciones de alta velocidad conectados a un router.

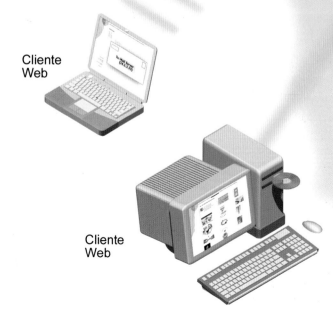

Cliente
Web

Cliente
Web

Servidor de
correo

Tarjetas de
interfaz
de red

**5** El software de servidor Web acepta peticiones procedentes de clientes y entrega el contenido adecuado.
La mayoría de las páginas Web son entregadas usando HTML (*Hypertext Markup Language*; Lenguaje de
marcas de hipertexto), lo que les permite a los diseñadores de páginas mezclar texto y elementos gráficos en
la página con total libertad. A medida que los clientes
piden páginas, el servidor recupera las páginas adecuadas y las envía de nuevo al cliente que ha
realizado la petición. El software de explorador en el ordenador cliente formatea la
página y la muestra en la pantalla.

**4** Los servido-
res de alto ren-
dimiento pueden
entregar más tráfico del
que una sola conexión Ethernet
puede gestionar. Estos servidores
con frecuencia utilizan múltiples
conexiones Ethernet para aumentar
el rendimiento de sus datos.

Agrupación centralizada
de servidores

Balanceador
carga

Servidor Web

**3** Los sitios Web con mucho tráfico (como Amazon.com
y Yahoo.com) utilizan un balanceador de carga para
distribuir el tráfico a un conjunto de servidores denominado agrupación centralizada de servidores. El
balanceador de carga se asegura de que ningún
servidor se vea sobrecargado adjudicando tareas
según el tiempo de respuesta del servidor.

**6** Muchos servidores almacenan páginas Web en su
propio disco duro. Las agrupaciones centralizadas
de servidores a menudo emplean servidores de
archivo de alto rendimiento
para almacenar páginas que
se utilizan con frecuencia.

Almacenamiento en
disco
de alta velocidad

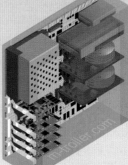

Servidor de
autentificación

Servidor FTP

**7** Los sitios Web privados y de
pago a menudo utilizan un
servidor de autentificación
independiente para verificar
las identidades de los usuarios.

# Cómo funciona el correo electrónico

Servidor de
correo
origen

**2** El servidor SMTP acepta el mensaje y
lo almacena de forma temporal en el
disco duro del servidor. En este punto,
el ordenador emisor puede desconec-
tarse del servidor.

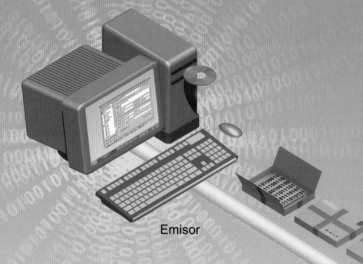

Emisor

Protocolo
SMTP

Protocolo
SMTP

**1** Hay muchos tipos diferentes de software de cliente de correo
electrónico que se utilizan en Internet, pero la mayoría de los
sistemas de correo utiliza el protocolo SMTP (*Simple Mail
Transfer Protocol*; Protocolo simple de transferencia de
correo) para enviar correos electrónicos y el protocolo POP3
(*Post Office Protocol*; Protocolo de oficina de correos) para
recibirlos. Cuando un usuario escribe un mensaje y hace clic
en **Enviar**, el ordenador se pone en contacto con el servidor
de correo del usuario (típicamente ubicado en un ISP) y
entrega el mensaje utilizando el protocolo SMTP. Además del
mensaje, el ordenador emisor le dice al servidor la dirección
de correo electrónico del receptor del mensaje.

Internet

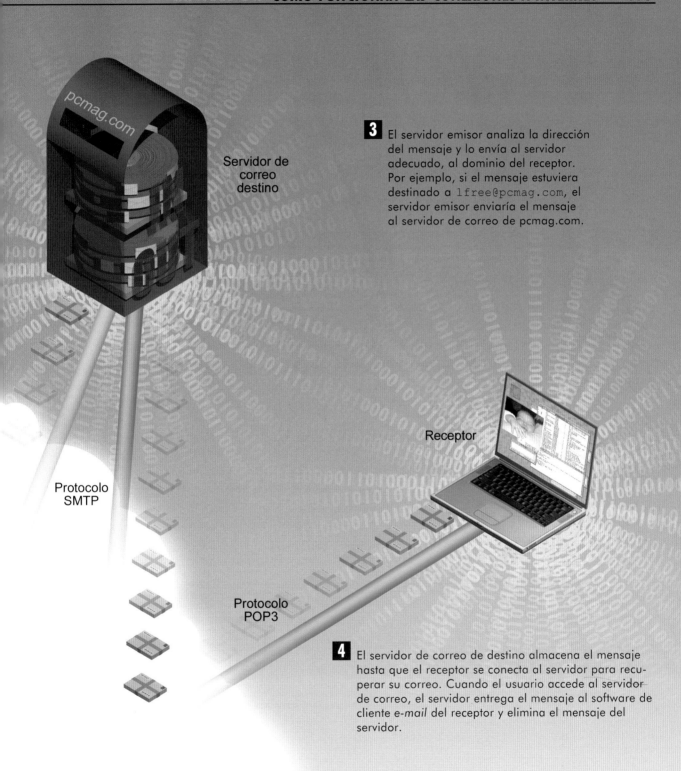

**3** El servidor emisor analiza la dirección del mensaje y lo envía al servidor adecuado, al dominio del receptor. Por ejemplo, si el mensaje estuviera destinado a `lfree@pcmag.com`, el servidor emisor enviaría el mensaje al servidor de correo de pcmag.com.

Servidor de correo destino

Receptor

Protocolo SMTP

Protocolo POP3

**4** El servidor de correo de destino almacena el mensaje hasta que el receptor se conecta al servidor para recuperar su correo. Cuando el usuario accede al servidor de correo, el servidor entrega el mensaje al software de cliente e-*mail* del receptor y elimina el mensaje del servidor.

Internet

# Cómo funcionan las redes domésticas

Internet

**2** Como los firewalls más grandes, estos routers domésticos tienen una conexión Ethernet independiente para su cable o módem DSL.

Módem por cable o DSL

**1** Como los servicios de cable y DSL proporcionan una conexión a tiempo completo, siempre conectada, son una invitación abierta a piratas informáticos y fisgones. Los routers domésticos son baratos y sencillos de instalar, y son esenciales para proteger su LAN doméstica. La mayoría de los fabricantes ofrecen una unidad combinada que proporciona cuatro o cinco puertos Ethernet conmutados, un router NAT con firewall e incluso una conexión inalámbrica 802.11b, todo en una sola unidad.

Router/Firewall inalámbrico

**3** Si necesita extender cables a sus ordenadores, puede unirlos a los puertos Ethernet del router.

Vídeo digital

Ordenador de sobremesa

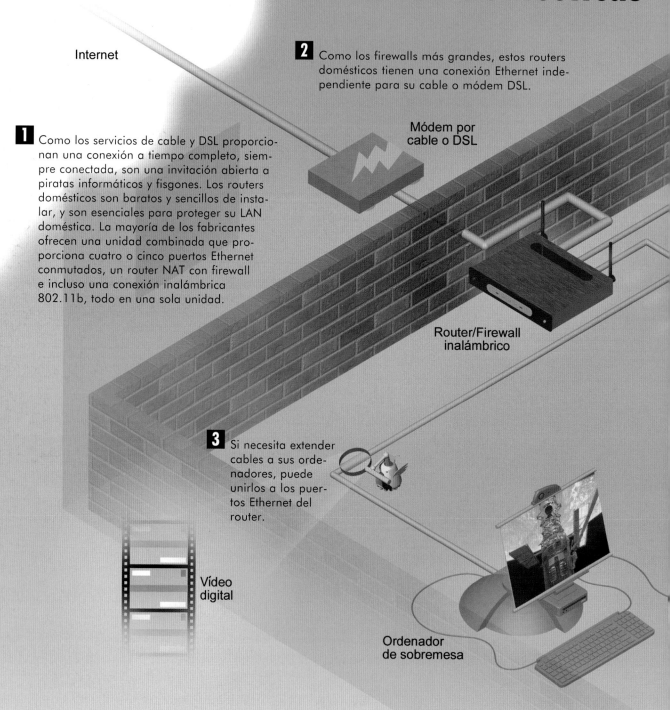

**4** Algunos routers domésticos ofrecen herramientas especiales de filtrado de contenido y de límite de acceso a ciertas horas del día que permiten a los padres controlar el acceso a Internet de sus hijos.

Páginas Web entrantes

Ordenador de
la habitación
de los niños

Impresora
compartida

**5** Puede compartir cualquier impresora conectada a cualquier ordenador de la LAN, siempre y cuando este ordenador esté encendido.

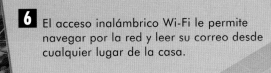

**6** El acceso inalámbrico Wi-Fi le permite navegar por la red y leer su correo desde cualquier lugar de la casa.

Portátil
con tarjeta Wi-Fi

# Cómo funciona la seguridad de red

LAS prácticas de seguridad modernas utilizan capas de sistemas físicos, administrativos, electrónicos y codificados para proteger recursos valiosos. De la misma forma que se puede tener un seguro excesivo, se puede tener una seguridad excesiva. Debería considerar las dimensiones de la amenaza e invertir en sistemas de seguridad diseñados para cubrir esa amenaza.

En líneas generales, se pueden clasificar las amenazas de seguridad como externas e internas. Las amenazas internas más destacadas proceden de empleados descontentos o de fisgones. Las amenazas externas son particularmente importantes si su empresa tiene un alto perfil público, pero todas las empresas y todos los individuos con conexiones externas a tiempo completo son vulnerables a la intrusión y a los ataques de rechazo de servicio.

Toda la seguridad de red se basa en prácticas administrativas. Los sistemas de codificación o de protección frente a los intrusos más poderosos carecen de sentido si la gente no protege sus contraseñas o sus tarjetas de claves. La mayoría de los sistemas de seguridad fracasan a causa de una pobre seguridad administrativa. Determinados intrusos buscarán en su basura y utilizarán trucos o coacción para conseguir la información que necesitan con el fin de acceder a sus sistemas de seguridad de red.

La seguridad física sigue siendo un factor importante, pero las redes modernas atraviesan las paredes físicas. Algunos piratas informáticos tratan de acceder a los sistemas informáticos para obtener beneficios o con el fin de llevar a cabo espionaje corporativo o internacional. Otros entran en los sistemas informáticos simplemente por el reto que ello implica.

En redes de área extensa, particularmente aquellas que tienen conexiones a Internet, existen routers especializados denominados firewalls que inspeccionan con gran atención cada paquete entrante para localizar direcciones de origen autorizadas y para rechazar cualquier dirección desconocida o incluso paquetes sospechosos.

La codificación es la capa final de la protección. Los sistemas de codificación ocultan incluso el volumen de la información que se transmite y se almacena. Algunos sistemas operativos y sistemas de correo electrónico codifican archivos durante el almacenamiento y todos los sistemas operativos de red de calidad comercial ofrecen codificación de contraseñas. Algunas empresas ofrecen módulos de codificación para routers e incluso tarjetas de adaptador de red de forma que todos los datos que pasan entre los dispositivos en red sean completamente privados.

La amenaza a los datos se da incluso en pequeñas empresas. Cuando más grande sea el capital monetario, más alta será la amenaza. Contar con prácticas de seguridad administrativa adecuadas es algo indispensable para todas las organizaciones. Es posible y recomendable adecuar los esquemas de protección electrónica al valor de la información y a la amenaza.

# Cómo hacer que funcione la seguridad de red

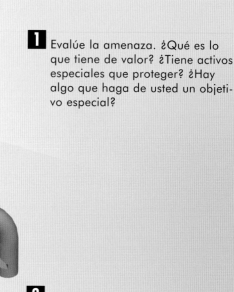

**1** Evalúe la amenaza. ¿Qué es lo que tiene de valor? ¿Tiene activos especiales que proteger? ¿Hay algo que haga de usted un objetivo especial?

**2** Compruebe su seguridad física. Los sistemas electrónicos son más fáciles de derrotar si los malos tienen acceso físico a ellos.

SEGURIDAD ADMINISTRATIVA

✓ Cambiar contraseñas

✓ Proteger contraseñas

✓ Usar dispositivos de autentificación

✓ Us___ ___cedimientos de seguridad

___ ___ anomalías

**3** Compruebe su seguridad administrativa. ¿Obliga a cambiar las contraseñas de forma frecuente? ¿Protegen las personas que acceden a su sistema sus contraseñas y dispositivos de seguridad de forma adecuada?

**4** Empiece por diseñar su protección electrónica teniendo en cuenta la amenaza, la seguridad física y los factores administrativos. Empiece por establecer un robusto sistema de autenticación porque otras medidas perderán su valor si no sabe quiénes son realmente las personas que utilizan la red.

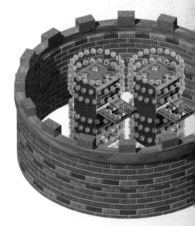

**5** Seleccione servicios de firewall adecuados al volumen de tráfico y a la amenaza.

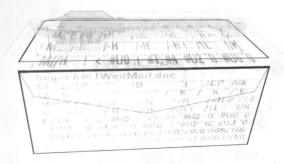

**6** Seleccione servicios de codificación, detección de intrusos y gestión especializa que se adecuen a sus necesidades. Entre otros servicios relacionados pueden incluirse el antivirus y el filtro URL.

# Cómo funciona una sólida autenticación

**1** Una autenticación sólida combina dos o tres factores de identificación en un proceso de autenticación. Entre estos factores se incluyen lo que usted sabe, lo que tiene y lo que es.

**2** Un dispositivo de autenticación, como una cámara o el software en un PC, puede utilizar lo que usted es, como las características faciales, para verificar su identidad. El dispositivo compara lo que encuentra con un archivo codificado que se lee a partir de una banda magnética y/o un código de barras donde se almacenan los datos relativos a la identificación. Los datos codificados le dicen a los dispositivos lo que deberían encontrar.

Frank J. Derfler

Número PIN: 6842310

Contraseña: Persephone

Recordatorio: 1) Dog 2) Percy

ID VPN #93486721409324

VPN Contraseña para Derfler.net: Apollo11

**Lo que sabe: PIN, palabras secretas, contraseñas**

**Información básica: nombre, fecha de caducidad, firma**

**3** Los dispositivos de autenticación pueden utilizar otras características de identificación tales como las huellas dactilares, los escáneres de retina o la impresión de voz. Cuando se lleva a cabo un reconocimiento facial o de voz, el dispositivo debe obtener sus hallazgos y utilizar los criterios actuales para decidir cuándo una coincidencia es lo suficientemente buena.

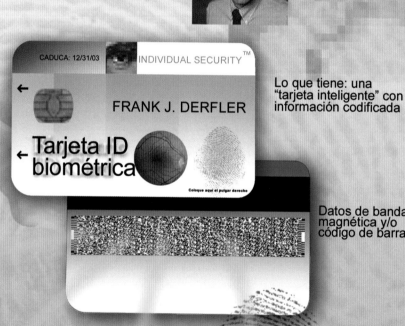

**Quién es: caracterísiticas faciales**

**Lo que tiene: una "tarjeta inteligente" con información codificada**

**Datos de banda magnética y/o código de barras**

**Marcas de seguridad**

Escaneo de marcas de seguridad suma de control #1: XXXXXXX

Escaneo de marcas de seguridad suma de control #2: XXXXXXX

Escaneo de marcas de seguridad suma de control #3: XXXXXXX

**Información biométrica: huellas dactilares, firma por voz, escaneo de retina**

# Cómo funciona la codificación para conseguir una sólida seguridad

WAN privada o Internet

Servidores centrales

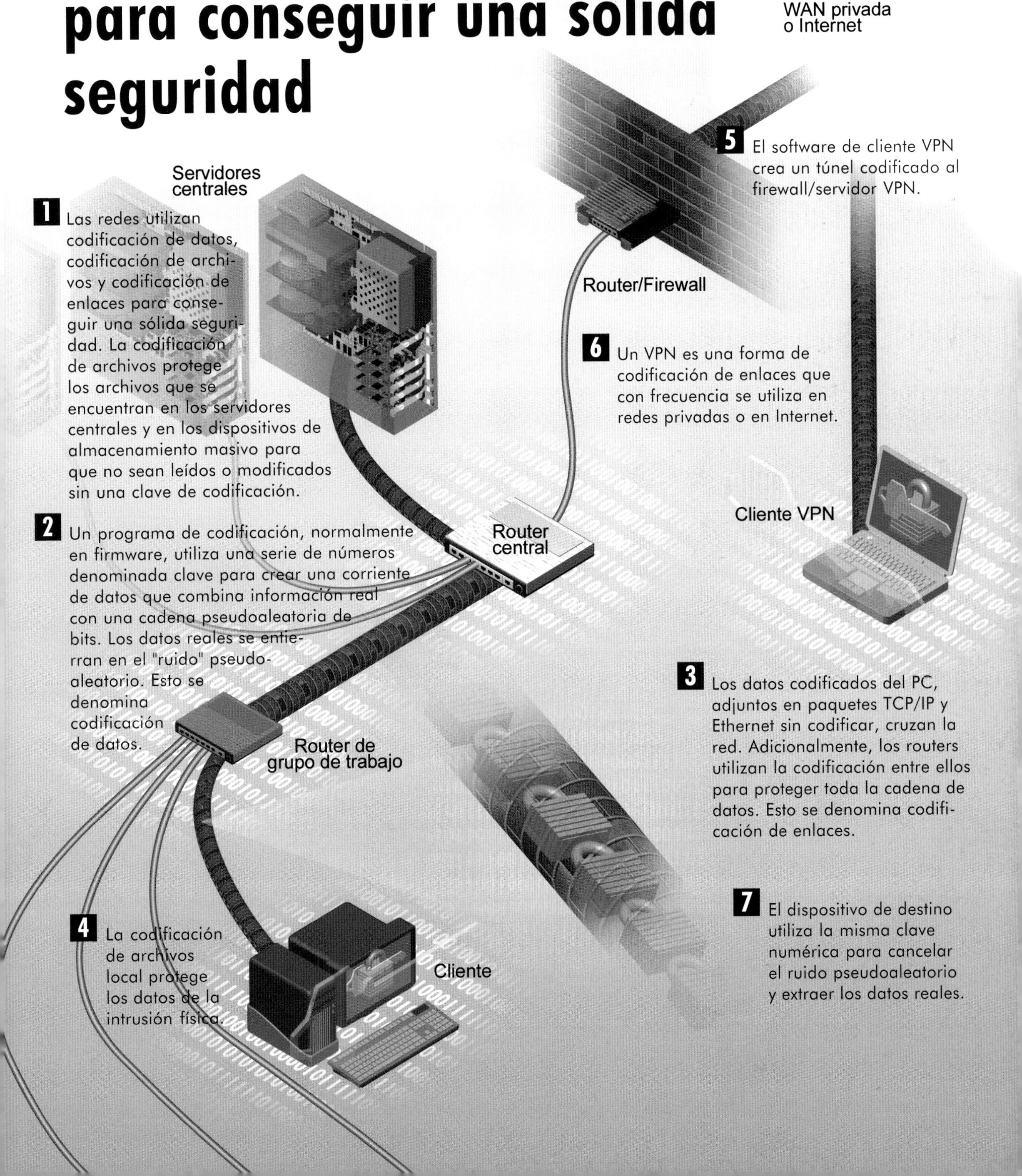

**1** Las redes utilizan codificación de datos, codificación de archivos y codificación de enlaces para conseguir una sólida seguridad. La codificación de archivos protege los archivos que se encuentran en los servidores centrales y en los dispositivos de almacenamiento masivo para que no sean leídos o modificados sin una clave de codificación.

**2** Un programa de codificación, normalmente en firmware, utiliza una serie de números denominada clave para crear una corriente de datos que combina información real con una cadena pseudoaleatoria de bits. Los datos reales se entierran en el "ruido" pseudoaleatorio. Esto se denomina codificación de datos.

Router central

Router de grupo de trabajo

**4** La codificación de archivos local protege los datos de la intrusión física.

Cliente

**5** El software de cliente VPN crea un túnel codificado al firewall/servidor VPN.

Router/Firewall

**6** Un VPN es una forma de codificación de enlaces que con frecuencia se utiliza en redes privadas o en Internet.

Cliente VPN

**3** Los datos codificados del PC, adjuntos en paquetes TCP/IP y Ethernet sin codificar, cruzan la red. Adicionalmente, los routers utilizan la codificación entre ellos para proteger toda la cadena de datos. Esto se denomina codificación de enlaces.

**7** El dispositivo de destino utiliza la misma clave numérica para cancelar el ruido pseudoaleatorio y extraer los datos reales.

# Cómo funciona la seguridad de redes domésticas

**1** Los proveedores de servicios de Internet filtran los datos entrantes para eliminar virus de correo electrónico y ataques de servicio denegado.

**2** Un módem por cable o un módem por DSL (externo o interno) proporciona una conexión con el vínculo rápido. Filtra los datos para la dirección entrante, pero esto no resulta ser demasiada protección.

Datos con destino a y procedentes de Internet

Router DSL o por cable

Perfiles de virus actualizados

VBS/Netlog    JS/Kak    Win95/Ska

1999/LukasV    2002/JDT    1993/MTNV

Melissa    097M/Jerk    097M

**3** Las puertas de entrada (*gateway*) modernas incluyen varios productos funcionales diferentes como un firewall, un router o un switch. Otras funciones de seguridad como el filtro de virus y el filtro URL pueden formar parte de la puerta de entrada doméstica. Inspeccionan y filtran datos procedentes de direcciones inadecuadas y modelos de datos.

Router de puerta de entra

**8** El software del antivirus se pone en contacto con servidor central de librerías a través de Internet para actualizar sus archivos de bases de virus.

**4** La función de firewall inspecciona los datos entrantes y bloquea peticiones de accesos o acciones inadecuadas.

**5** El router guía los datos a dispositivos LAN a los que se dirigen de forma específica mientras que el switch lleva a cabo la conexión por cable.

Conexión por cable
100BASE-T

**6** Las puertas de entrada modernas pueden incluir asimismo capacidades LAN inalámbricas 802.11. La LAN inalámbrica se encuentra dentro del firewall, por lo que los clientes inalámbricos tienen acceso total, sin someterse a un proceso de filtrado. Los vínculos o enlaces inalámbricos deberían estar protegidos por sus propias contraseñas y codificaciones.

**7** El software antivirus en cada PC examina archivos, correo y datos entrantes para modelos específicos de datos en busca de virus y gusanos conocidos que se encuentran en su biblioteca.

Conexión Wi-Fi

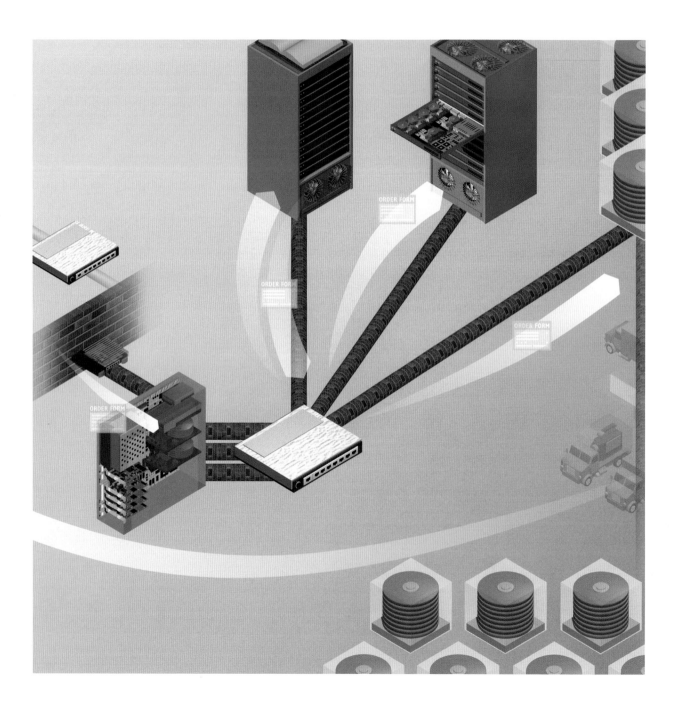

# 6

# Redes para negocios online

**INCLUSO** las empresas más pequeñas se benefician de los pedidos y las ventas online. La actividad empresarial online puede conducir el diseño de la red y justificar la inversión en ella. Generalmente, el valor de la empresa online radica en costes apabullantes e ingresos en alza. Añadir más euros al balance final es la base de las empresas online y de la informática de negocio a negocio o de empresa a empresa (B2B).

Bien esté tratando temas de marketing, contactos de clientes, compras o cualquier otra parte de su negocio, hay una forma de reducir los costes indirectos utilizando Internet y la tecnología de redes.

Las empresas online incluyen conceptos tales como los sistemas de compras al por mayor y de gestión de relaciones con los clientes (CRM) vinculados con aplicaciones de gestión de recursos internos de la empresa (ERM). Los sistemas ERM incluyen la contabilidad, los recursos humanos y el control de fabricación. Se supone que B2B trata de la parte al por mayor del negocio, pero las definiciones son cuestión de perspectiva. Los productos finales de una empresa son la materia prima de otra. En la empresa online, las definiciones recaen sobre la gestión innovadora. Quédese quieto durante un momento en los negocios modernos y desaparecerá. Si se siente confundido, recuerde que, desde una perspectiva empresarial, la empresa online trata siempre de reducir costes y aumentar los ingresos.

Las empresas de todo tipo cogen material, aplican procesos, y los envían para su venta. El término gestión de la cadena de suministro describe formas de mejorar la parte de las aportaciones. Los sistemas de gestión de la cadena de suministro establecen comunicaciones con los proveedores para reducir los costes, mejorar el planteamiento y los presupuestos y reducir el tratamiento.

Las conexiones de red para la gestión de la cadena de suministro deben autentificar a los usuarios y proporcionar información actual sobre los inventarios y los costes. Típicamente mezcla tecnologías de bases de datos ligeras con servidores Web. Las redes para la gestión de recursos empresariales crecieron a partir del tráfico de llamadas y de la integración de la telefonía y de la informática de las que ya hemos hablado en este libro, y ahora integran conexiones basadas en la Web con funciones de seguimiento de clientes y gestión de contactos.

El área de compras online de B2B es probablemente la parte más aplastante de los costes. Las compras online permiten a una empresa coordinar de forma centralizada los contratos, la calidad del material y los costes, a la vez que permite a los empleados pedir suministros, piezas y servicios desde cualquier lugar.

En 1949 se estableció la U.S. Government Services Administration y su famoso Catálogo GSA con el fin de evitar repeticiones sin sentido, costes excesivos y confusión en la gestión de suministros. Es la personalización clásica y moderna de la gestión de la cadena de suministro. Pero ahora, gracias a la Web, su empresa no tiene que tener el tamaño del gobierno federal para verse beneficiada.

Incluso las empresas más pequeñas pueden sacar partido de B2B y de las compras online. No existe una fórmula mágica que pueda describir cuándo merece la pena organizar sus proveedores en una cadena de suministro, pero el número de empleados, las ubicaciones y los proveedores son las variables fundamentales. Si su empresa tiene varias docenas de empleados y una docena de proveedores, probablemente llevará a cabo los pedidos a través de los sitios Web de sus proveedores. Sabrá que necesita una mejor gestión de los suministro si descubre empleados que compran suministros fuera de los contratos negociados para conseguir un descuento.

Las empresas rápidas vencen a las lentas, por lo que los dos objetivos más importantes de la gestión de la cadena de suministros son reducir el tiempo malgastado y pagar sólo por lo que necesite cuando lo necesite.

En la actualidad, una cadena de suministros es un proceso altamente interactivo que puede cubrir el ciclo completo desde el I+D del producto, el concepto y el diseño hasta la creación y la entrega. La frase de moda "entrega justo a tiempo" describe la gestión de la cadena de suministros condicionada al reloj. Si la materia prima lleva a su muelle de carga justo a tiempo para llevar a cabo el proceso de fabricación, reducirá la gestión, el almacenamiento y el coste. Saber cuándo llegarán todas las piezas necesarias para la fabricación le permitirá reducir su presupuesto en personal, instalaciones e incluso consumibles tales como la electricidad y el gas, a la vez que le permite ganar la competición.

Dentro de una empresa que está dando los primeros pasos en la gestión de la cadena de suministros, los empleados que son compradores en la empresa necesitan tener acceso a capacidades de fax online y de navegación sin restricciones. Probablemente se les expedirán certificados digitales, y es probable que sus exploradores necesiten aceptar cookies. Las empresas más grandes pueden hacer que los proveedores lleguen a ellas. Una empresa de mayor tamaño puede establecer un sitio Web especializado para compradores dentro de la empresa. Los proveedores externos llegan al sitio Web y colocan en él los catálogos, los datos de inventario y las listas de precios. En la mayoría de los casos, esta información se encuentra en un archivo de texto con comas que separan los campos.

En sistemas avanzados, las empresas pueden beneficiarse de XML (*Extensible Markup Language*; lenguaje de marcado extensible) que proporciona bibliotecas de lenguaje ya configuradas para tareas específicas tales como la inserción de anuncios (adXML) y la creación de catálogos electrónicos (ecXML). La especificación cXML 1.0 incluye todo un conjunto de mensajes y documentos XML para las peticiones y confirmaciones de peticiones de compra, definiciones de catálogos, un proceso para pasar peticiones a otros servidores, contenidos proveedor/catálogo y mensajes en cola para procesamientos por lote a través de firewalls. Las herramientas están ahí para construir su aplicación de negocio electrónico. Puede dirigirse a `www.xml.org` si desea obtener más información.

El sitio Web empresarial de compras electrónicas requiere una buena seguridad y protección frente a intrusos. Una alta fiabilidad es importante pero no fundamental en las compras electrónicas.

Si B2B y la gestión de la cadena de suministros tratan de la reducción de costes, entonces la gestión de relaciones con el cliente trata de mejorar el balance final haciendo más ventas y consiguiendo la lealtad del cliente. CRM es mucho más amplio que el antiguo principio "el cliente siempre tiene la razón". En lugar de eso, CRM afirma que cada cliente es diferente y necesitará distintos tipos de cuidados. La filosofía CRM establece que los clientes llevan a cabo decisiones de compras en base a su experiencia global en lo que se refiere a las compras. A menudo, incluso pagarán más para tener una experiencia positiva.

Los sistemas CRM van desde los catálogos minoristas online a aplicaciones que le permiten personalizar un producto, como un coche o un ordenador, antes de ser entregado. Incluyen aplicaciones de centros de llamadas y de gestión de contactos. Las características principales de una red para CRM son la fiabilidad y la respuesta rápida. Juntas, estas características adoptan la etiqueta de alta disponibilidad. Las redes de alta disponibilidad combinan la liebre y la tortuga; no paran de correr y son rápidas.

En las páginas siguientes mostraremos cómo conseguir la flexibilidad y la seguridad necesarias para la gestión de la cadena de suministros y la alta disponibilidad que necesita para la gestión de relaciones con los clientes.

CAPÍTULO

# 26

# Cómo funciona una infraestructura empresarial online

A medida que los negocios adoptan e integran la productividad de las redes, el centro de atención se ha desplazado de los cables y las conexiones a software e interacciones de más alto nivel. Este capítulo contiene dos ilustraciones. Una muestra las funciones de la empresa online, y la otra muestra la infraestructura necesaria para soportar esas funciones. Sólo necesita comprender las funciones para iniciar el debate. Tiene que comprender la infraestructura para tener un negocio.

Probablemente esté familiarizado con los sistemas de gestión de relaciones con los clientes (CRM). Solicitan y recogen pedidos y proporcionan todo tipo de apoyo personal por teléfono y a través de conexiones online. La gestión de la cadena de suministros es menos conocida, pero igual de importante. Los pedidos a tiempo, los precios precisos y un estricto control de inventario son las características principales de la gestión de la cadena de suministros.

En la empresa online moderna, su competencia se encuentra a sólo un clic de distancia. Si su sitio online titubea, vacila o incluso duda, los volubles usuarios abandonarán sus carritos de la compra y harán clic en otro sitio. El término alta disponibilidad describe la combinación de velocidad y fiabilidad que necesita en los negocios modernos.

La subcontratación es la primera opción de alta disponibilidad. La subcontratación ofrece equipamiento especializado, conectividad y pericia. Sin embargo, la subcontratación siempre hace surgir cuestiones tales como la responsabilidad, la pérdida de control, y el posible aumento de los costes. Normalmente apoyamos la subcontratación, pero si quiere tener el funcionamiento bajo su control, lo mejor que puede hacer es llevarlo a cabo usted mismo.

La redundancia es la clave de la alta disponibilidad en los sistemas empresariales. Las conexiones de red redundantes, las fuentes de alimentación de las CPU e incluso los grupos de servidores mantienen las cosas funcionando incluso si se dan fallos en sus componentes. Los suministros de energía redundantes, entre los que se incluyen USP y sistemas de generadores diseñados para salas de servidores son fundamentales. Los problemas técnicos del software son más comunes que los fallos de componentes, por lo que es inteligente tener instancias de aplicación completamente redundantes en servidores independientes. Nuestro consejo es que utilice la redundancia dentro de los servidores, particularmente en las unidades de disco duro y en los sistemas de diseño de servidor.

La redundancia se consigue en los servidores Web y en los servidores de bases de datos de formas distintas. Los servidores Web redundantes funcionan en paralelo bajo el control de dispositivos denominados balanceadores de carga. Los servidores de bases de datos, que llevan a cabo un procesamiento más interno y no se comunican con la misma intensidad que los servidores Web, típicamente utilizan una tecnología denominada agrupación de servidores para conseguir que sus operaciones sean fiables. Generalmente, un servidor que forma parte de una agrupación asume el funcionamiento total de un servidor que titubea. En contraste, la acción del balanceador de carga tiene lugar aplicación por aplicación.

Cada fabricante importante de ordenadores tiene ordenadores diseñados para actuar como servidores con piezas redundantes. Entre las opciones de alta disponibilidad se incluyen múltiples CPU, suministros de energía redundantes, conjuntos de discos redundantes y módulos de memoria de control de errores.

Un sistema de servidor de alta disponibilidad combina servidores redundantes con balanceadores de carga que controlan la carga de trabajo que se dirige a cada servidor. Normalmente, el balanceador de carga distribuye las peticiones de conexión a servidores específicos según la naturaleza de la petición y de la disponibilidad y la capacidad del servidor. Si un servidor falla, el balanceador de carga lo elimina y reparte su carga entre los supervivientes. Los servidores no tienen que ser idénticos, ni siquiera tiene que funcionar con el mismo sistema operativo. El balanceador de carga se ocupa de las diferencias de funcionamiento.

La redundancia y la planificación cuidadosa son las claves para crear un sistema de red de alta disponibilidad para los sistemas de empresas online.

# Elementos de una empresa online

### Mercados B2B y compras online

Una empresa moderna utiliza las
compras online para conseguir
entregas en plazo, precios controlados
y un inventario gestionado. Las funciones
de gestión de la cadena de suministros
interactúan con los centros financieros
y de operaciones dentro de la empresa.

Deuda pasiva
Deuda activa
Contabilidad general

### Gestión de la cadena
de suministros

## Gestión de la cadena de suministros

Las conexiones de red proporcionan a los agentes de compras
acceso a los catálogos, al inventario y a los informes contables
procedentes de los proveedores. La eficacia de la red hace que
sea posible pedir cantidades económicas para su entrega a tiempo.

Fabricación
Creación
Producción

### Compras electrónicas

Mantenimiento
Reparación
Operaciones

**1** Los sistemas de negocios electrónicos llevan
la materia prima, los servicios y los consumibles a la organización.

**2** Los procesos de negocios electrónicos facilitan
la planificación, la elaboración de presupuestos, la contabilidad, las adquisiciones y la
fabricación dentro de la organización.

## Planificación de recursos empresariales

Las aplicaciones interconectadas a través de la red informan del estado recogido en una visión funcional de la empresa.

## Gestión de relaciones con los clientes

El sistema de gestión de relaciones con los clientes (CRM) domina el área del trato con el cliente en el negocio online. Estas funciones tienen relación con el marketing, las ventas y las actividades de apoyo de la empresa.

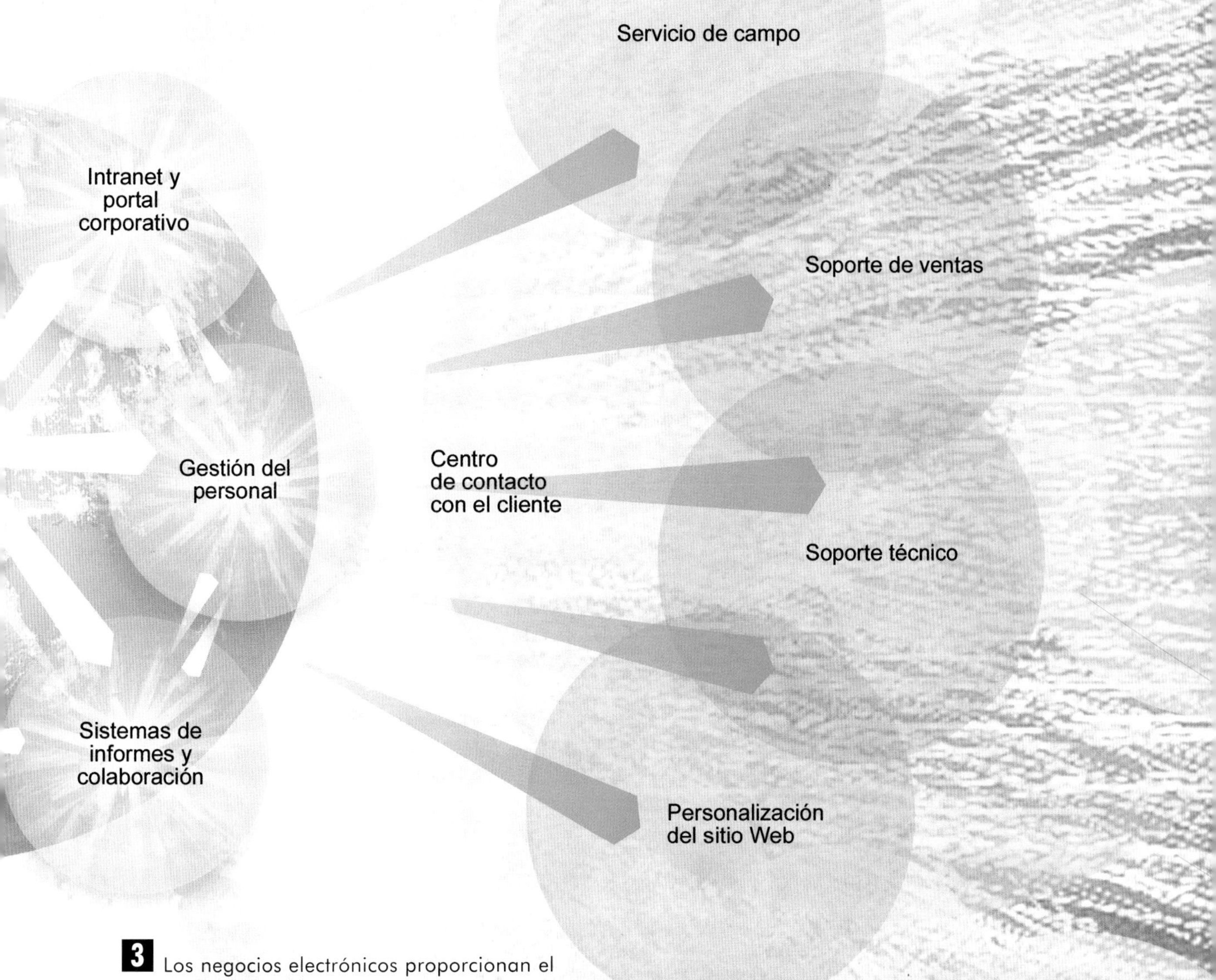

Servicio de campo

Intranet y portal corporativo

Soporte de ventas

Gestión del personal

Centro de contacto con el cliente

Soporte técnico

Sistemas de informes y colaboración

Personalización del sitio Web

**3** Los negocios electrónicos proporcionan el canal primario para el marketing, las ventas y el soporte fuera de la organización.

# La infraestructura de red para la empresa online

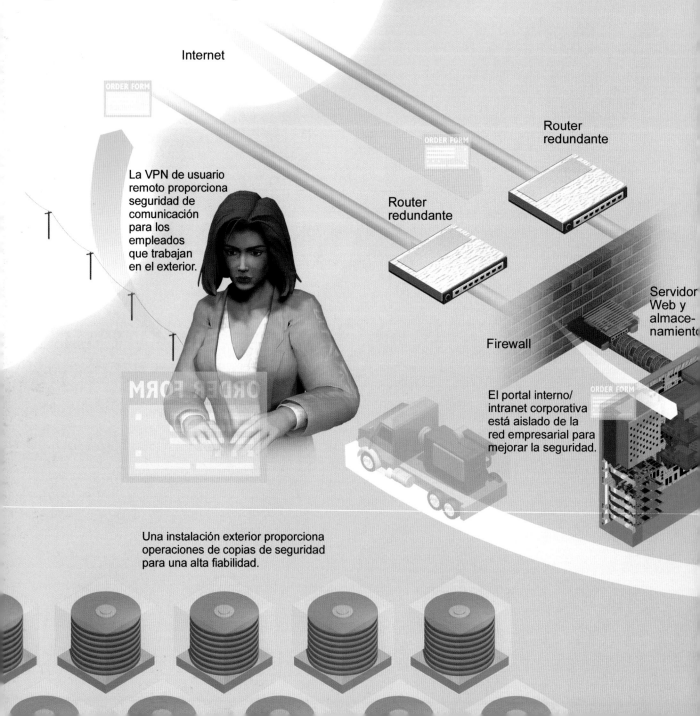

Internet

La VPN de usuario remoto proporciona seguridad de comunicación para los empleados que trabajan en el exterior.

Router redundante

Router redundante

Firewall

Servidor Web y almacenamiento

El portal interno/intranet corporativa está aislado de la red empresarial para mejorar la seguridad.

Una instalación exterior proporciona operaciones de copias de seguridad para una alta fiabilidad.

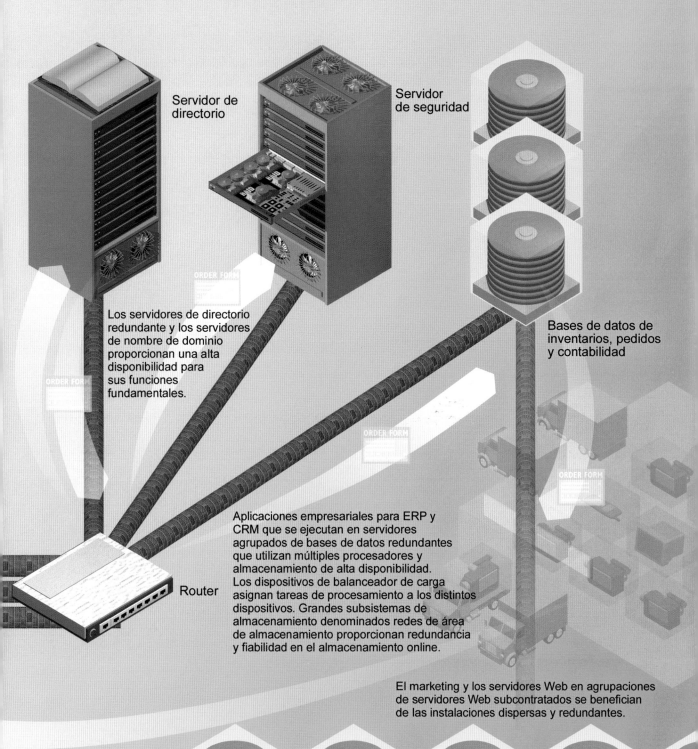

Servidor de
directorio

Servidor
de seguridad

Los servidores de directorio
redundante y los servidores
de nombre de dominio
proporcionan una alta
disponibilidad para
sus funciones
fundamentales.

Bases de datos de
inventarios, pedidos
y contabilidad

Aplicaciones empresariales para ERP y
CRM que se ejecutan en servidores
agrupados de bases de datos redundantes
que utilizan múltiples procesadores y
almacenamiento de alta disponibilidad.
Los dispositivos de balanceador de carga
asignan tareas de procesamiento a los distintos
dispositivos. Grandes subsistemas de
almacenamiento denominados redes de área
de almacenamiento proporcionan redundancia
y fiabilidad en el almacenamiento online.

Router

El marketing y los servidores Web en agrupaciones
de servidores Web subcontratados se benefician
de las instalaciones dispersas y redundantes.

Teléfonos
móviles

# 7

# Entretenimiento e información

EL término inglés *intertainment* describe cómo utilizar Internet para mejorar la experiencia de entretenimiento y de información en casa, en la carretera y en la oficina. Este concepto incluye varios elementos tales como la telemática y la convergencia.

Telemática es la integración de Internet con nuevas formas de entretenimiento electrónico en el automóvil. La telemática combina tecnologías como la transmisión por satélite, la conectividad inalámbrica, el reconocimiento de voz, la determinación de ubicación e incluso un radar para mejorar su conducción. Las redes, que utilizan tecnologías y protocolos de Internet como las redes inalámbricas 802.11 y Bluetooth, son una parte importante de la telemática. Dentro de las LAN sobre ruedas, hay enlaces por cable e inalámbricos a teléfonos, reproductores de música, reproductores de sonido, visualizadores y otros dispositivos en red.

Convergencia es un término general que utilizamos para describir las fusiones de las tecnologías en dos niveles: la convergencia de red y la convergencia de medios. La convergencia de red es invisible para los usuarios, pero es fundamental en lo que se refiere a la capacidad. La convergencia de medios lleva el entretenimiento combinado con la información hasta el cliente.

A nivel de redes, el término convergencia describe cómo la utilización de los protocolos de Internet hace que los medios de transmisión no sean importantes para nadie excepto para los gestores y diseñadores de red. Los usuarios no saben ni les importa saber cómo fluye la información o el entretenimiento.

Hoy en día, cada negocio y cada casa tiene hasta cinco redes: electricidad, teléfono, seguridad, datos informáticos vídeo/audio (televisión/estéreo). Aunque esas redes tienen algunas interconexiones rudimentarias entre ellas (por ejemplo, los módems, las cajas de cables y los sistemas de seguridad utilizan las líneas de teléfono), van más allá para alcanzarse entre sí de formas más significativas. Hoy en día podemos utilizar económicamente líneas de energía para transportar datos y pedir información de entretenimiento a través de la red informática, pero hay mucho más que está por llegar. Los dispositivos de puerta de entrada en el extremo de la red de cada casa o negocio elegirán entre las conexiones disponibles para conectar e interconectar dispositivos. Los aparatos más importantes enviarán mensajes sencillos tales como "calentando, necesito mantenimiento" a través de las líneas eléctricas. Los sistemas de vídeo y audio utilizarán conexiones LAN por cable e inalámbricas para controlar la selección de programas de entretenimiento. Los datos en cada tipo de conexión de red convergerán en uno o más dispositivos y tendrán acceso a enlaces de red de área extensa para tareas específicas.

La madurez de las redes TCP/IP proporciona un esquema de transmisión de red común de probada eficacia. La convergencia de red permite a los desarrolladores de servicio y a los proveedores de servicios crear y entregar contenido de amplio interés y foco reducido de forma rápida, económica y con una alta probabilidad de ser pagados. La convergencia de red hace que sea posible la otra parte del equipo de convergencia: la convergencia de medios.

La convergencia de medios es el resultado de la fusión de muchos sistemas de presentación visual y de audio diferentes. Cuando la televisión se combina con Internet, la reproducción de sonido de alta fidelidad se mezcla con la televisión, la fotografía se mezcla con Internet y con la televisión, y todas

estas cosas interactúan prácticamente sin que importe la ubicación iy ahí es donde puede ver la convergencia de medios! El resultado es la capacidad de utilizar distintos dispositivos para presentar el sonido y las imágenes procedentes de muchas fuentes diferentes. El beneficio para el usuario es la personalización de la experiencia del entretenimiento en combinación con la información.

No hace demasiado tiempo, la gente estaba satisfecha cuando recibía información y entretenimiento mientras se emitía. La llegada del vídeo minó la necesidad de que el espectador sincronizara con el emisor. Las redes de televisión por cable completamente empresariales o de noticias debilitaron aún más el vínculo entre el emisor y el espectador. Internet lo estiró hasta convertirlo en un hilo, y puede que la convergencia de medios lo rompa completamente.

Hoy en día, dispositivos denominados PVR (grabador de vídeo personal) pueden comprobar los listados de televisión actuales, grabar programación en base a los criterios personales personalizados del espectador, y hacer que esté disponible para su reproducción en cualquier momento. Algunos de estos dispositivos pueden comunicarse con dispositivos similares en Internet. Esperamos que PVR llegue a tener más funciones, como la capacidad de buscar música o películas específicas, y crecer para convertirse en uno de los centros multifunción para el entretenimiento informático en casa. Otros centros vinculados incluirán ordenadores domésticos, sistemas estéreo, dispositivos inalámbricos personales e incluso el coche aparcado en la entrada.

Como estamos en la era de la personalización, dos redes de medios combinadas no tienen que parecerse. Algunas personas se centrarán en la música y contratarán sistemas de componentes especializados de audio capaces de reproducir música a partir de fuentes digitales tales como MP3, y de otras fuentes más tradicionales como la radio FM. Otras personas se centrarán en los juegos y en la televisión para ver deportes y películas. La fotografía digital se vinculará a la publicación personal, de forma que la gente pueda contar sus propias historias en muchos formatos.

La convergencia de medios utiliza la convergencia de red para adoptar la telemática. El sistema de audio doméstico y el sistema de audio del coche deberían ser capaces de actualizarse entre sí con nuevo contenido y nuevas preferencias personales. Los sistemas de navegación del coche pueden utilizar la conexión doméstica a Internet para obtener actualizaciones en lo que se refiere a obras en la carretera, y para intercambiar cambios de programa y calendario llevados a cabo desde el coche, su casa o un dispositivo personal inalámbrico.

La convergencia de redes y medios en domicilios y automóviles requerirá los servicios de personas con un fuerte conocimiento técnico que hagan que todo funcione. Algunos servicios procederán de las empresas de telefonía y cable, pero habrá oportunidades más importantes para los empresarios que tengan un conocimiento adecuado de cómo funcionan las redes y la certificación procedente de organizaciones específicas.

La convergencia de redes está implementada. La telemática aparece como una forma de diferenciar productos automovilísticos. La convergencia de medios tiene que saltar los obstáculos legales y reguladores colocados por industrias que quieren proteger sus fuentes de ingresos actuales. Estamos seguros de que los innovadores encontrarán formas de saltar por encima de o rodear las barreras para conseguir nuevas fuentes de ingresos ofreciendo entretenimiento e información personalizados.

CAPÍTULO

# 27

# Cómo funciona la convergencia

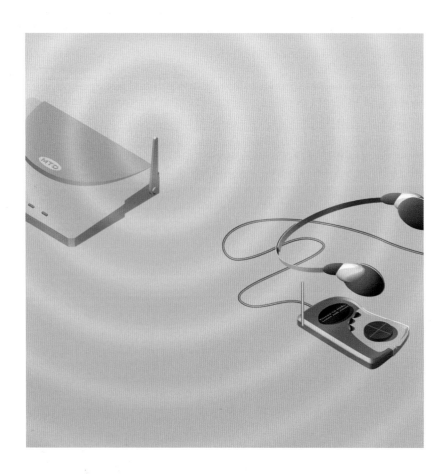

**HASTA** este punto, la mayor parte de este libro trata sobre la convergencia de redes. Los cables, las señales, el software de redes y los routers que hemos descrito son ahora maduros productos que hacen posible que dispositivos de muchos tipos se conecten entre sí. La convergencia de redes es una realidad, principalmente por la amplia aceptación de protocolos de red TCP/IP y de conexiones tales como Ethernet, Ethernet inalámbrica y sistemas inalámbricos móviles.

La convergencia de medios y la telemática son conceptos emergentes, y esperamos que maduren con rapidez. La convergencia de medios vincula la televisión, los ordenadores de escritorio, las conexiones a Internet, las fuentes de música, los dispositivos de juegos, las cámaras digitales, los dispositivos personales portátiles y varios visualizadores. Estos dispositivos utilizarán vínculos de red entre los que se incluyen Bluetooth y 802.11 inalámbrico, conexiones USB y Ethernet por cable. La telemática es la aplicación de la convergencia de redes y de la convergencia de medios dentro de un automóvil en movimiento.

La convergencia de medios funciona a través de la capacidad de dispositivos en la red con convergencia para procesar muchos tipos diferentes de entradas. Los dispositivos de visualización pueden aceptar vídeo procedente de sintonizadores de televisión, vídeo digital procedente de ordenadores y entradas procedentes de otras fuentes. Los grabadores de vídeo personales clasifican muchas entrada de audio y vídeo para encontrar el material deseado por el propietario. Los dispositivos personales portátiles combinarán las características de las cámaras digitales, las PDA, los teléfonos y los exploradores de Internet. Si a los individuos les preocupa ser identificados por dispositivos personales portátiles, sus selecciones personalizadas de música pueden seguirles a casa o al coche.

Aunque los dispositivos de convergencia de medios gestionan las diversas entradas, estos dispositivos también intercambian mensajes que les dicen qué es lo que tienen que hacer con estas entradas. Las instrucciones describirán cómo mostrar, reproducir, almacenar o clasificar las entradas. La capacidad combinada de gestionar múltiples entradas y de responder a una dirección exterior proporciona la experiencia personalizada a la que denominamos entretenimiento e información.

De forma similar, la telemática fusiona las distintas fuentes de información y entretenimiento disponibles dentro de un automóvil. Como la seguridad automotriz es una preocupación primordial, la telemática utilizará más el reconocimiento de voz y la síntesis de voz de lo que se utiliza en sistemas domésticos. Los sistemas automotrices intercambiarán y dirigirán una variedad de información que el usuario nunca ve y limita las presentaciones de audio y de vídeo a lo que es adecuado para el entorno en un momento determinado.

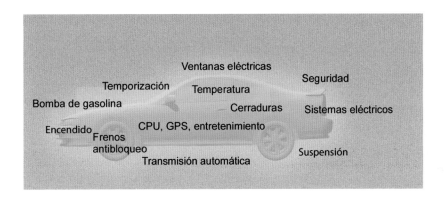

# Cómo funciona la convergencia de medios

**1** No hace mucho, hubiéramos titulado este diagrama como "La casa del futuro", pero la mayor parte de esta tecnología ya está aquí en la actualidad. El centro del universo de la convergencia de medios es una conexión a Internet de banda ancha conectada a un router inalámbrico. Todos los demás dispositivos del domicilio con convergencia se conectan a Internet a través del router, utilizando una conexión por cable (Ethernet) o inalámbrica (WiFi).

Router con conexión inalámbrica 802.11 (WiFi)

PC con lector de DVD o grabadora de DVD

**2** Los ordenadores son una parte importante de los sistemas de entretenimiento de muchos hogares. La mayor parte de los ordenadores actuales incluyen un reproductor de DVD y hardware de audio de alta calidad, lo que hace posible que podamos disfrutar de películas y de música sin la necesidad de utilizar equipamiento adicional. El ordenador también funciona como el centro de control para muchos otros dispositivos. Incluyendo un diminuto servidor Web en cada dispositivos, los fabricantes pueden crear dispositivos "sin cabeza" que no tienen botones ni interruptores; están controlados a través del explorador Web del ordenador doméstico.

**3** Tras un lento inicio, el PVR finalmente se está poniendo al día. Estos dispositivos almacenan sus programas favoritos cuando se emiten, de forma que pueda verlos más tarde. Los PVR almacenan los programas en discos duros en lugar de sobre cinta magnética, por lo que la reproducción resulta más rápida y sencilla, y nunca tiene que rebobinar. Los PVR obtienen información sobre la programación de un servidor principal de Internet, y muestran esa información en la pantalla de su TV de forma que pueda seleccionar los programas que desea grabar. La mayoría de los PVR de la generación actual utilizan una conexión de marcado para descargar información sobre la programación; los dispositivos de la siguiente generación utilizarán la conexión de banda ancha de su casa.

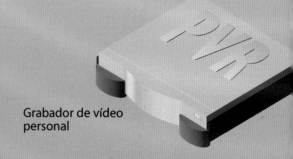

Grabador de vídeo personal

Reproductor MP3
con conexión WiFi

**4** Napster y el archivo MP3 han revolucionado la industria de la música. Los reproductores MP3 de la generación actual requieren una conexión USB en su PC
para descargar música, pero la siguiente generación
de reproductores, incluyendo las unidades que se
conectan a su sistema de entretenimiento doméstico,
se conectarán directamente a Internet, utilizando la
conexión WiFi de su casa.

Coche equipado con
reproductor MP3 y conexión
inalámbrica WiFi

**5** Ahora que recopilamos archivos MP3, ¿no sería estupendo
escucharlos en el coche? GM planea añadir capacidades WiFi a
muchos de sus coches de forma que los usuarios puedan transmitir archivos a su coche mientras están aparcados en el garaje.

# Cómo funciona la telemática

**1** La combinación de procesadores baratos, de servicios telefónicos digitales inalámbricos, y del Sistema de Posicionamiento Global (GPS) permiten a los conductores disfrutar de prácticas y seguras características que eran inimaginables hace algunos años.

**4** Muchos coches vienen con un mando de puerta de garaje como equipamiento estándar. La generación más moderna de controles remotos, denominada HomeLink, también puede encender las luces y desactivar el sistema de seguridad de su casa cuando llega al garaje. Los dispositivos HomeLink funcionan a través de un sistema de radio en dos direcciones diminuto que se coloca en el parasol de muchos coches nuevos. HomeLink utiliza un sistema de seguridad digitalmente codificado para mantener lejos a los intrusos.

Sistema GPS, ordenador

Mando de puerta de garaje integrado

Micrófono para la utilización del manos libres

**2** El sistema OnStar de GM utiliza una combinación de información sobre el posicionamiento GPS y del servicio telefónico inalámbrico para proporcionar a los conductores asistencia a escala nacional.

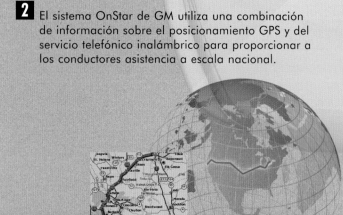

Teléfonos móviles

Ventanas eléctricas

Temporización        Temperatura        Seguridad

Bomba de gasolina                    Sistemas eléctricos
                              Cerraduras

Encendido        CPU, GPS, entretenimiento
      Frenos
      antibloqueo                    Suspensión
            Transmisión automática

**3** Dos nuevos servicios de emisión, XM y Sirius, utilizan señales de satélite digital para emitir sonido con calidad de CD directamente en su coche, sin ningún tipo de electricidad estática, pérdida de intensidad o interferencias.

Antena de teléfono móvil y receptor GPS

Antena para la recepción de radio a través de satélite

Reproductor MP3 basado en disco duro

**6** Manos libres; muchos estados y ciudades han prohibido la utilización de teléfonos móviles mientras se conduce, por lo que muchos fabricantes de coches ofrecen teléfonos integrados que permiten su utilización sin necesidad de usar las manos. Estos teléfonos se integran con el sistema estéreo del coche, por lo que pueden bajar la música cuando conteste al teléfono. Algunos fabricantes de coches ofrecen indicaciones, servicio de conserjes y asistencia de urgencia utilizando el teléfono integrado en el coche.

**5** Cambiar los CD mientras se conduce es una acción peligrosa, así que deje sus CD en casa y, en su lugar, opte por archivos MP3. Kenwood y otras marcas de estéreo ofrecen ahora sistemas MP3 basados en disco duro diseñados de forma específica para los coches. Estos sistemas se conectan al ordenador de su casa, por lo que puede mover los archivos entre el ordenador y el coche.

# Índice alfabético